流通の理論・歴史・現状分析

木立真直・辰馬信男 編著

執筆者
松尾秀雄　木立真直
山口重克　堂野崎衛
高橋和敬　塩見英治
斯波照雄　福田豊
許　俊

中央大学企業研究所
研究叢書26

中央大学出版部

はしがき

　本書は，中央大学企業研究所の共同研究として2001年度から2004年度にかけて活動を行った「流通の理論・歴史・現状分析」チームの研究成果の一部を取りまとめたものである．この共同研究チームを構成したメンバーは，前田重朗，山口重克，鶴田満彦，菅原陽心，松尾秀雄，福田　豊，一井　昭，塩見英治，市原健志，徳重昌志（2001年度～2002年度），辰馬信男，斯波照雄，木立真直，佐久間英俊，鄭　萬鎬（2001年度），許　俊，高橋和敬，金　度渕（2001年度～2003年度），堂野崎衛（2004年度），であった．このチームが前田研究員（現・中央大学名誉教授）と山口研究員（現・東京大学名誉教授）から，直接，間接に教えを受けたり，研究上の親交のあった研究者によって立ち上げられたものであることは，ここに参加したメンバーから推察されるであろう．

　「流通の理論・歴史・現状分析」という研究テーマを発案されたのは，ほかならぬ前田研究員であったと記憶しているが，その意図は，およそ次のように解釈できる．流通研究は比較的新しい学問領域であるとはいえ，日本商業学会，日本流通学会，経済理論学会，市場史研究会，日本農業市場学会など関連する多くの諸学会において，流通の理論，歴史，現状分析に関する膨大な研究成果が発表され，蓄積されてきたなかで，すでに社会科学の一大分野としての位置づけを獲得している．しかしながら，その一方で，流通に関わる理論，歴史，現状分析といったそれぞれの研究者集団が，その領域を超えて論争を展開したり，その外側の研究成果を貪欲に吸収しようとする姿勢はやや希薄であったように思われる．本来的に多様性と複雑さを特徴とし，さらに近年，急激な変容をみせる流通現象を対象とするかぎり，流通研究が閉ざされたネットワークに留まっていてよいはずはない．理論，歴史，現状分析という固有の領域を越えた論争が活発化し，相互の成果が架橋されてこそ，流通研究は，真の社会科学としての有効性を発揮しうるのではないか，との問題意識があったのである．

チームが結成されて間もない2001年6月の初夏，中央大学葉山寮において第1回研究会が開催された．前田・山口両研究員から，この共同研究の方向性を明確にする目的で「流通の理論・歴史・現状分析」というテーマで報告がなされ，この2つの報告を踏まえた自由闊達な議論が展開された．議論の延長戦が深夜まで及んだことは，合宿方式ゆえばかりではなく，参加した研究員全員の熱意の表れゆえのことであった．

　前田報告では，流通研究の今日的課題，流通研究史から見た流通研究の方法，流通の理論としての「商業資本論」，といった流通の理論・歴史・現状全般にわたる研究動向と，そこでの到達点と課題が取り上げられた．その内容は，おおむね次のようなものであった．流通産業の就業者数の変化や商業構造の変化などマクロの変化に関する分析，大店法から大店立地法へと転換した流通政策の評価（まちづくりと小売業），再販制と流通構造の変化，今日の流通不況とグローバリゼーションとの関連，卸売業における企業集中，さらには流通における情報化や金融兼業に対する評価などが，流通研究の今日的課題となっている．他方，流通研究史の視角から流通研究の方法を振り返ってみると，古くはヨーロッパの商人学としての流通研究，重農学派以降の経済学に立脚する流通研究，そしてドイツ商業学やアメリカのマーケティング論を踏まえた流通研究，という3つの主要な流れに整理できる．さらに，流通の理論と歴史の研究をめぐっては，流通にかかわる代表的理論の1つである「小売の輪仮説」の歴史的位置，現代流通の特徴を捉えようとする「延期―投機理論」の有効性，さらに近年，関心の高まっているイギリス流通史研究の位置づけが紹介された．最後に，流通理論としての商業資本論の課題として，方法論上の問題点を念頭におきつつ，森下二次也氏がその内容を深めた商業資本の自立化論と商業排除論について，その有効性と限界を明らかにした．さらに今日的な課題として，商業資本の大規模化と商業資本の独自機能に関する理論の脆弱性について，また，宇野弘蔵氏が指摘した流通費用の資本化論の今日的な意味合いを考える上での，商業における資本・賃労働関係の理論展開の重要性について，言及された．

　続く山口報告では，はじめに理論と現状分析のあいだに中間的な媒介理論，

いわゆる段階論ないし類型論を挟むことの必要性が述べられた上で，当面，現実の流通問題を取り上げながら，その分析の方法論について考察を進めるという立場を採るとき，課題となるべき流通問題とは何であるのかが提示された．原理論の視角からみた流通研究の中心課題の1つは，流通の不確定性をめぐる問題，わけてもそこから派生する流通上の費用の節約ないし確定化のための諸機構および諸費用，とりわけ情報費用の問題である．そして，この問題と接点のある現実問題を分析するためには，不確定性問題が段階的にどのように変容してきているのかという類型分析を確定すれば，中間的な理論ができるとの考えを明らかにした．その場合，理論と密接な接点のある現状分析の課題は何かというと，小売流通（対個人消費者流通）と卸売流通（資本間流通）とで流通の不確定性に対する資本の対処行動がどう異なるのか，そして，それが資本主義の発展段階や各国民経済における商習慣や価値観あるいは行動原理などの類型の違いによってどう変異するのか，を解明することである．不確定問題を捉えるいまひとつの方法として，現状の側から見ていくというアプローチがある．今日，IT革命やデジタル経済化が進みつつあるなかで，流通構造の変化を考える際に，情報費用や制度費用の節約の問題はきわめて重要な意味をもつことになる．さらには，マーケティング，生産管理，在庫管理，事業所立地などにこうした進展が大きな影響を及ぼすことになり，これに伴う流通構造の変化が重要な分析課題となるのである．これらを分析する際の中間理論としては，アメリカを基軸とするIT革命の進行状況と，それに基づくアングロサクソン型のグローバリゼーションが進行する1990年代を1つのサブステージとして確定し，さらに特殊な商習慣や行動原則などを一定期間持続する制約条件として前提したうえで，より短期的な問題，あるいは国民経済的な問題にアプローチする研究方法が有効であると考えられるとした．このほかに，今日，解明すべき研究課題として，「価格破壊」の名で呼ばれる，いわゆるデフレ問題や，商業と銀行の兼業問題が列挙された．

　すでに述べたように，一口に流通研究といっても，理論，歴史，現状分析のそれぞれの視角や立場により問題意識や方法，したがってまた用語法にも違い

が認められ，それぞれの研究者集団の間には深い峡谷が存在する．しかしながら，前田報告と山口報告では，理論から歴史，現状分析を包括する流通研究の展開方向が提示された．これら2つの報告を通して流通研究の多様な諸問題を鳥瞰する見取り図が描き出されたことで，この第1回研究会は，各研究員にとってこれまでの研究の位置を再確認するとともに，今後の研究の方向性について再考する得がたい機会となった．

その後，4年間にわたる研究期間を通じて，各研究員による研究報告会を継続的に開催し，議論を重ねた．それらの多くは本書に収められているので，その紹介は割愛したい．この間，これら研究合宿以外に，外部講師を報告者とする公開研究会や，流通の現場に出向く実態調査を実施した．公開研究会のいくつかを紹介すると，ジョン・ドーソン氏（エディンバラ大学教授），'Recent Development in Branding and their Implications for Competition' 2002年5月，名武なつ紀氏（当時，東京大学大学院経済学研究科助手，現・関東学院大学専任講師）「高度成長期におけるもうひとつの企業―土地関係：都心商業地の分析―」2002年12月，江上 哲氏（日本大学経済学部教授）「マーケティング論における消費者像」2004年1月，坂本秀夫氏（明星大学経済学部教授）「中小小売業者の存立基盤と存在意義」2004年7月，James Hagen 氏（コーネル大学農業生命科学部助教授）'Trust in Buyer-Supplier Relations : An Empirical Study of US Retailers and their Suppliers', 2004年7月，李　宗儒氏（中興大学マーケティング学部教授）'The Study of the Low-Temperature Logistics Systems for Foods in Taiwan' 2005年2月，などがある．公開研究会の外部講師の選定・決定は，流通研究の特定の領域に限定せず，また国内外を問わず，各分野での世界的な権威あるいは新進気鋭の若手研究者の方々に最先端のご報告をお願いした．

実態調査としては，産業技術記念館（2002年2月），国土交通省北陸地方整備局，㈱リンコーコーポレーション，新潟国際貿易ターミナル（2003年2月），福岡市経済振興局，福岡リバレイン（2003年11月），京都生協協同組合（2004年10月）などを訪問し，貴重なお話を伺った．訪問先には，国際的な物流拠点から

地域の商店街というように，さまざまな流通関連施設が含まれ，流通の多様な実態にじかに触れ，共通の現状認識をもちえたことは，今回の共同研究活動を通じての大きな成果の1つであった．また，それぞれの実態調査にあわせて必ず研究会をもったことにより，研究員それぞれの問題意識が鮮明となり，それらを解明していく上で，大きな助けとなった．

　本書の内容について，簡潔に紹介しておきたい．第1章「企業の理論の形成のために―利潤追求活動と共同体の共存理論の構築―」（松尾秀雄）は，人間を個人としてのみ想定し，共同体としての側面を意図的に抹殺してきたことに既存の経済理論の欠陥があるとし，家族の一員としての流通主体という新たな枠組みの必要性を提起している．人間は自己の利益を最大化する行動と，自己集団にとっての利潤を最大にしようとする行動をとるのであり，個人と共同体の関係にかかわって，行動論的なアプローチによる人間ビヘイビアに関する，より精緻な理論を構築することが求められているとする．
　第2章「電子マネーの貨幣論的考察」（山口重克）は，ITをベースとするデジタル経済が世界的な規模で浸透するなかで大きな関心事となっている電子マネーの問題を取り上げ，岩井氏や建部氏，吉田氏，竹内氏らの諸説を検討しながら理論的な考察を行っている．現在のところ，電子マネーはなお発展途上にあるのだが，将来的に，第3の決済手段としてグローバルに普及するか否かは，従来の決済手段のもつディメリットと新しい電子マネーのメリットによるとされる．
　第3章「マーケティングの矛盾とその顕在化としての消費者参加」（高橋和敬）は，マーケティングにおいて消費者の参加がもつ意義と限界，そしてその限界はいかにして乗り越えられるのかの展望を示すことを試みている．まず，生産と消費の相互作用をめぐる「石井・石原論争」をたどり，次に，上原氏の協働型マーケティング論や吉村氏のマーケティングシステムにおける公共空間論，あるいはトフラーのプロシューマの議論を整理したうえで，私的な活動であるマーケティングの社会的性格を明らかにしようと試みている．

第4章「ハンザ都市ハンブルクの発展と醸造業」(斯波照雄)では，都市の発展条件に関する歴史研究として，15～16世紀のハンザ都市を取り巻く環境を概観し，ハンザ都市であるハンブルクとリューベックを比較しながら，近代における都市発展の前提条件について検討している．この時期におけるハンブルクの発展にとってビールという特産品の存在が大きく，それと連動するかたちで税収の増大など市経済の発展は促された．とはいえ，それが決して単線的なものではなく，複雑な要因が錯綜していたことが検証されている．

第5章「環境要因の変化と小売企業の戦略的行動―イギリスの食品小売業を中心にして―」(許　俊)は，イギリスにおける小売業とくに食品小売業の発展過程を社会経済的な環境要因から把握しつつ，同時に，とくに法的規制や消費者行動の変化のなかでイギリスの食品小売企業はどのような戦略的行動を展開してきたのかに焦点を当てている．加えて，近年では物流技術や情報技術の変化によって企業戦略が大きく変化していることについて，既存の分析やデータを紹介しつつ，多面的な考察を行っている．

第6章「小売主導型流通システムの進化と展開方向―戦後食品流通の展開過程と小売革新を踏まえて―」(木立真直)は，日本における流通システムが小売主導型流通へと転換しつつあるとの理解に立ちつつ，それに関わる理論的・実証的諸研究を紹介したうえで，戦後日本の食品流通の展開過程と小売革新について，具体的な小売業の行動と機能変化の面から検討している．結論的には，現段階における小売主導型流通の脆弱性とともに，それと並存するかたちでの生産者主導を含めた多元的流通システムを構築する必要性を主張している．

第7章「共同商品開発におけるコンビニエンス・ストアと製造企業との関係性」(堂野崎衛)は，日本の小売市場で急成長してきたCVS業態が展開する製造企業との共同商品開発に焦点を絞り，それが協調的な取組みとして進展する要因を検討したうえで，実際の両者の関係性について検証している．小売企業と製造企業の関係性が対立的なものから協調的なものへと移行しつつあるとする見解は少なくないが，大手製造企業の場合にはそれが妥当するとしても，中小零細製造企業はCVSへの従属的関係の下におかれているとしている．

第8章「航空産業における流通チャネルの垂直的支配と不公正競争—情報化の進展とCRSおよびGDSをめぐる問題を中心として—」（塩見英治）では，米国航空産業を対象に，規制緩和の進展とITの利用促進のもとで変化する航空チケット流通の取引関係について，とくにITを活用した予約システムなどが普及するなかで航空企業と旅行代理店との垂直的な取引関係がどのように変化しつつあるかを検討している．また，競争政策の観点から取引関係の変化，政策の推移と問題点について分析している．

第9章「サッカーファン・コミュニティと未来型コミュニティの形成条件—ITとのシナジー的関連性—」（福田　豊）では，市場経済システムの下でその役割が注目されつつある信頼，善意，互酬などのソーシャルキャピタルの形成とコミュニティの活性化との関連を明らかにするためにサッカーファン・コミュニティを事例として考察している．新たな未来型コミュニティ形成の契機として，非日常性と消費の同時性，とくに積極的な同時性，さらにはコミュニケーションの双方向性が不可欠であり，それを提供するものとしてインターネットなどの情報技術の役割に期待を寄せる．

ここに収められた研究成果は，本研究チームが行った活動の一端に過ぎないものであるが，結果的に，4年間の研究活動を通して，所期の目標であった流通の理論・歴史・現状分析を架橋するという壮大な構想について明確なかたちで一定の方向性を提起することができなかったことは率直に認めざるを得ない．それでも，各章ごとにみると，理論や歴史，そして現状分析が本来的に切り離された断片的なものでは決してないことを示唆する論文が少なからず含まれている．そもそも，そうした包括的な共同研究自体，短期のスパンで大きな成果を上げうるものではないことには，大方の同意が得られるであろう．大海の水をすくうが如き取組みではあるが，流通研究の新たなる発展のための一助になればと念願している．なお，本研究チームは2005年度より「商業と市場・都市の歴史的変遷と現状」チームとして再編・強化され，流通研究分野における継続的な共同研究活動にいっそう力を注いでいきたいと考えている．

本書の出版にいたるまでには，中央大学企業研究所の石崎忠司前所長，細井孝雄研究所合同事務室事務長，新橋雅敏庶務課長，石井典子副課長からはチーム研究を円滑に遂行するうえで多大のご助力をいただいた．改めて感謝申し上げたい．最後に，中央大学出版部の平山勝基氏には遅れがちな出版に辛抱強く対応していただいたことに，心よりお礼申し上げたい．

2006年5月

　　　　　　流通の理論・歴史・現状分析チーム　　木　立　真　直（主査）
　　　　　　　　　　　　　　　　　　　　　　　　辰　馬　信　男

目　次

はしがき

第1章　企業の理論の形成のために
　　　　──利潤追求活動と共同体の共存理論の構築──
松　尾　秀　雄

1．問題提起──社会における個人と集団 …………………… 1
2．マルクスの見解の検討──株式会社の社会性と私的所有の問題 ……………………………………………………………… 3
3．マルクスの見解の検討──協同組合の新しい社会に対する可能性 …………………………………………………………… 11
4．総括──人間の行動と企業共同体 ………………………… 17

第2章　電子マネーの貨幣論的考察
山　口　重　克

はじめに ………………………………………………………… 21
1．岩井克人説 …………………………………………………… 23
2．建部正義説 …………………………………………………… 30
3．吉田　暁説 …………………………………………………… 34
4．竹内晴夫説 …………………………………………………… 41
　小　　結 ……………………………………………………… 47

第3章　マーケティングの矛盾とその顕在化としての消費者参加

高 橋 和 敬

　はじめに……………………………………………………………… 51
　1．マーケティングの矛盾 …………………………………………… 52
　2．マーケティングの矛盾の顕在化としての消費者参加 ……… 63
　まとめにかえて……………………………………………………… 73

第4章　ハンザ都市ハンブルクの発展と醸造業

斯 波 照 雄

　はじめに……………………………………………………………… 83
　1．15～16世紀のハンザ圏の政治動向 …………………………… 86
　2．15～16世紀のハンブルクとリューベックの経済動向 ……… 89
　3．都市ハンブルクの醸造業と経済発展の条件 ………………… 93
　おわりに……………………………………………………………… 97

第5章　環境要因の変化と小売企業の戦略的行動
　　　　　——イギリスの食品小売業を中心にして——

許　　　　俊

　はじめに……………………………………………………………… 103
　1．欧米の小売業を取り巻く環境要因の変化 ………………… 105
　2．イギリスにおける食品小売企業の戦略的展開……………… 115
　おわりに……………………………………………………………… 126

第6章　小売主導型流通システムの進化と展開方向
　　　　　——戦後食品流通の展開過程と小売革新を踏まえて——

木 立 真 直

　はじめに……………………………………………………………… 133

1．既存研究からみた若干の論点 ………………………………… 136
 2．高成長経済下におけるスーパーチェーンの発展と大量流通
   システムの形成 …………………………………………………… 140
 3．低成長経済下における流通情報化と小売主導型流通
   システムの進化 …………………………………………………… 146
 4．デフレ経済下での食品市場の成熟化と小売サプライチェーン
   構築への模索 ……………………………………………………… 154
 5．流通に期待される社会的機能と流通システムの展開方向 ‥ 165

第7章　共同商品開発におけるコンビニエンス・ストアと製造企業との関係性

堂野崎　　衛

 1．問題の所在 …………………………………………………………… 175
 2．小売主導型流通チャネルの形成とCVS業態の現代的位相 ‥ 177
 3．小売主導型商品開発の論理と実際 ……………………………… 184
 4．共同商品開発におけるCVSと製造企業の関係性 ………… 188
 　まとめにかえて …………………………………………………… 195

第8章　航空産業における流通チャネルの垂直的支配と不公正競争
　　　　——情報化の進展とCRSおよびGDSをめぐる
　　　　　問題を中心として——

塩　見　英　治

　はじめに……………………………………………………………… 201
 1．CRSの初期展開と流通取引関係 ……………………………… 203
 2．インセンティブ手数料の支払いと「オーバーライド」…… 206
 3．CRSルールの導入と効果 ……………………………………… 208

4．インターネットの普及とGDS利用の変化に伴う
　　　流通システムの変化 ……………………………………… 212
　5．オービッツの事業展開とCRSルールの検討 ……………… 215
　6．課題と展望 ……………………………………………………… 219

第9章　サッカーファン・コミュニティと未来型
　　　　　コミュニティの形成条件
　　　　　　――ITとのシナジー的連関性――

福　田　　豊

　1．スポーツ産業と公共財 ………………………………………… 225
　2．ファンないしサポーター集団の特性
　　　――阪神タイガースとFC東京―― ………………………… 227
　3．新たな関係性 …………………………………………………… 234
　4．コミュニケーション技術とのシナジー …………………… 237

第1章　企業の理論の形成のために
―― 利潤追求活動と共同体の共存理論の構築 ――

1．問題提起――社会における個人と集団

　経済学では，人間を個人としての活動主体と想定して，それに経済人という名前を付与している．経済人というのは，アダム・スミスが『国富論』のなかで使用した人間概念であるが，人間の経済的なさまざまな活動を，自分という個人が自己の満足を最大にするために行う行為として想定するものである．ここには，商品経済の全面的展開―商業社会の実現―中世からの共同体の全面的解体―個人としての人間の確立，という脈絡が隠されている．この理論的な想定は，これまでの経済理論を支えてきた屋台骨であった．しかし，この個人としての人間の想定は，共同体としての人間の意図的抹殺なくしてありえず，経済理論が現実の経済を説明できない欠陥の元凶ともなってしまうのである．

　現実から乖離した理論は，現実の説明をなしえない．もういちど，現実を観察し直すところから経済学を立て直さなければならないのである．

　このような問題意識を持って，商品経済活動の主体（人間）を，いま，仮に，経済人と呼ぶ代わりに，流通活動主体という概念を使って定義しよう．もっと簡単に，流通主体と定義してもよかろう．このように，定義するとき，個人としての流通活動主体のほかにも，集団としての流通活動主体を理論上に想定しなければならない，という事態に立ち至る．個人と集団の両様で，人間は行為を実践するという現実が，そのような前提の根拠となる．たとえば，個人的活動の最たるものと思われる商品の売買の活動でさえ，広い視角で分析すれば，人間は共同行為として実践しているからである．

具体的に，その共同行為は，市場の内部でも，共同体の内部でも，また共同体の全体としても，観察されうることがらなのであるが，理論の場合は，たんに観察されるという説明では済まされない．市場行動を個人から出発するという，従来型理論に追随するとすれば，個人から集団行為への論理必然が証明されなければならない．なぜ個人が集団をつくるのか，と．この論点は，ある意味では，わたしの今までの研究姿勢[1]であった．

　欲望に限って，考察すれば，欲望の認識が個人の単位でなされる，という論点により，冒頭の市場ビヘイビアの登場人物は，個人行動の主体というべきであろう．しかし，共同体の維持のために，市場に出かける，という個人行為の場合，交換の背後に，すでに，共同体が控えている，ないし，夫婦そろって，店舗を開く，というような共同行為としての交換ビヘイビアの想定をするのであれば，共同体として市場行動主体と，当初から，なっているという理論設定も可能かも知れない．理詰めで考えれば，個人なのか集団なのか，結論は出ない．

　しかしながら，宇野弘蔵が想定したように，商品所有者が個人である，というそれ自身で自明であるかのような結論を踏襲すれば，市場の分析は交換行為者としての個人を想定するのが妥当であろう．

　それはどういうことかというと，流通活動主体（交換活動主体）が個人としての金儲けビヘイビアを展開して，自己自身に帰属する利潤の追求を行うとき，その場合の自己が，市場では個人，しかし，より展開された論理次元では，集団としての主体が観察される，ということになる．

　企業が経済的ビヘイビアの担い手という考え方は，人間のいわば本性に由来する現象である．しかし，単独行為もまた，市場であれ，共同体的ビヘイビアであれ，人間のいわば本性に由来するものである．贈与ビヘイビアによって，人間は，個人と個人の結びつきを体験する．スミスのいう，シンパシー（共感・共鳴）は，仲間であるという意識をもたらすものであり，それなくしては他人への興味もないであろう．シンパシーは，個人と個人の間の，贈与と反対贈与の連続を介して現象するが，そのようにして形成されるのは，2人以上の共同

体なのである．3人からが社会で，2人の場合は個人集合などというのは，複雑な共同体が本来の共同体で，シンプルな共同体は共同体と呼ばない，というような愚論である．2人の場合も，個人と個人が共同認識を形成して，共感している以上，共同行為を取り得るし，その意味では，共同体なのである．家族の形成は，生存形態に依存するというよりも，世代の再生産を実現する家族という共同体に規定されたものであろう．家族共同体は，内部で贈与を繰り返し，外部に対しても，贈与を実践しようとする．市場の形成は，共同体形成を与件として，贈与ビヘイビアの延長で，説明されるのが，歴史的な観察の成果としての経済理論にふさわしいのではあるまいか．

家族は，封建的主従関係により，擬似的家族共同体としての封建的主従共同体に派生してゆく．封建時代の以前にも，家族連合という共同体の上部構造が自然発生的に構築されたであろう．氏族共同体でもよいし，家族のような紐帯という国家共同体でもよい．企業活動の場合には，家族性がかなり希薄になった，営利追求目的の共同体ということになろう．この論文では，流通と企業のあいだにどのような理論構築が可能か，また，先人は，どのように，理論的処理を施したか，これらの問題を確認することを課題としよう．自己の利益を最大にするビヘイビアと，自己集団の利潤追求を最大限に追求しようというビヘイビアのあいだには，急峻な渓谷が存在するが，架橋する理論的努力は惜しんではならない．なぜなら，会社は人間の集合体であるし，人間は個人としても，集団としても行為主体として実践するからである．

2．マルクスの見解の検討——株式会社の社会性と私的所有の問題

資本家の定義は，個人としての金儲けビヘイビアが展開されていれば，それは個人としての資本家である．利潤を追求して，経済活動を展開していれば，それは資本家として定義してよかろう．その利潤が集団の営為によってなされている場合は，集団としての資本家といわなければならない．

しかし，個人が集団を形成するという，いわば共同体的な人間集団を商品経

済の原理のなかに移入しようという試みは，従来の理論の慣習では拒否されることが多かった．なぜならば，経済理論の前提に，共同体が想定されることは，基本的にはなかったからである．

　共同体に基礎を置く人間の行為が，万人のために個人が自己犠牲となるような，高尚な人間ビヘイビアであって，個人プレーが，利己主義のエゴイスティックなビヘイビアであるとする，近視眼的な理想社会論と絡まった議論は，個人プレーの集大成として資本主義社会を捉え，それをそれとして批判しようとする批判の観点を前提にすれば，そこからは当然，帰結するものであった．

　この見解は，「空想的社会主義」に限らず，「科学的社会主義」にも広く読み取れる．

　しかし，個人主義的な利益の追求を，その当時の資本主義の苛酷な実態の本質と捉え，かつ弾効したことは，安易に批判を許さないものがある．本質の理解は，時代を背景として決まり，観察の在り様によっても決まる．むしろ，資本主義の苛酷さは，戦争の過酷さとダブらされることによって，糾弾の矛先が必要であった．わたしの社会理論は，資本主義も社会主義の社会も，相対的な理念的な存在であった，とするものである．その意味で，絶対的な批判なり，糾弾の基準が欠落するのは，よく自覚している．むしろ，非難や糾弾をしないというのがイデオロギーといえばイデオロギーであって，自分としては，価値観を除外した分析理論だと自負している．ただ，人間の生き方として，奪い合いゲームや戦争を実践するよりは，与え合う共同体的実践のほうが，あるいは市場ビヘイビア的実践のほうが，より理性的だという信念は確固として堅持している．ゲームが嵩じれば，ルール無用の戦争になる．戦争にもルールがあったようだが，ルールは如何様にも解釈される．市場のルールの根本は，相互の連帯と共感である．そのときには，盗みと暴力は排除された交換ルールが確立する．企業も，理念としては，市場の主体である．オランダ東インドカンパニーは，しかし，武装せる企業，国家としての企業であった．オランダに限らず，イギリスも，フランスも，スペインも，ポルトガルも，交換を表看板にして，交易を拒めば，戦争をしかけるという軍事的な共同体でもあった．暴力の性質

は，暴力が存在するから，自分の暴力が正当化される，という論理の無限連鎖をもたらすところに存する．しかし，贈与もまた，愛の無限連鎖を形成しうるものであるし，どちらが人類にとって，より幸福をもたらすか，の一点で生き方が選択されなければならないであろう．

『資本論』第3巻の第5篇「利子生み資本」の第27章「資本主義的生産における信用の役割」で，周知のようにマルクスは，株式会社を草稿段階の考察であるが，次のように取り上げている．

　「株式会社の形成．これによって」，「生産規模の非常な拡張が行なわれ，そして個人資本には不可能だった企業が現われた．同時に，従来は政府企業だったこのような企業が会社企業になる」．「それ自体として社会的生産様式の上に立っていて生産手段や労働力の社会的集積を前提している資本が，ここでは直接に，個人資本に対立する社会資本（直接に結合した諸個人の資本）の形態をとっており，このような資本の企業は個人企業に対立する社会企業として現われる．それは，資本主義的生産様式そのものの限界のなかでの，私的所有としての資本の廃止である」[2]

ここに叙述されているマルクスの資本主義理解は，個人資本のみが資本主義社会にとっての構成母体であり，私的所有とは個人が個人の生産手段を所有すること，という原則の確認なのである．集団所有が私的所有とは異なることはいうまでもない．このことをもって，マルクスの揚げ足取りをするつもりはない．集団の論理を資本主義の原理と矛盾なく理論化しようという発想が，この原稿を書いているときのマルクスに浮かばなかっただけなのである．しかし，当時のマルクスにとっては，株式会社は，資本主義的生産様式の限界を超克する新しい社会的所有のカテゴリーのひとつと把握された，ということは事実であろう．スミスが，経済人という個人的活動主体を基礎に経済学の土俵をつくったことに由来するのであって，基本的には，集団形成が経済理論の内的論理として，現在まで成功していない以上，マルクスの汚点はわれわれ経済学の継

承者の汚点なのである．

　集団主体の理論が成功していないのだから，集団ではなくて，内部労働市場の理論が新制度学派から提唱されたりする．共同体に由来して市場が成立するのであるから，内部労働市場という概念は，全否定されるべきものでは，必ずしもない．しかし，企業が共同体であるという命題を証明するほうが先決なのである．資本主義にも共同体が存在するという発見をすることが先決なのである．マルクスの欠点はマルクスの継承者が努力して乗り越えなければならない．
　次にマルクスは，資本―利潤の概念連鎖なのか，資本―利子の概念連鎖なのかの理論的考察に転じる．所有と経営の分離のマルクスなりの考察なのだが，原文に戻ろう．

　　「現実に機能している資本家が他人の資本の単なる支配人，管理人に転化し，資本所有者は単なる所有者，単なる貨幣資本家に転化するということ．彼らの受ける配当が利子と企業者利得とを，すなわち総利潤を含んでいる場合でも（というのは，支配人の俸給は一種の技能労働の単なる労賃であるか，またはそうであるはずのものであって，この労働の価格は他のどの労働の価格とも同じに労働市場で調節されるのだから），この総利潤は，ただ利子の形態でのみ，すなわち資本所有の単なる報酬としてのみ，受け取られるのであって，この資本所有が今や現実の再生産過程での機能から分離されることは，支配人の一身に属するこの機能が資本所有から分離されるのとまったく同様である」[3]

　マルクスにあっては，資本の定義は，価値の姿態変換・増殖運動体である．資本家が資本を個人で全所有していれば，増殖の成果としての利潤はすべて資本家個人に帰着する．所有の成果といってもよいし，資本家としての活動成果といってもよい．両者は不分明に一緒にされた概念である．資本の増殖運動の管理人は，マルクスにとっては資本家なのだから，管理人としての労賃部分と，所有にもとづく成果としての利子部分が含まれていることになる．

株式会社になるとどうなるか．機能資本家と所有資本家の両極分解が発生するというのが，ここでのマルクスの理論である．活動主体は，熟練した技能労働の提供者，すなわち経営活動を請け負った労働者だと想定される．労働者であるから，資本家に雇用され，最低賃銀の法則が作用するのであろう．雇われ経営者の労働市場が形成されるという．資本家が本来，実践すべき資本家的活動は，単純労働なのであろうか，熟練労働なのであろうか．マルクスにとっては，後者である．しかしながら，本来，熟練というのは，熟練に達するまでの見習い期間が長期である単純労働に過ぎない．だれが実践しても同じ結果がもたらされるのであれば，資本家はそれを自分の雇い人に代行させることが可能となる．

　しかし，そうであろうか．不確定で不均質で，変動著しい流通市場は，何を生産するか，どのように生産組織を構築するか，技術の開発をどうするか，どのように販売するか，等々，資本家個人としての決断と手腕が成果を左右するのではあるまいか．

　仮に，価値増殖体としての資本が，すべての資本にわたって，一様な増殖率しか実現しないのであれば，資本家は，遊んで暮らして，執事を雇うか，自分で齷齪して，経営活動に奔走するか，結果は同一ということになろう．遊んでいる分は，時間賃銀で資本の管理人に給与を支払いさえすればよい．齷齪する分が労賃部分で，所有の成果部分が利子部分となる，ということになろう．それはそれで，明確な資本主義の原理であるといえよう．

　だが，これでは，競争の観点が欠落する．資本家同士で，利潤率の極大をめぐって，生存競争を繰り広げているのである．見込みに失敗した資本家は，市場から，負け組みの烙印をおされて，ゲーマーとしては，退場しなければならない．そうであれば，資本の管理人に経営を委託して，自分は利子分の配当収入で満足するという資本家の実像は想定不可能ということになる．もう少し，競争論的観点から，マルクスの利子生み資本論を解体しなければ，前進できない地平に，現代のマルクス理論学派は追い込まれているのではないだろうか．

　次の理論的な検討は，株式会社が，資本主義から社会主義への「通過点」と

いう考えがどのような脈絡で生まれてきたかの検証である．
　マルクスは次のようにいう．

　　「これ［株式会社制度―引用者］は，資本主義的生産様式そのもののなかでの資本主義的生産様式の廃止であり，したがってまた自分自身を解消する矛盾であって，この矛盾は，一見して明らかに，新たな生産形態への単なる過渡点として現われるのである．このような矛盾として，それはまた現象にも現われる．それはいくつかの部面では独占を出現させ，したがってまた国家の干渉を呼び起こす．それは，新しい金融貴族を再生産し，企画屋や発起人や名目だけの役員の姿をとった新しい種類の寄生虫を再生産し，会社の創立や株式発行や株式取引についての思惑と詐欺との全制度を再生産する．それは，私的所有による制御のない私的生産である」[4]

　マルクスは，個人の経営者は，個人の生産手段を自らが所有することで，資本家という資格を獲得し，資本の人格化として，資本の増殖運動の命ずるままに，資本家として利潤追求活動を実践する，そのような社会を資本主義的な生産様式の支配的な社会，ようするに資本主義社会と定義してきた．それに対して，社会主義の理想社会とは，その社会原理を反転させた社会であると考えてきた．
　まず，個人主義の社会ではない．端的にいえば，集団主義の社会である．集団主義こそ社会主義の社会原理である，と．生産手段を所有するのは，資本主義では個人であるが，社会主義では集団である．人間は集団に属しているから，個人が個人を搾取するという構図は成立のしようがない．
　ここまでのマルクスの理論的誤謬とおぼしきは，わたしが，『市場と共同体』(1999年，ナカニシヤ出版) などの著作を通して主張してきた，資本に人格の仮面を被せたような資本家の理解からして根本的に誤っているという論点が第1である．資本は人間が金儲けビヘイビアを展開するときの手段総体の概念であるべきだというのが，わたしの理論であるが，ここでは，詳細は繰り返さない．

この誤謬の論点は，社会主義のトリックを成立させるには，非常に都合がよい．資本主義では，資本家は資本の奴隷で疎外されており，賃銀労働者は，資本家の奴隷で，搾取され，かつ疎外されている．このような認識の構図をもたらす．資本家が資本に支配されている構図を廃止すればよい．社会主義は，だから可能なのだ，と．

　資本を資本たらしめているのは，私的な所有の社会制度である．私的というのは，個人的な，と換言できる．資本主義は個人が個人の財産，とりわけ，生産手段としての資本を所有することで成立する社会である．

　マルクスの誤謬の第2は，資本主義の時代のごく初期から一貫して，資本を持ち寄り，自分たちの活動能力を持ち寄り，共有の結合資本を形成し，集団所有のもとで，商人的な利潤追求ビヘイビアを実践するということが日常的な行為として，あり続けたという事実を黙視したという点である．株式企業の形成が投機を助長するという理由で，イギリスでは，一時期，株式会社の設立は，厳格な規制を受けたこともあった．それは国家が，健全性論理を持ち出し，会社をつくることを一時的に規制したというだけで，集団出資制度は消滅したわけではなかったのである．したがって，資本主義の所有制度が個人的・私的所有制度であると原理的に決めつける事実の背景は存在していなかったのである．利潤追求行動は，個人でもよいし，個人の集団としての，協業・分業を内包するヒエラルキー的共同体としての会社でもよい．

　マルクスは，あまりにも個人に拘り過ぎた．これは，当然，マルクスの誤謬であるが，責任はマルクスにはない．当時の経済学の理論の水準が，アダム・スミスの経済人という個人を活動単位として措定する方法論を与件としていた以上，個人主義の社会として資本主義を想定するということは，19世紀の社会科学者が共通に行っていたことなのであった．

　資本家的ビヘイビアを観察してみるがよい．たとえば，八百屋のご主人が店頭に立って商品を販売している．しかし，ご主人という概念で，そのご主人は，自分の所属する，家族共同体の家長であることを内包しているのであって，単独で商行為を展開しているわけではないことは明白であろう．奥さんの協力も

あろうし，アルバイトの店員の協力もあろう．子供たちや親類縁者の協力もあろう．みなが協力して，一致して利潤追求ビヘイビアの共同担い手となって活動している．マルクスもそのような実態をロンドンで目にしなかったわけはなかろう．ただ，経済学の理論の対象として，本気で観察しなかっただけである．

　これが誤謬と思しき論点の第2である．したがって，私的所有や集団の有無をメルクマールにして，資本主義の社会の矛盾を結論付けて，通過点だという必要もないのである．

　論点の3番目は，株式会社がでれば，独占が必然化するという理論的な誤謬である．

　マルクスは巨大な固定資本に仰天した．とても個人では所有しきれない規模の資本である．それはそれでよい．しかし，株式の制度を採用した資本家の結合共同体は，資本を持ち寄り，自分の経営能力・ビヘイビアの可能性を持ち寄った共同体の形成なのであって，その資本規模が巨大なり大規模なり，表現はどうでもよいが，個人資本の規模を凌ぐことは言うまでもない．厳密に言えば，オランダ東インド会社の例のように，個人が自分の資産の一部ずつを持ち寄って会社をつくる場合が多くあり，その結果としての会社が，自分の資本規模より小さいという場合も存在しうる．リスクの分散として会社的な結合が採用されれば，その資本規模は，自分の全財産よりも小さいこともありうるのである．

　それはともかく，いくつかの部面という限定つきながら，株式会社イコール独占資本の形成という図式を経済理論の一部に定着させたマルクスの罪は深い．独占というのは，市場での他者排除の完成形態なのであって，それは，市場に原油を供給する売り手が，ある石油生産会社一社になってしまうことを意味する．しかし，これは，特許制度のような，市場の社会制度が国家などの市場外からの介入がなければ成立しないことである．国王が，アフリカとの交易の独占的権利をアフリカ会社に付与する，その見返りに，アフリカ会社は毎年，膨大な独占税を国王に支払う，というような場合が想定可能である．しかし，別の国王がいて，別のアフリカ会社に独占権を与えれば，それは独占ではなくな

り，自分の独占権を武力で守る，という戦争的なビヘイビアを展開してしまう．戦争は共同体の行動原理のひとつである．市場の理論としての独占と株式会社の結合は，因果の関係にはないというべきである．これが，独占を導入したマルクスの誤謬の第3である．

　さらに社会の原理を生産の原理として理解しよう，というのが，マルクスの方法であるが，商品経済は流通主体による自由な交換活動によって成立する経済なのであるから，生産形態を社会形態として強調し過ぎることは，やはり行き過ぎであろう．そして，あらゆる社会に流通主体は存在し，したがって，程度の差異はともかく，商品経済は人類社会に遍く存在したという事実に注目しなければならない．石器時代に商品経済は存在したのか．

　この問いに，そうだということは憚られるが，すくなくとも，財の交換活動は存在していたようである．石器時代を見るわけにはいかない．しかし，地球上には，生活様式を守り続けた多数の少数部族が，過去の慣習を踏襲して生存しているのである．そこには，経済理論の豊富化を目標とする，流通分野の学際的な研究の余地が，とりわけ人類学や社会学を包摂する余地が，存在しうるであろう．

3．マルクスの見解の検討——協同組合の新しい社会に対する可能性

　協同組合の可能性について，マルクスは，次のように言及する．

　「労働者たち自身の協同組合工場は，古い形態のなかでではあるが，古い形態の最初の突破である．といっても，もちろん，それはどこでもその現実の組織では既存の制度のあらゆる欠陥を再生産しているし，また再生産せざるをえないのであるが．しかし，資本と労働との対立はこの協同組合工場のなかでは廃止されている．たとえ，はじめは，ただ，労働者たちが組合としては自分たち自身の資本家だという形，すなわち生産手段を自分たち自身の労働の価値増殖のための手段として用いるという形によって

でしかないとはいえ．

　このような工場が示しているのは，物質的生産力とそれに対応する社会的生産形態とのある発展段階では，どのように自然的に一つの生産様式から新たな生産様式が発展し形成されてくるかということである．資本主義的生産様式から生まれる工場制度がなければ協同組合工場は発展できなかったであろうし，また同じ生産様式から生まれる信用制度がなくてもやはり発展できなかったであろう．信用制度は，資本主義的個人企業がだんだん資本主義的株式会社に転化して行くための主要な基礎をなしているのであるが，それはまた，多かれ少なかれ国民的な規模で協同組合企業がだんだん拡張されて行くための手段をも提供するのである．資本主義的株式企業も，協同組合工場と同じに，資本主義的生産様式から結合生産様式への過渡形態とみなしてよいのであって，ただ，一方では対立が消極的に，他方では積極的に廃止されているだけである．」[5]

　マルクスは，周知のように，社会主義とはなにか，それは社会主義的生産様式が行われている社会である，同様に，資本主義となにか，それは資本主義的生産様式が行われている社会である，という生産の様式に着目した社会体制理論を創出している．

　またマルクスは，周知のように，社会主義的な生産様式とはなにか，それは，自由なる諸個人の結合した生産様式である，と結論的に示している．またこれを逆説的に表現すれば，資本主義的生産様式とはなにか，それは，資本家という個人が私的な富を私有し，賃銀で雇い入れた労働者たちを支配し搾取するという生産様式である，というように定義づけられている．

　株式会社の形態は，資本家が存在する企業形態である．その意味では資本主義的な企業である．しかしながら，株式会社の形態は，広範な社会的資本が結合した企業形態である．その意味では，社会主義の結合生産様式を実現する企業形態である．

　中国が市場経済に依存する改革開放路線を採ったときに，中国が社会主義路

線を放棄し，資本主義の復活をめざす体制変換になるのではないかという批判が持ち上がった．その批判は，実際の経済のあり方では，各主要企業を中国共産党組織が統制するという点を除けば，資本主義社会となんら変わるところはない，という意味で正鵠を射ている．けだし，利潤追求の行動原理が経済の行動原理になったのであるから．しかし，周知のように，中国は，それでも社会体制は，資本主義ではなく，社会主義であると言い張った．その理論的根拠は，会社制度は，社会主義的集団所有制度そのものである，というものであった．

マルクスが論じているこの箇所がまさにそれに相当する．所有が個人で所有するか，企業という集団で所有するかという基準で，社会体制を論じたら，株式会社の制度は社会主義的な制度ということになる．しかし，利潤を追求する，資本家としての経営主体は厳然として存在する．その点は，資本の運動としての価値増殖が資本家によって実現されるのであるから，まさに純粋な資本主義的企業ということになる．

協同組合の組織形態で工場が運営されたら，事態はますます複雑な理論的様相を帯びる．資本家が所有しているのではなくて，そこで働く労働者が出資し，自分たちの工場を自主営業しているのである．資本主義を突破する最初の形態が，このような協同組合工場だと，マルクスは手放しで賞賛している．資本と労働の対立はない．このようにマルクスは言う．

本当だろうか．株式会社の企業は，自分たちで出資し，経営の実際は，自分たちの代表者である経営主体に委任して，委任を継続するかどうかは，株主総会という会議の場で決着する．本来の株式会社は，金も出すが，主体的な活動でも協同して能力を提供する，まさしく協同組合的な企業形態であった．一緒に事業をやろう，これがカンパニー（ラテン語で仲間を意味する）というものだったのである．原型は，人間の結合と資本の結合なのである．

協同組合と株式会社の組織運営の違いは，理念からして，基本なり出発点には，大きな相違点はないのである．ただ，株式の場合は，株式が証券であり，流通市場が完備されてゆくにしたがい，株主にとっての自分の会社だという，参加意識が希薄になる．会社が好調なときに，会社で共同経営者として頑張る

のではなく，株券を高値で販売して，その会社から縁を切ろう，という選択をするビヘイビアが自然発生的に生まれるのである．株券の取引価格が上昇するか，はたまた，下落するか，という賭けゲームが発生して，その賭けゲームに熱中する間は，その会社への帰属意識が希薄化するのである．そのようななかでも，株を買い占める人が出現すると，彼は自分の会社をどうすべきかと思案を始める．しかし，会社のメンバーたちは，株主から委託された資本をいかに効率よく運営して利潤をあげるか，という市場ゲームに熱中することになる．

そのうちに，株主から委託された資本といっても，その株主が会社への帰属意識を希薄化すれば，口出ししなくなるわけであり，いつのまにか，だれの資本という所有者特定の意識が喪失してしまい，自分たちが自由処分できるのであるから，自分たちの資本という新たなる次元の所有意識を形成してしまう．行為が所有という意識をもたらす，というのは，人間の行動を基礎に人間の観念が形成される，という真理を明確にしたもので，わたしは，かつて，『所有と経営の経済理論』(1987年，名古屋大学出版会) によって解明したテーマであるが，したがって，会社の財産は会社員の総体が共同所有するという意識が芽生える，という論点を問題提起したのであるが，それは，ものごとの一方しか観察していなかった．

人間の観念が人間の行為の原動力になる，という側面が資本主義の経済ルールを形成するのである．所有というのは，人間にもあり，動物にもある，固有の観念である．犬であっても，与えられたか，自分で自然から獲得したかはともかく，使い続けると，自分の排他的な使用が他者にも認識され，自分も，自分のモノという認識が形成される．行為が意識を形成する，ということを拙著では強調した．ところが，自分のモノという意識は，交換によっても，贈与によっても，少なからず形成される．たとえば，フジテレビの株式を貨幣と交換に過半数入手した．株券は自分のモノである．それは，贈与されても，他者のモノが自分の手元に流れてきた，という意識とともに，自分のモノという帰属意識・所有意識が生まれる．

買ったのだから，それは自分のモノである．これは，かつて，宇野弘蔵が強

調した論点である．売買が所有意識をもたらす．ところで，株券を購入した買い手は，株価の変動に自分の貨幣を賭けたのではない，会社の経営主体としての地位を得られるか否かに賭けたのだ，というゲームの次元が異なってくる場合が往々にして発生する．

　このフジテレビは自分のモノだ，という意識が発生するのはなぜか．同時にまた，その対極においては，フジテレビの旧来からの経営主体が，この会社は自分たちのモノだ，よそ者には渡さない，という意識を強くもつのはなぜか．その答えは，組織原則としての資本主義原理に存する．資本主義の原理とは，ここでは，人間の利潤追求行動原理のことである，と定義しよう．わたしの，永年の理論的主張は，社会を資本主義の社会とか，社会主義の社会とか想定なり定義するには相当の無理がある，ということを言ってきているのであって，原理としての資本主義的な行動原理を否定しようというものではない．その資本主義的な原理は，人間のある特定の制度化された行動様式のことであり，行動様式は社会的なルールなり規範に縛られている．その規範が，株式会社の場合は，株主総会の組織運営ルールを含んでいるのであり，協同組合の場合は，協同組合の運営ルールを基礎にしているのである．株数による多数決か，構成員の多数決かが決定的な組織原則の相違点になる．また，参加意識なり，実際の参加行動なりの相違点もある．株主は，投資した会社に参加意識を持っていない．通常は，証券取引所のざら場（現在ではパソコン画面）に参加意識を持っている．いつも相場を見つめ，売買行為に参加しているのである．けれども，協同組合は，株式が上場されているわけでないので，自分が利用する，自分たちが協同作業する，というところが参加意識の原点である．自分が協同組合の経営主体になって，利潤率を極大化しよう，という意識は，ふたつの意味で，登場して来ない．まず，株式がないのであるから，組織内部の多数派工作しか手段はない．多数派が共同体の主導権を握る，というのは，欲望充足としての経済のルールではなくて，共同体の政治のルールである．強いものがリーダーになる，その延長で，多数の支持を獲得すればリーダーになる，という共同体運営のひとつのルール化に過ぎない．したがって，会社組織とりわけ，株式会

社とは，内部組織原理がちがう，それぞれ別個の内部原理を有する企業共同体の異なる2類型なのである．次に，協同組合は，利潤追求を追い求める組織か，それとも，構成員の幸福最大を追求する組織か，という問題が企業共同体理論の重要課題となる．

マルクスは，「既存の制度のあらゆる欠陥を再生産している」[6]とも言う．これの意味するところは，これ以上は，解明できない．しかし，推測するのも学問の方法であるから，可能な限りで合理的な推測をしてみなければならないだろう．

考えられることは，市場の行動主体として売買を継続しているのであるから，利潤が出たり，損出を出したり，という事態は，避けては通れない，ということである．利潤が出る組合が欠損を出す組合よりも，健全な経営をしている組合ということになろう．そうだとすると，株式会社がいい商品を生産し，いい企業イメージを創出し，多額の利潤をあげて，評判を高めようとするのと同じ行動原理が出てくる．つまり，組織原理が，組織としての高い評判なり名誉の獲得だとしたら，利潤がその重要なファクターのひとつとなり，株式会社と近似してゆく，ということである．これを欠陥とよぶか，共通する人間組織の本質というかは，また価値判断が介入する問題でもあるが，本質とはなにか，という極めてアカデミックな問題でもある．

次に，組織原理の内部構成の共通性である．人間が集団で行動する場合，少なからず，指導者とその指示を受け取る多数の下部構成員に分化する．マルクスは，生産現場では，労働者の情況が悲惨であるから，資本主義を否定して，べつの生産様式を追求しなければならないと考えた．そのマルクスが協同組合工場も資本家の工場も同じ欠陥を抱いていると考えたとすれば，利潤が出る水準で工業をやろうとすれば，同じ技術・同じ労働条件にならざるをえない，ということに気づいたと推測するしかない．

集団の内部での，ヒエラルキーの存在，これは共通する事実である．さらに，作業の内容の過酷さ，これも共通する事実である．ただ，作業環境の衛生的な条件だとか，労働者の参加意識では，大きな相違が発生するだろう．しかし，

協同組合で実現しえたこれらのことは，後を追うようにして，株式会社でも採用されるのである．

　資本主義の行動原理で工場を運営すれば，賃金を安く抑えよう，労働環境は劣悪でもよい，そうしなければ利潤は実現しない，ということになろう．ところが，自分たちが労働者であり，そして資本家でもあるという協同組合工場では，少なくとも自分たちの生存に関わるような労働環境や最低賃金の問題は解決するだろう．それで資本主義的市場での生き残り競争に勝てたのかどうかは解らない．おそらく，遅かれ早かれ，経営不振で淘汰されたであろう．しかし，それよりも本質的なことは，資本家が，株式会社を経営する場合でも，資本主義的原理のほかに，社会の原理，共同体の原理を導入し始めたということである．つまり，マルクスが見た19世紀のイギリスの紡績工場の，労働者の悲惨な情況は，早晩，改善されるのである．社会主義にならなければ改善されないであろうとマルクスが考えた，人間における非人間的な情況は，資本主義のままで，十全に改善されることになる．これを過大評価はできないが，資本主義の利潤原理ではないある要素が，この社会に埋め込まれてい続けたことだけは，どうも事実であるようなのである．

4．総括——人間の行動と企業共同体

　人間をもっとも簡潔に想定し，利潤を最大にしようとしている個人と，資本を所有せず，労働する能力を他人に贈与（売り渡す）する個人，の2類型のみに限定して，経済の世界を再構築してみせる理論が，従来型の理論の特徴であった．資本家が労働者を雇用するにしても，労働市場での商取引という把握がなされてきた．

　この理論的な枠組みに対して，資本家の家族，労働者の家族，という家族の一員としての流通主体という新たな枠組みが，提唱されつつある．経済学のなかに家族の問題を取り入れようという試みは，さまざまな角度から試みられつつあるが，原論の体系では，失業者が生存する基礎に，家族が存在するという

論点として，山口重克は，次のように指摘する．

　「資本蓄積の原理的な展開には，純粋資本主義社会の内部に失業者が存在していることが想定されなければならないわけである．その場合，これらの失業者はこの社会でどのようにして生活の糧を得ているのかという問題があるが，これは家族によって扶養されると考えておいてよいであろう．現実の資本主義社会には資本主義的生産の外囲として非資本主義的小生産が存在しているので，労働者は資本から排出されてもその外囲で労働したり，そこに寄食したりすることができる．これにたいして純粋資本主義というのは，資本が生産を全面的に担当していると想定している社会であるから，そのような小生産は存在しない．しかし，純粋資本主義というのは生産の態様についての規定であって，人間生活全般についての規定ではないのであるから，純粋資本主義社会にも家族は存在する．」[7]

　ここでは，純粋資本主義は生産のあり方ないし態様に関する想定であって，社会全体の想定ではないのであるから，純粋資本主義社会に家族を想定することは，方法論的矛盾はない，と断られている．むしろ，家族を想定しなければ，失業者を想定することが不可能で，失業者を想定することが不可能であれば，資本蓄積の景気循環構造を想定することが不可能，という関係にある．

　まさしくそうなのである．人間が家族を喪失していては，人間は社会を維持できない．純粋な資本の原理では，人間は，存在すら不可能なのである．したがって，純粋な資本主義の社会という社会は存在しようがない．純粋な資本主義は存在しうる．それは，人間の行動様式の一側面としての，利潤追求ビヘイビアを，純粋な資本主義の行動原理による行動，と言い換えることができるからである．しかし，人間は，利潤追求ビヘイビアによってのみ生きていける存在ではない．レストランで食事をするにしても，自分が自分のために食べるという行為を競争的な賭けゲーム的に処理できない．貨幣の贈与を前提して，料理とサービスの贈与を要求する贈与交換コミュニケーションの原理，一種の共

同体構築の原理，顔なじみになるという共同体の希薄な関係構築のレベルでの人間行為としてしか実践できない．そこは資本主義の世界ではなくて，市場での交換ビヘイビアの世界なのである．念のために言えば，食べる行為は個体の生理的活動であろう．

　企業というのも，家族のような人間の集合概念のひとつである．個人で商人資本家として活動を開始すると仮定しよう．商人というのは，安く買って高く売るという市場の不均質な本質を利用して，商品を運送したり，情報を収集したり，情報を流布したり，対人活動をしたりして，多くの行動を継続してゆかねばならない．そして，得られた利潤は自分の家族の生計維持に，第一義的には，使用される運命にある．
　そうだとすれば，商人の活動は，商人個人の活動ではなく，商人家族全体の活動という本質を出発点から兼ね備えているのである．その商人家族全体が，経済人としての流通主体として活動するのである．それは一種のヒエラルキーを供えた企業としての利潤追求型共同体であると規定してよい．共同体の長が家長であり，店長（経営主体）でもある．
　資本を共同出資するという近代的な会社形態は，家族共同体から絶縁した共同体を，企業利潤の追求のためという共同事業に限って，共同体として実行しようという限定目的で形成されたものである．家に帰れば家族がある．しかし，家から離れて，企業を形成する．知り合い同士が，資本を持ち寄り，自分の活動能力を持ち寄るのである．
　ところが，同一企業に社長は2人も3人も必要ない．非常に仲がよい兄弟などの場合は，お互いに譲歩する人間関係を，別次元の世界において，構築しているのであるから，共同経営主体を複数で実現できるという場合もありうる．しかしながら，家族などの共同体でヒエラルキーの構築を共存的に担保できない場合は，資本家のリーダーシップをめぐる関係は，共同出資者のあいだで，指導権をめぐる競争・闘争の関係をもたらし，敗退した出資者は，資本だけを残して，自分の活動の場を，株式会社の外側に求めるか，もしくは，出資の証

明証券である株券を誰かに売りつけて，資本金の事実上の引き上げと，自分自身の活動の引き上げを模索するかのどちらかとなる．

　株式会社の場合は，人間のリーダーを目指す競争としての共同体内闘争の結果としての序列の形成とは別に，共同体の外側から，自分の会社という所有意識の澎湃を制度的に担保している．すなわち，発行株式の過半数所有で株主総会という組織上の意思決定機関の結論を左右できるという制度を内在化せしめているわけであり，所有の観念が先行して形成されることで，経営主体の交代という共通ルールの確立ができ上がる．しかし，これとて，自分の勝ち得た経営主体の地位を，進んでルールに従い，放棄するという恬淡とした経営主体は，そうざらにはいないわけで，経営乗っ取り防止のさまざまな制度もまた，法律上の制度として，容認されるようになる．そこにはまた別の人間の序列や支配をめぐる競争が発生する．

　このような現象までを包括して，行動論的なアプローチによる，人間ビヘイビアの分析視角からの理論の考察と構築は，共同体と個人の関係をより精緻に詰める作業を基礎にして，今後の研究課題にしてゆかねばならないだろう．

1) たとえば，松尾秀雄『所有と経営の経済理論』，1987年12月，名古屋大学出版会．このなかで，たとえば，157ページでは，資本家が自分の「資本家的活動を豊富化するために，助手として賃銀労働者を雇い入れる」と述べたり，155ページでは，「ある資本家が他の資本家と結合してひとつの資本家共同体を形成し」という叙述を行っている．これは，個人から出発して，個人では限界のある分業・協業メリットを享受するために，資本主義の原理のもとで，他人とのパートナーを追求する，という論点である．これとは別に，人間はすでに，共同体を形成しているところから，企業理論を構築できないか，というのが，本稿で明らかにした問題意識なのである．
2) カール・マルクス『資本論』第3巻，大月書店，合本版，557ページ．
3) カール・マルクス，前掲書，557-558ページ．
4) カール・マルクス，前掲書，559ページ．
5) カール・マルクス，前掲書，561-562ページ．
6) カール・マルクス，前掲書，561ページ．
7) 山口重克『経済原論講義』，1985年12月，東京大学出版会，165ページ．

第2章　電子マネーの貨幣論的考察

はじめに

　現在，世界的な規模でITをベースにしたいわゆるデジタル経済が，生産の領域，流通の領域，金融の領域などさまざまな領域とそれらの領域間で急速に発展しつつある．

　中でも飛躍的な発展を示しているのはいわゆる電子商取引であるが，この用語には従来型の取引に電子技術を利用した，たとえばインターネット上で行う取引についていう場合と，電子情報そのものを決済手段として用いる取引をいう場合の両者が含まれており，また，電子マネーという言葉にも，電子技術を利用して行う決済方式についていう場合と，電子情報が決済手段として用いられている場合の両方の場合が含まれている．そして，現状では，後者の決済手段としての電子マネーが必ずしも十分な展開を示していないため，両者の区別も必ずしも截然としないところがある．

　そこで本章では，とりあえずこの両者をとくに区別しないで，決済方式ないし決済手段としての電子マネーの理論問題，つまり電子マネーの貨幣としての性質，従来の貨幣との異同，などを対立している諸説の検討を通して考察したい．

　また，方式ないし手段としての電子マネーをとくに区別しないでおくといっても，それらにもいろいろな段階のものがある．「最終的に現れるであろう電子マネー」を「究極の電子マネー」と呼ぶことにするとして，岡本・満保(1997)によると，この「究極の電子マネーに至る前に2世代は必要となる．第1世代はプリペイドカードがわりに用途限定でICカード上に実現する電子マネ

ーである．第2世代は，銀行が代貨として発行し，口座からその分を減額するタイプの電子マネーでネットワーク上を行き来する．最終的には日本銀行がお金として直接発行するタイプの電子マネーに移行し，情報そのものがお金となる」(p. 36)．

理論問題を考察するのであるから，最後の第3世代の「究極の電子マネー」を対象にすべきであろうが，ここで検討する諸説が必ずしもそうなっていない場合があるということもあって，本章では，第1世代，第2世代の電子マネー，あるいはそれ以外のプラスティック・カードマネーについて論じる場合もある．

それに，格納場所＝財布を複数にする場合のそこへの自由なアクセスの問題を考えると，かなりの情報インフラの整備が必要であるとか，本人確認のための署名とか金額を含む通信情報のセキュリティ確保のためにはデジタル情報への変換方法としての暗号技術の発達と暗号の管理・規制の制度的整備が不可欠であるといった問題があるが，これらのことを考えると究極の電子マネーの出現はかなり先のことになりそうで，理論問題の検討にしても，とりあえずは現段階の電子マネーを対象にせざるをえないという問題もある．

とくに，国境を越えて自由に移動できるオープンな決済通貨となるためには，国家の暗号政策が関係してくる．岡本・満保（1997）が指摘しているように，米国が秘密鍵暗号（＝送信文の暗号化と復号化に，つまり送信者と受信者に，共通に使用される暗号のこと）の管理システムに鍵寄託システム（＝合法的盗聴機構）を組み込むことや，電子マネーに用いる暗号の相互承認ないし標準化（実は米国標準化）を各国に要求している（pp. 102-103）という問題を考慮すると，この実現に向けての国際的協調はほとんど不可能に近いであろう．

このようなわけで，電子マネーの貨幣としての理論的な意義と限界の問題も，現段階の技術的および国際政治的制約に起因する面を排除して考察することはあまり意味のないことかも知れないが，できるだけ最終段階に近いであろうところも念頭に置きながら，電子マネーの理論的な問題点を検討することにしたい．

以下では，岩井克人，建部正義，吉田暁，竹内晴夫の諸氏の電子マネーに関

する見解を取り上げて，それらにコメントする形で私の見解を述べることにする．

1．岩井克人説

　最初に，岩井（1999）における電子マネー論を取り上げよう．岩井は以前，『貨幣論』（筑摩書房，1993年）において一般的な交換手段としての貨幣の根拠について極めて特異な議論を展開したことがあるが，ここで取り上げる論考の第1節で，この貨幣の根拠の問題を再提起し，以前の貨幣論の議論を再論している．そこで，まずその要点を紹介することから始めよう．

　岩井は，あるものが貨幣として使われているのはどういう「根拠」に基づくのかという問題に対して，古来，「貨幣法制説」と「貨幣商品説」とが対立しているが，いずれも「真実ではない」(p.8) として，その理由を次のように述べる．

　まず，貨幣商品説については，現在使われている1万円札を例にとって，「貨幣商品説が正しくないことはすぐわかる．1万円札は1万円の価値がある貨幣である．しかし，…紙幣そのものを欲望の対象にする人はいない．また，…1万円の製造コストは10円にも満たない．要するに，消費者の欲望（効用）の立場からみても，生産費用の立場からみても，紙幣は商品としての価値がない」(p.8) という．

　最初に述べられている「1万円札は1万円の価値がある貨幣である」ということについて，岩井はここでは，この「1万円札は1万円の価値がある」ということの根拠を述べないまま，このことを前提して話を始めているのであるが，現代の紙幣についていえば，それはとりあえずは貨幣法制説的に理解することができよう．つまり，国家なり中央銀行によってその1万円札は「1万円の価値を持つ実体的な商品と交換することができる」と保証されているのである．

　どうして保証できるのかという問題については，あとの諸節で貨幣創出・発行のメカニズムとしての信用創造＝預金創造の問題を考察するところで，その

実質的根拠の大要を説明するが，さしあたりここでは，社会的再生産を担当している諸企業への貸出を通して発行されるものであるからだとだけ述べておく．このいわば実質的な保証の問題はあとのこととして，ともかくこの1万円札に1万円の価値＝購買力があるということが，国家権力によって法的に保証されているということになれば，「紙幣そのものを欲望の対象にする人はいない」という貨幣商品説批判は成立しないことになろう．

　私の理解によれば，商品は価値と使用価値の2つの要因を持っているが，紙幣もこの2要因を備えている点で立派な商品である．すなわち，商品の価値というのは商品の交換性ないし交換力のことであるが，紙幣にこのような価値がある，つまり1万円の交換力があることはいうまでもあるまい．この紙幣という特殊な商品の使用価値つまり有用性は，あらゆる他の商品を購入しうるという交換力，すなわち一般的な価値を持っていることである．言い換えれば，その使用価値は，あらゆる個別的，実質的使用価値の総括としての一般的，形式的使用価値である．一般に，商品の交換力はその使用価値を根拠に付与されるが，同時に特殊な使用価値によって制約される．このことが価値と使用価値の矛盾と呼ばれる問題であるが，貨幣ないし紙幣の使用価値は一般的な使用価値であるから，その限りでその交換性に対する制約性がない．その意味で価値と使用価値の矛盾がない特別の商品であるが，だからといって，使用価値がないわけではないし，商品でないということにもならない（この商品と貨幣の価値の問題は，別の角度からあとでもう一度再論する）．

　つづいて，岩井の貨幣法制説批判を検討しよう．岩井は，「貨幣が貨幣として価値を持っているのは，その裏付けとして国家なり中央銀行の権威があるようにみえる．…[しかし]国は1万円札が1万円の価値を持つ実体的なモノと換わることを保証するわけではない」(p.9)という．しかし，これは岩井の誤解である．岩井はこのあと，兌換の保証の話をしているので，この「実体的なモノ」というのを金あるいは銀という意味で述べているようであるが，これを「1万円の価値を持つ商品」と読み替えればすぐわかるように，国家はこの紙幣とこの商品との交換を保証し，紙幣にいわゆる強制通用力を与えている．そ

れは単なる「権威」による保証ではない．国家権力による法的な保証である．
　たとえば，1万円の価値の商品の買い手がその代金を1万円札で支払おうとしたが，売り手がその紙幣では売れないと，その受け取りを拒否して別の貨幣による支払いを請求し，それに応じない場合には，売り手に代金支払請求権＝債権が残ると主張したとする．買い手は，自分としては代金を売り手に提供したが，受け取りを拒否されたということを原因として，この代金を法務局に供託すれば，買い手の債務は消滅する．これが法定支払手段ないし強制通用力の意味である．紙幣の価値＝交換力の国家による保証は，名目価値についてと実質価値についてという重層的な構造をもっているが，とりあえずここの保証は名目価値についての法的な保証である．
　ところで，岩井はこのように貨幣商品説と貨幣法制説を批判したあと，人々が「1万円札を貨幣だと思っている根拠」について，「1万円札に1万円の価値があるのは，…日本の国のほとんどすべての人間が，1万円札を1万円の価値のあるものとして受け取ってくれるからにすぎない」(p. 10) という．そして，このことを「貨幣が貨幣であるのは，私自身の欲望によるのではなくて，実は他者の欲望によるのだ」(p. 11) と言い換えた上で，「他者が欲望するから価値があるということであれば，何も貨幣でなくてもよく，すべての商品にあてはまること」(p. 12) であるから，この「商品と貨幣を区別するもの」は，「これ［貨幣］を受け取るのは，消費のためではなく，それを将来やはり貨幣として使うためである」(p. 13) という点だという．そして，「このプロセスは永久に続いていく」ということをもって，「貨幣を貨幣として根拠づけるのは，他者の欲望にあるのではない」（同ページ）と，先の命題を訂正し，「貨幣とは，それが貨幣として流通しているから貨幣として流通するのである」（同ページ）という「自己循環論法によってその価値が支えられているにすぎない」（同ページ）という新しい根拠論が，この「欲望を無限に先送りする構造」から導出できるというのである．
　ここの欲望の消去の論理にはかなりの無理があるように思われるが，商品説の否定のためには，岩井にはこれも必要な手続きの1つなのであろうから，こ

の点の追究は措くことにしよう．ともかく，岩井の電子マネー論はこのような貨幣根拠論の直接的な延長線上にある議論なのである．すなわち，「貨幣が貨幣として流通するのは，何も実体的根拠があるからではなく，単にそれが貨幣として使われているから貨幣として使われているという自己循環論法だけである．もしあるときたまたまある人なり企業が発行する電子貨幣が相対的にほかよりも多くの流通をもってしまったというだけで，それがきっかけとなって，人々はその電子貨幣を使うようになる．そうすると，そこで自己循環論法がはじまって，ますます多くの人がその貨幣を使うようになる」(pp. 24-25)．「貨幣とは貨幣として使われるから貨幣であるという自己循環論法によって支えられているのであり，どのような素材であるかは関係ないということは貨幣としては電子貨幣には何も新しいことはないことを意味する」(p. 25)．

岩井はこのようにいったあと，「電子貨幣に固有な問題」(p. 26) として，①例えば紙幣は何らかの物質性をもっているが，「物質性を全くもたないたんなる数字」(同ページ) ないし「数字化された情報」が，インターネットのなかでどのようにして貨幣として流通するのかという問題と，②「インターネットでは，情報が公開されている中で数字のやりとりをしなければならない」(pp. 26-27) という問題，したがって，どうすれば「その情報のかたちをとっている貨幣を安全にやりとりすることができるのか」(p. 27) という問題があるという．そして，まず，②については，「暗号システムをうまく使えばよい」(p. 27) といい，その1例として，「プライベート（秘匿）キーとパブリック（公開）キーを組み合わせたRSAシステム」をあげている．また，①については，「数字が貨幣になりうる条件」を検討するために，1万円札を構成している要素として(i)1万円という価値を表示していること，(ii)模造が困難な工夫があること，(iii)紙という素材をもっていること，の3つをあげ，この価値，模造防止，素材の3要素のうち電子貨幣にとっての一番の問題は「素材そのものを数字にしなければならない」(p. 29) 点だという．そして，①②のいずれについても，暗号システムを使ったプライベートキーとパブリックキーの組み合わせによって電子貨幣の取得とそれによる支払いが可能になるケースを例解している．また，

(iii)の素材の問題については,「ネットワーク上で,ある銀行がある金額の〈電子貨幣〉をある個人に発行する」という銀行が発行するシステム(pp.30-33)と,「銀行ではなく電子貨幣を使う人自身が電子貨幣発行,とくに素材の選択のイニシアティブをと」るシステム(pp.34-35)の2つのシステムを例解している.

岩井によるもこの2つのシステムにおいては,いずれの場合も銀行が電子貨幣を発行している.たとえば,第1のシステムについては,「もちろん最初に電子貨幣を発行するのは銀行かもしれないが,素材部分の番号を入れ替える操作は,何も銀行である必要はない」(p.33)という言い方がされている.第2のシステムについても,発行ないし素材の選択のイニシアティブをとるのは銀行ではないが,発行するのは銀行であり,たとえば,銀行は「自分が発行した1万円の電子貨幣がどのような素材に入っているかわからないし,だれに送ったかもわからない」,「銀行は1万円を発行していることだけはわかっているけれども,いったいだれがだれと取引しているか,どんなシステムなのかは永久にわからないままである」(p.35)という言い方がされている.

ところが,これらのいずれの場合についても岩井は,銀行が電子貨幣をどのような根拠ないし仕組みで発行しているのかについては明らかにしていない.この欠落に実は重要な問題があるのであるが,岩井の議論の問題点はまとめて後で述べることにし,とりあえずこの後に続く岩井の結論的な部分の議論を紹介しよう.

岩井はいう.「これで電子貨幣はまさに本当に〈貨幣〉になるわけである.インターネット上で貨幣が流通するかどうかという問題は,このようなかたちで理論上は解けたことになる.そしてこれは,ある意味で究極の貨幣である.なぜならばその素材は数字化された情報そのものであり,その価値はそのまま貨幣論的差異に等しい.ここにはもはや何の実体ももたない価値そのものが流通するという純粋の貨幣論的世界が現出したことになるのである.…それは,完全に情報化されていることによって貨幣商品説的な根拠を全く欠いている.それはインターネットという国家主権のおよばない新たな世界の上を流通する

ことによって貨幣法制説的な根拠も失っている．まさに貨幣の自己循環論法のもっとも純粋な表現である」(pp. 35-36) と. なお,「貨幣論的差異」というのは,岩井自身の説明によれば,「貨幣とはそれ自体のモノとしての価値を超える価値を本来的にもっているということ」(p. 17) である.

先に，岩井による貨幣法制説批判も貨幣商品説批判も批判になっていないことを述べたが，以下では，岩井が「電子貨幣に固有な問題」として取り上げている (p. 26 以下) いくつかの論点に即して，問題点を述べることにする.

岩井は電子貨幣を「もっとも純粋な貨幣」であるという．その理由としてあげられているのは，電子貨幣が貨幣商品説的な根拠も貨幣法制説的な根拠ももたない，純粋に自己循環論法だけによって支えられているという根拠しかない貨幣だという点である.

たとえば，貨幣商品説的根拠を欠いているとする点についての説明としては，「電子貨幣とはそれ自体ほとんど何の実体ももっていないもっとも純粋な貨幣」(p. 25),「電子というもっとも実体から遠い素材を使っている」(p. 25),「物質性を全くもたないたんなる数字が貨幣として使われる」(p. 26),「その素材は数字化された情報そのもの」(p. 35),「ここにはもはや何の実体ももたない価値そのものが流通する純粋の貨幣論的世界が現出」(pp. 35-36) などといった説明がみられるが，ここには貨幣の価値についての誤解がある.

紙幣や鋳貨についてはもちろん，貨幣としての金についても，貨幣の価値は実は素材に内在しているわけではない．その意味では，貨幣商品説が想定している貨幣も，その価値は素材という実体をもっているわけではない．素材とは使用価値のことであるとすれば，使用価値＝有用性も必ずしもあるものの内属性ではなく，一種の関係性であるから，時代によって変化するものである．その点は今は措くとしても，商品の価値はそもそもある商品の素材に内在する内属性ではない．商品と商品の関係性が当事者にとってある素材の内属性のように現象しているので，分析者がそれをそのようなものとして表現しているにすぎない．貨幣の素材は，一定の条件を満たせば何でもよいのである．その意味では，この点も別に電子貨幣に固有な新しい問題ではない.

また，法制説的な根拠を欠いているとする点については，たとえば「インターネットという国家主権のおよばない新たな世界の上を流通することによって貨幣法制説的な根拠も失っている」(p. 36) というのであるが，数字を貨幣にするためには，あるいは模造を不可能ないし困難にするためには，暗号化システムを利用せざるを得ないが，本章の「はじめに」で述べたことからも推測がつくであろうように，このセキュリティ確保のためには，国家権力による強制的防衛措置，暗号システムが破られた場合の捜査，裁判，処罰などの措置，が必要となる．電子貨幣の場合は，貨幣法制はむしろ一層整備されなければならないのであり，国家権力による種々のサポートがあってはじめて発行され，流通するという法制貨幣的側面は一層明白になるのではなかろうか．

　一般的に，貨幣商品説と貨幣法制説は現代の不換銀行券についてはもちろん，金鋳貨についても，二者択一的な理論ではなく，相補的な理論であると理解できるものであるが，電子貨幣についてもその点は変わりがないのである．

　なお，ここで，先に岩井には銀行が電子貨幣を発行するという場合の発行の根拠ないし仕組みについての議論が欠けているといったことの意味を説明しておこう．

　一般的に言って，銀行が顧客に現金貨幣（＝紙幣）を発行（＝出金）するのには，大別して，顧客の銀行預金の払戻し請求に応じる場合と，銀行の貸出による場合とがある．預金が貸出の結果である場合は両者は同じことであるが，一応区別しておくとして，前者の場合の紙幣による出金の根拠は顧客の預金にある．後者の場合の根拠は，顧客の債務返済能力にある．いずれにしろ，顧客の現在の資産ないし将来の資産を根拠にして貨幣は発行されるのである．このような関係の内部で発行される貨幣の価値は，あたかもその内属性であるかのように概念されるが，実はその価値の根拠はこのように外部にあり，この外的関係からいわば外的に与えられているのである．これが貨幣の価値の根拠なのである．これは金貨幣の場合も不換銀行券の場合も電子貨幣の場合も，貨幣である以上同じであるはずであり，貨幣商品説の本質はこの点，すなわち，貨幣商品の価値も諸商品との関係の中で発生するものであって，このことは他の一般

的な商品の価値とかわりがないという点にあるのである．岩井の電子貨幣の場合はこの点が不分明であって，このような根拠がないのが純粋な貨幣であるかのように説明されているわけである．しかし，もしそうであるとすれば，岩井の電子貨幣は貨幣でも何でもない．というより，そのような「究極の貨幣」は発行されようがなく，また何らかの仕方で発行されたとしても，価値の根拠がないものは流通のしようがないということになろう．

2．建部正義説

　建部（2002）は，上で検討した岩井の論稿を取り上げ，その批判を次のように展開している．

　まず，この論考のはじめの方で，「結論的に述べれば，岩井氏…の誤った理解の淵源は，電子マネーは預金の転化形態であり，したがって，それは保有者にとって預金に対する返還請求権を意味するということが看過される点に求められるであろう．電子マネーは預金――これじたい，今日では，銀行のコンピューターの中の電子情報としてしか存在しないのであるが――の電子情報化ではあっても，それは電子情報の貨幣化ではけっしてありえない．…貨幣とは〈人々がそれを貨幣として使うから，人々はさらにそれを貨幣として使う〉というかたちで生み出されるものではなく，現在の金融機構のもとでは，それは，企業や個人の借り入れ需要を受ける形での市中銀行の貸出活動による預金創造＝信用創造をつうじて，はじめて創出されうるものである．そして，こうして創造された預金に必要な支払準備をマクロ的に供給しうる唯一の主体である中央銀行による市中銀行にたいするその供給条件の変更――具体的には，公定歩合をアンカーとしつつ，貸出政策や債権・手形の売買操作を介して，操作目標としての市場金利…を変化させることによる――をつうじて，コスト面から市中銀行の預金創造＝信用創造が間接的にコントロールされることになる」(p. 203)という．

　そして，この論考の最後の部分で，「電子マネーは，預金の転化形態，すな

わち，保有者にとって預金にたいする返還請求権であるところから，電子マネーの発行者は，その償還に備えて，法的な強制の有無にかかわらず，支払準備の保有を義務づけられることになる．そして，預金や支払準備に国籍があるとすれば，電子マネーには〈国家主権がおよばない〉と断定するわけにもいかなくなるであろう」(pp. 233-234) といって，岩井の貨幣法制説批判を批判している．

　見られるように，電子マネーは預金の転化形態であり，保有者にとって預金に対する返還請求権を意味するものであって，電子情報の貨幣化ではない，というのが建部説の要点である．そして，貨幣創出メカニズムの説明として，現代の貨幣は市中銀行の貸出活動＝預金創造によってはじめて創出されるものだとしている．

　現代の紙幣＝不換銀行券も，預金から引き出されたものという意味では預金の転化形態と見ることができるかも知れないが，だからといって転々流通する紙幣がそのときどきの保有者にとって預金に対する直接的な返還請求権を意味するわけではないように，電子マネーも，それを預金の転化形態と見るにしても，技術的な，あるいは機構的な制約が解決されて，それが転々流通しうるようになった場合にも，それを預金に対する返還請求権と見るのだとすれば，それには問題が残ろう．それに，紙片が貨幣化したのは，その数字の書かれた紙片でもって銀行が貸出を行ったからであるように，電子化した数字が決済手段になる場合も，数字化された電子情報が銀行などの金融機関の貸出によって貨幣化したことさえ押さえておけば，建部のいう預金の電子情報化のことを電子情報の貨幣化と表現しても，とくに問題はないのではなかろうか．

　電子情報を貨幣の素材だと見るにしても，岩井のところでも述べたように，その素材が内在的に貨幣価値をもつのではなく，社会的な商品関係の中で素材に貨幣価値が与えられるのを内在的価値であるかのように概念するにすぎないのであり，その点は金属貨幣の場合も鋳貨の場合も補助貨幣の場合も兌換銀行券ないし不換銀行券の場合も，すべて同じなのである．

　また，最後の部分では，岩井が，現代の貨幣の価値ないし通用力（＝流通力）

が国家によって保証されていることを全面的に否定している点を建部が批判しているわけであるが，紙幣の貨幣性の保証と国家との関わりは，建部が指摘しているマネーサプライの調節による貨幣価値の維持の問題だけではない．岩井説の検討のところで，国家のいわゆる強制通用力が与えられている法貨の意味を説明したが，この通用力の国家による保証の問題は，技術的な問題としては，たとえば紙幣については国家の費用で精巧な印刷による偽造防止措置を施している点にも見られる．電子マネーの場合はそれを暗号によって行うのであるが，暗号制度を政策的に整備し，電子情報のセキュリティが破られた場合の捜査，裁判，処罰などはすべて国家の負担において権力的に実行されざるをえない．必ずしも単一の国民国家の権力でなくてもよいかも知れないが，世界政府なり地域的な通貨共同体の権力機構が全面的には成立していない現段階では，電子マネーも国家の制度を背景にした貨幣たらざるをえないのである．

なお，ここで，主題からはやや離れるかも知れないが，建部が岩井の貨幣商品説批判に対する反批判として述べている内容を紹介し，それについてコメントすることによって，不換紙幣ないし電子マネーについて私が考えている商品貨幣説を簡単に補足しておくことにしたい．

建部は，岩井が「紙幣は商品としての価値がない」(p.8) という点で貨幣商品説を批判しているところを引いて，「ここには，貨幣商品説にたつ以上，つねに，貨幣商品そのものないし貨幣商品によって100％裏づけられたその代理物が流通しなければならないという素朴な信念，否，信仰が背後に潜んでいる」(p.214) といい，この議論に次のように反論している．すなわち，「貨幣商品説の真の意味での当否を問うのであれば，貨幣商品説に立脚しつつ，鋳貨，補助鋳貨，兌換銀行券，預金貨幣，不換銀行券という貨幣の形態的な発展過程が，論理的な破綻をともなうことなく，首尾一貫したかたちで説明されうるか否かという問題が，その核心に据えられるべきである．マルクスの貨幣商品説は，現実の変化に対応してみずからを進化させる生きた弁証法的論理なのである［る］」(p.215) と．そして，鋳貨，補助鋳貨，政府紙幣，兌換銀行券，預金貨幣，不換銀行券についてのマルクスの諸著作における説明を引用しながらその

進化の論理を解説し,「したがって,今日の不換銀行券は,その本質において,政府紙幣や兌換銀行券と同様に,金章標・価値章標なのであり,その意味で,貨幣商品説との連続性が依然として保証されていることになるわけである」(p. 220)と結論している.

　要するに,貨幣としての金地金ないし鋳貨から首尾一貫した論理で貨幣の形態的な進化が説明されていることをもって,不換銀行券についても商品貨幣との連続性が確保されているというわけである.

　このような説明も不換銀行券が商品貨幣の一種だということの説明として有効であろうことを否定するつもりはないが,このような歴史的・論理的進化の過程を追うことをしなくても,不換銀行券が商品貨幣の一種だということについては,岩井説の検討のところで述べた説明で十分であろうと思う.また,宇野の段階論の考え方を借用するならば,純粋資本主義論としての原理論において,貨幣が商品世界の共同作業として排出されてくる貨幣商品の生成の論理を展開し,そのような原理的貨幣が資本主義の段階的な条件の変化に応じてさまざまな具体的な態様をとる必然性を説明すれば,原理論における商品貨幣説と現代の不換銀行券との理論的な連続性は説明されたことになるといってよいように思われる.

　岩井説の検討のところで述べたことに,ここでもう少し補足を加えるとすれば,原理論においては,実は貨幣の素材を特定する必要はないのである.貨幣素材の使用価値はいろいろな点で交換手段としての機能に適したものとしておくだけでよい.原理論ではとりあえず便宜的に金地金をとって貨幣の性質と機能を説明しているわけであるが,純粋理論の問題としては,実はその素材そのものは何でもよいのである.地金でも,鋳貨でも,紙片化した情報でもよい.さらには有体物でない当座預金でも電子情報でもよい.あるいはそれらを組み合わせた複数の素材でもよい.市場経済の発展段階と展開地域によって,それぞれの特殊な事情に応じた利便性の大きい素材が商品世界の共同作業として選び出されて通用するとしておけばよい.たとえば納税に使えるからというようなことでもよい.もちろん段階と地域に応じた利便性の大きさにはいろいろな

特殊な事情があり，それに応じて歴史的には貨幣素材もいろいろあったわけであるが，現代についていえば，たとえば，主要な素材として電子が便利だということになれば，それを根拠にして電子が貨幣の素材になってもよいわけである．しかし，便利かどうかは他の素材と比べたコスト問題でもあり，電子マネーのコストにはとくに暗号技術の開発コストと暗号政策に関連した制度コストの問題がある．したがって，新しい決済手段としての電子マネーの利便性は，あるいはそれに基づく新しい貨幣としての電子マネーの現実性は，今の段階では何ともいえないというところではないだろうか．

3．吉田　暁説

次に，吉田暁（2002）を取り上げよう．

吉田はこの論考の冒頭で，1990年代の後半には学者，研究者，実務家の多くが「電子マネーをもって現金，預金通貨に代わる新たな通貨の登場と論じた」が，2000年末になると，日本経済新聞は「あの電子マネー今どこに」という見出しで，「当初の期待が裏切られていることを報じている」ことを紹介し，吉田のこの論考は「電子マネーに対する過大な期待は電子マネーの本質についての見方とも関連していたのではないかという問題意識」が背後にあって，「そもそも電子マネーとは何かを論ずることを目的」とするものであると述べている（pp. 51-52）．

このあと吉田は，1989年と1996年の『金融ジャーナル』誌の「マネーの将来を考える」というテーマのアンケートに対して行った吉田の回答の「大要」を再掲して，当時からすでにこの論考での電子マネー論の主旨と思われる内容を述べていたことを紹介しているので，まずその部分を引用しよう．

「マネーは変わったかといわれれば，基本的には変わっていないし，近い将来においても変わらないだろうと私は考える．変わったのはマネーを移転させる手段・技術であり，またマネーに係わる業者が多様化したことだ．／中央銀行券と預金通貨による現在のマネーシステムの中で，通貨の節約が進むことは

確かだが，本質が変わるとは思わない」(p.52).「今の日本についていえば，小切手，振込，振替によって大部分の決済は遂行されている．その振り替えられる預金はといえば，銀行のコンピュータの中の磁気メモリーである．今が既にディジ・キャッシュなのである．／技術革新は，預金を振り替えるための指図について生じたのである．紙ベースの小切手からエレクトロニクス手段へ変わったのである．問題は小口の支払についての指図の伝送である．…かといって，コンピュータ・ネットワークそれ自体が移転されるべき資産を創り出すことはない．移転されるものは今後も預金なのである」(pp.52-53).

そして，これらの回答を要約して，「以上，要するに筆者の基本的な考え方は，決済は現金か預金振替によっており，電子マネーは預金振替の小口取引への適用の問題であるということであった」(p.53)と述べている．

吉田の電子マネー論の内容は以上でほとんど尽くされているといってもよいが，この論考には全体として，電子マネーの問題を考究する上で参考になると思われる論点が多数含まれているので，もう少し紹介した上で，私のコメントを述べよう．

吉田は，この論考の第2節で1996年7月に金融制度調査会および外国為替等審議会の共同の勉強会として組織された「電子マネー及び電子決済に関する懇談会」の「報告書」を取り上げ，この「懇談会報告が電子マネー・電子決済を本質的にどう認識しているかに絞って検討」(p.54)している．

吉田は，まず，懇談会報告が電子的な方法による決済の仕組みを「決済手段の電子化」ないし「貨幣価値の電子化」と「決済方法の電子化」に区別して考察する方法を採用していることを紹介する（同ページ）．前者は，デジタルデータそれ自体が「価値」を有するとするもので，「ストアード・ヴァリュー型」とも呼ばれるとされる．従来からあるプリペイドカードもこれに分類されるものである．後者は，利用者が決済のための「価値」の移転を第三者に対して電子的な方法で指図することをいったもので，「アクセス型」とも呼ばれるとされている．ATMを通じた振込やクレジットカードによる決済などはここに入る．

吉田は，この2つを区別する方法を「ある意味で正当である」と評価し，決済システムの問題を，①決済主体，②決済手段，③決済媒体，④インフラに分けて考えるとすると，システムの変化とか革新は③，④について生じているものであり，主体は中央銀行と民間銀行，手段は現金（中央銀行券）と預金である点で，①，②には変化はないという（p.55）．

　したがって，「懇談会報告がアクセス型を預金振替における革新とみなしていることには同意できる」（同ページ）が，「問題はストアード・ヴァリュー型が新たな決済手段であるかどうか」（同ページ）であるとした上で，ひとまず，「〈有体物ではないデジタル・データそのものに価値があるとする〉ということをもって，新たな決済手段としていることを問題としてとりあげる」（同ページ）として，次のようにいう．すなわち，「この考え方の背後には，貨幣は電子マネーの登場までは有体物であった．…それが有体物でない電子貨幣に変わろうとしている，という見方があるのであろう．しかしここでは信用貨幣が完全に無視されており，有体物でない預金通貨は貨幣としては認識されていないことになる．あるいは預金は有体物である中央銀行券の預託によって成立するから有体物から無縁ではないということだろうか．そうとすれば信用創造で預金が創出されることが無視されるし，さらにストアード・ヴァリュー型の電子マネーは預金や現金と無関係に創出されると考えていることになる」（同ページ）と．

　報告の考え方を一貫させようとすると，確かに「ストアード・ヴァリュー型の電子マネーは預金や現金と無関係に創出されると考え」ざるをえないことになるし，実際そう考えているように思われる．ただ，それではそれは，どのような新しい仕方で創出されるのかについては説明がない．創出できると仮定しておいて，その場合は，それは新しい決済手段であるとして，現金や預金に比べた優位性が説明されているだけなのである．

　吉田は，この報告のように新しい決済手段として電子マネーの優位性を評価するためには，「まずストアード・ヴァリュー型（ICカード型）の電子マネーがどのように登場し，流通していく（決済に充てられる）かをみておく必要がある」（p.56）として，モンデックス型の場合とe-キャッシュ型（ネットワーク型）の

場合についてみている．詳細は省くが，いずれの場合も，利用者はまず取扱銀行に預金を置き，それをICカードに移転させるなり，インターネットを通じて自宅のパソコンに預金からe-キャッシュを取りこむなりすることから始まり，これらの電子マネーによる支払いは，預金者の預金引き落とし，預金の振替などによって処理されること，要するに「行われることは預金振替であって電子マネーが預金と無関係に登場し流通するわけではない」(p.57)ことがこの検討の結果明らかにされている．

以上の検討の限りでも，少なくとも現在のストアード・ヴァリュー型（ICカード型）の「電子マネー」は現金や預金とは異なる新しい決済手段ではなく，新しいのは決済方法であることが明らかであろう．

このあと吉田は，コストの問題，電子決済の新たな担い手の問題，電子マネーと信用創造，マネーサプライへの影響の問題，などの諸問題の検討を行っているが，この紹介は割愛し，このあとは，第3節の「電子マネーとは何か」の部分と第4節の「おわりに」の部分だけを簡単に紹介することにする．

まず，第3節では吉田は，「電子決済技術と金融政策運営との関連を考えるフォーラム中間報告書」(1999年5月)を取り上げる．これは，1997年12月に日本銀行が「電子的な決済手段の普及が金融政策運営に及ぼす影響を考えるために」設けたフォーラムの中間報告であるが，吉田は，この報告は電子マネーといわれているものが「中央銀行を頂点とする既存決済システムの枠外の存在ではないことを明言」(p.66)しているとし，先に検討した金融制度調査会などの懇談会の報告が「新しいマネー・新しい決済手段の登場というニュアンスを強く出していたのとは大きく異なる」(同ページ)とみる．

吉田は，「フォーラム報告が電子マネーという場合にはストアード・ヴァリュー型商品を指すとしているのは懇談会報告と同じである」としたうえで，この「報告はストアード・ヴァリュー型商品の転々流通性は現段階ではほとんどなく，〈これらは，銀行預金への請求権である電子的価値を媒介させることにより小口の決済でも使用できるようにする等，預金振替の利便性を高めているのに過ぎない〉と預金振替的性質に傾斜した判断を示しているが，筆者も基本

的に同感である」(p.67) としている．また，アクセス型商品の本質については，この報告は「それが在来の決済手段の延長線にあることを明確にしている」としている（同ページ）．

つづいて，この報告では「電子マネーは現金か預金か」という問題が提起され，比較的多数の委員に支持された見解」として，「当面は電子マネー（ストアード・ヴァリュー型商品）を《決済手段として利用し得る，新たな民間銀行負債の一形態》であると捉えた上で，その登場を《新型預金》の登場と《割り切って》理解してはどうかという考え方」が提示されていることが紹介され，吉田も「このような理解を支持する」と述べている (p.69)．

最後の第4節「おわりに」では，上記の懇談会報告とフォーラム報告との間の電子マネーに関する理解の相違は，現代の貨幣そのものの理解の相違にかかわっていることが示される．

まず，懇談会報告の方の理解の仕方は「現代の貨幣をも金銀貨幣からの延長において，基本的に有体物として捉える見方である」(pp.76-77) とし，その特徴を次のように整理している．すなわち，この報告は，①「価値のない紙幣については国家権力による法貨性の付与で価値物と観念」されるとする．②「政府紙幣と中央銀行券とを同一視する」．③「貨幣は外生的に政府（=中央銀行）によって経済過程に注入されるとする」．④「信用創造はこのように注入されたベースマネーが本源的預金となって，そこから乗数過程が進行していくというフィリップス流信用創造論」で理解する．⑤「預金通貨はこの過程で誕生するのであるからあくまで現金貨幣が前提である．ベースマネーを投入すればマネーサプライは自動的に増えるとする金融政策論もここから出てくる」と．

このように信用貨幣論が欠如しているため，貨幣を有体物としてしか理解できないことになり，「預金通貨が軽視されるから，ホールセール取引ではすでに決済の電子化は進んでおり，電子マネーはこれを小口取引にも拡大しようとするもので全く新しい現象ではないということが理解できない」ことになるという．あるいは，電子マネーは有体物でないデジタルデータそのものに価値があるのであるから，新たな決済手段の登場だ，という理解になるというわけで

ある.

　これに対してフォーラム報告の方の基本的な考え方は，吉田によれば「現代の貨幣を信用貨幣としてとらえる見方である」(p. 77) とされる．すなわち，これは「貨幣がまずあって，それが貸借されるのではなく，逆に貸借関係から貨幣が生まれてくる」という，「銀行学派以来の内生的貨幣供給論である」というわけである．吉田は別のところでは，「フォーラム報告は信用創造について教科書的な信用創造論ではなく，日銀理論あるいは内生的貨幣供給論の立場に立って議論を展開してきた」(p. 76) というような言い方もしている．

　ともかく，「基本的には電子マネーは銀行預金に対する請求権であり，中央銀行を頂点とする銀行決済システムの外に出るものではないし，電子マネーは大口取引ではすでに行われていたことの小口取引への適用の工夫であることが明らかにされる」(p. 78) というのである．

　そして最後に，吉田自身の積極説が展開される．吉田はまず，「筆者は現代の貨幣は中央銀行券も銀行預金もともに信用貨幣であるという立場に立つ」(同ページ) という．そして，現代の不換銀行券の流通根拠が何かを考究するために，かつての兌換銀行券の流通根拠が何だったのかを問い，それが「兌換であったという点を強調すれば，不換銀行券のそれは法貨制にしか求められないことになるが」，法貨でもインフレになれば流通性に問題が出てくるし，「不換化しても運営よろしきを得れば支障なく流通するということから逆に考えれば，兌換銀行券の時代でも…真の流通根拠は銀行券の発行態様にあったのではないだろうか．つまり，経済取引の中の信用関係がまずあって，銀行券にしろ預金通貨にしろ，その信用関係を代位するという形で信用貨幣が発行（創出）される．いい方を変えれば再生産過程に根ざした貨幣の発行還流こそが，真の流通根拠であるとすべきではないだろうか．…〈請求権〉という表現は以上のような意味で誤解を招くかもしれない．筆者はむしろ電子マネーも小切手などと同様の〈支払指図〉と言ったほうがよいと考える．電子マネーが転々流通することはまず考えられないからである．…請求権よりは支払指図という語を用いたほうが本質がより明確になると考える」(pp. 78-79) と述べている．

吉田は，見られるように，まず「現代の貨幣は中央銀行券も銀行預金もともに信用貨幣であるという立場」に立っているといい，ついで建部が電子マネーは既存の貨幣，つまり現金・預金に対する「請求権」であるとする見方に立っていることを紹介したうえで，銀行券にしろ預金通貨にしろ，「真の流通根拠」は「再生産過程に根ざした貨幣の発行還流」にあるのであるから，その意味では「請求権」と言う表現は「誤解を招くかもしれない」といっている．銀行券ないし預金通貨の「真の流通根拠」についての吉田の見解には私も同意見である．しかし，建部の「請求権」と言ういい方に問題ありとしているいい方からすると，吉田の信用貨幣の定義は請求権ではなく，貸出しないし信用関係によって発行＝創出された貨幣ということになり，その点で現代の不換中央銀行券も信用貨幣であると見ているのであろうと思われるが，これには疑問がある．
　信用貨幣とは，一般的には，あるいは『資本論』の支払手段論での用語法では，貨幣請求権（債務者からいえば支払約束）が貨幣性をもっていることをいったものと理解してよいだろう．不換銀行券も信用関係によって創出されたものではあるにしても，ある資産に対する直接的な請求権ではないのに対して，信用関係が作り出した債権＝債務関係，つまり将来の支払に対する請求権そのものがそのままで貨幣性をもつ場合があるのであるから，信用貨幣という用語を，伝統的な用語法に従って後者の場合に限定して使い，不換銀行券には別の用語をあてて，両者の区別を不分明にしてしまわないでおく方が，信用関係によって創出される貨幣の流通性の根拠を重層的に考察する上でも有用ではないかと思われる．
　また，吉田が支持していると思われる「内生的貨幣供給論」について，これは「貨幣がまずあって，それが貸借されるのではなく，逆に貸借関係から貨幣が生まれてくる」という貨幣論だと解説していることについていえば，貸借関係から貨幣が生まれてくることがあるのは確かであるし，現代の不換日銀券もその延長線上にある信用機構の創出した貨幣であることも確かであるが，しかし，貸借関係は貨幣の貸借関係であるから，貸借関係に先行する貨幣概念をまず想定せざるを得ないではないかと思われる．貨幣とは何かという場合，それ

は貨幣の貸借関係から生まれたものだというと，これも永遠の循環論になってしまう．内生論はこの循環論を断ち切ったあとの問題とみるべきであろう．言い換えれば，理論的には「あくまで現金貨幣が前提」であるといってよいのではないか．こういったからといって，別にフリップス流の信用創造論を支持するわけではない．

なお，吉田は，電子マネーについて，「小切手などと同様の〈支払指図〉と言ったほうがよいと考える」といい，その理由として「電子マネーが転々流通することはまず考えられないからである」と述べているが，この「電子マネーが転々流通することはまず考えられない」というのは，現状の諸制約を前提にすると当分考えられないということか，電子マネーの本質からいって，いわば究極の電子マネーについても転々流通は考えられないということなのかが必ずしも明確でない．転々流通する電子マネーが登場した場合も，支払指図としての小切手の進化したものに過ぎないということなのか，あるいは預金から独立した3つ目の通貨としての究極の電子マネーの登場はありうると考えているのかどうか，は問題として残っているといえよう．

この3つの疑問を別にすれば，技術的，制度的制約が多くあって，新しい決済手段としての電子マネーが現実化していない現状を前提するものとしては，この吉田の電子マネー論は，現実に徹して，将来への期待を含む理論的バイアスを排除し，現状の電子マネーの本質をみている点で，冷静で明快な，説得的な議論のように思える．吉田説を長々と紹介したのもそのためである．

4．竹内晴夫説

竹内（2004）は以上のような吉田説と比べて，対照的な議論を提起している．その要点を紹介しながら，そのところどころでコメントを述べることにしよう．

竹内は，まずこの論考の問題意識について，「はじめに」のところで，「現行の貨幣システムは信用システムであり，貨幣はある意味で信用貨幣である．中

央銀行の銀行券や預金，民間銀行の預金は，いずれも信用関係の中で一定の流通根拠をもって貨幣として流通しているとみなされる．これに対して，電子マネーはどのような流通根拠をもつことになるのか．そして現在の貨幣システムのどの部分を電子マネーが代替するのか，あるいは変更するのかが明らかにされなければならないだろう．本章では，現行の貨幣を信用システムの中で発行される一種の信用貨幣と見て，この観点から電子マネーシステムを分析していくことにする」(p.80) という説明をしている．

　次いで竹内は，電子マネーを「新しい貨幣」(p.80)，「新しいタイプの支払手段」(p.81) と捉え，その「概念」について，「本稿では，現在の決済システムにおける電子的な決済システムを電子マネーと呼ばずに，カードなどの媒体に電子的な価値を移して買い物を行うような新たな貨幣システムを，電子マネーと呼ぶことにしたい」(p.80)，あるいは，ここで電子マネーと呼ぶのは「パソコンのディスクやICカードなどに記録されたデジタル・データそのものが貨幣性をもち，支払などに用いられている場合である」(p.81) という．そして，さらにこの説明を敷衍して，「インターネットを通じた預金決済，ATMを通じた振込やクレジットカードによる決済」，「デビットカード」による決済，などについて，これらは「電子的な決済ではあるが，貨幣性をもっているのは送信する情報そのものではなく，銀行内部にある預金（債務）である」，「カード自体に貨幣価値が移されて支払が行われるのではな［い］」，「決済は預金価値から引き落としが行われて完了する」，「カードなどの媒体に電子価値が移されて買物が行われるわけではない．カードが行っていることは，あくまでも預金価値の口座間の移転を指図することである」といった説明 (pp.81-82) を行い，「これに対して，電子マネーは，たとえばカードのIC（集積回路）部分に電子的な価値情報を移し，次いでその価値で買物を行う．このとき買物代金に相当する価値情報は，小売店の端末に入れられる．小売店は，小売端末に入っているデータをセンター経由で…確認して，銀行から小売店の口座に振り込んでもらう．その場合の電子マネーは，現在の〈現金〉と同様に，その媒体そのものに価値が移転されて決済が行われているのである．要するに，新たに導入されよ

うとしている電子マネーは，カードなどの媒体そのものに貨幣価値のデータを入れて買物を行うものであり，預金価値の移転を指図する手段となっている小切手などの役割とは異なっているのである」(p. 82) としている．

　前節でのタイプ論を使えば，竹内説は，懇談会報告型の電子マネー理解であるといってよいだろう．上の引用文の最後に付けている注では「吉田氏が電子マネーについて小切手などと同様の〈支払指図〉と見なしている点は疑問である．電子マネーにおいてはカードそのものに電子的価値が入れられるのである」(p. 106) と述べている．

　とりあえず，ここまでの竹内の論述に対する疑問を述べよう．

　竹内は，クレジットカードやデビットカードによる決済で「カードが行っていることは，あくまでも預金価値の口座間の移転を指図することである」のに対して，「電子マネーは，たとえばカードのIC（集積回路）部分に電子的な価値情報を移し，次いでその価値で買物を行う」といっているが，移した「価値情報」をそのまま「価値」といいかえることができるのであろうか．あるいは「カードなどの媒体そのものに貨幣価値のデータを入れる」ということを「媒体そのものに価値が移転される」，あるいは「カードそのものに電子的価値が入れられる」と言い換えることができるのはどうしてか，という点に疑問がある．

　竹内が先に「新たに導入されようとしている電子マネー」といういい方をしているところからいうと，どの世代の電子マネーを対象にしているのかが必ずしも定かでないが，この点をとりあえず措いておくとして，上の疑問を言い換えれば，カードに価値情報を「移す」という作業は，小切手に価値情報を「書き写す」という作業とどのように違うのかという疑問といってもよい．あるいは，両者の間で預金価値の移転のタイミングに違いはあるにしても，竹内のいう電子マネーの「役割」は，ここの竹内の説明の限りでも，買い物に使われた電子マネーにおける電子的価値情報は，小売店の端末に入れられ，小売店はこのデータをセンター経由で確認して，銀行から自分の小売店の口座に振り込んでもらうというのであるから，やはり「預金価値の移転を指図する手段」とな

っている点にあるのではないか．つまり，ここでの決済はやはり銀行の預金口座からの振替決済であって，ここで決済手段の役割を果たしているのは，やはり預金そのものなのではないか，という疑問が残るのである．

　次にこの問題と関連して，竹内の「現行の貨幣」，「信用貨幣」ないし「信用貨幣の形式」についての説明を紹介し，それに対する疑問を述べることにする．

　竹内は，本章の冒頭で紹介したように，「はじめに」のところで，「[現行の]貨幣はある意味で信用貨幣である」，「本稿では，現行の貨幣を信用システムの中で発行される一種の信用貨幣と見て，この観点から電子マネーシステムを分析していくことにする」(p. 80)と述べていた．また，このような分析視角については，第3章の「貨幣理論的な考察」のところで，「現行の電子マネーははたして一般的に貨幣として流通する経済的な根拠を持っているのかどうか」という問題を提示し，「この点を信用貨幣論の観点から考察」するとしている (p. 99)．

　次いで竹内は，「電子マネーが流通するためにはどういう条件が必要か」という問題を提起し，「電子マネーが一般的な流通性を獲得するためには…現在の貨幣と同様に，信用貨幣としての形式を備える必要がある」(p. 100)という．この信用貨幣としての形式とは何かというと，「現在の中央銀行券は，信用貨幣としての形式である支払約束の形をとっていない．その点では厳密な意味での信用貨幣ではない」(p. 101)といっているところから見ると，それは支払約束の形式のことであり，竹内の信用貨幣の定義は支払約束のことであるといってよいだろう．そうすると，ここにいくつかの疑問が生じる．

　まず，竹内はここで，「現在の中央銀行券は厳密な意味での信用貨幣ではない」といっているが，この点が「はじめに」で「[現行の]貨幣はある意味で信用貨幣である」，「一種の信用貨幣」であると，「信用貨幣」に修飾語を付けた理由であろう．しかし，信用貨幣を支払い約束と定義する以上，修飾語を付けてみても不換中央銀行券を信用貨幣とはいえないであろう．つまり，それはあくまでも，「一種の」支払約束ではないし，「ある意味での」支払約束でもないであろう．

「厳密な意味での信用貨幣ではない」につづけて,「重要なことは,中央銀行券も,貸し付け関係の中で発行されることによって,信用関係を内蔵して貨幣性を獲得していることである」(p.101),「中央銀行貨幣も基本的には貸し付け関係の中で発行されており,実質的に信用貨幣としての性質を持っている」(同ページ) といっているが,「信用関係を内蔵して貨幣性を獲得」ということの意味が不分明である. あえていうとすれば,たとえば,割り引いた手形の将来の価値が先取り的に貨幣性を与えているとでもいうべきところではなかろうか.

また, 不換中央銀行券は「実質的に信用貨幣としての性質を持っている」という場合の実質的な「信用貨幣としての性質」とは何なのか. 信用貨幣の流通性の根拠として, 形式的根拠と実質的性質という2つの基準を設けているわけであるが, いずれからいっても信用貨幣とはいえないのではないかと思われる.

そこで最後に, 電子マネーは支払約束の形式をもっているので, 信用貨幣としての, したがってまた貨幣としての流通性があるという竹内の結論の組み立て方を取り上げ, 電子マネーについての形式的根拠の説明と実質的性質の説明に対する疑問を述べよう.

竹内は「電子マネーが一般的な流通性を獲得するためには…現在の貨幣と同様に, 信用貨幣としての形式を備える必要がある」(p.100),「電子マネーは, 銀行の預金価値の一部がカードに移入され, 銀行から離れて (オフラインで) カードが買い物に用いられる. その点では〈現金〉と呼ばれる中央銀行券と同じような流通様式を持っている. しかし, それが貨幣として信用されて流通するためにはまず信用貨幣としての形式が必要になる」(pp.101-102), といっているが, この電子マネーが持っているという支払約束の形式とは何のことなのであろうか.

竹内は,「電子マネーも, 支払約束として要求がありしだい預金ないし現金に転換できるというシステムを備えてはじめて信用貨幣として流通根拠を得る」(同ページ) といい,「預金も, 中央銀行券を払うという約束とその約束の実行をもとにして貨幣性をもつのであり, 電子マネーが, 支払約束の形式 (＝預金への戻し機能) をもっていることは, この点で重要なシステムの1つ」(同ページ)

であるといっている．これを見ると，竹内が考えている電子マネーの支払い約束の形式とは預金への戻し機能のことのようであるが，電子マネーも，オフラインとはいえ，銀行への債権であろう．「預金への払い戻し機能」という場合，誰が支払いを要求し，誰が何を支払うのかがよく分からないが，貨幣債権の所有者は同一人物で，預金への戻しは，その人物の単なる再預金というか，債権の形態を変えるだけではないのだろうか．あるいは，電子マネー自体が預金の一形式ということなのではないか．

　竹内が考えていることは，おそらく預金に戻れば中央銀行券への支払い請求ができるから，その点で支払い約束の形式が備わっているとでもいうのであろうが，その場合には，決済手段の機能を果たしているのはあくまで預金ということになろう．預金と同じように，直接，現金＝中央銀行券での支払い請求可能ということでなければ，預金との出入り可能ということだけでは，つまり，預金に戻って中央銀行券での支払いが請求できるというだけでは，第三の決済手段の登場とはいえないであろう．

　なお，電子マネーに現金での直接的な支払が約束されるとしても，預金が現金でないように，それは現金ではない．つまり，直接決済手段ではなく，間接決済手段ないしせいぜい準直接決済手段，つまり準現金でしかないが，直接的な支払が約束されているならば，それは預金と並ぶ決済手段，つまり，第3の決済手段とはいえるわけである．この支払約束がなければ，それはあくまで預金の振替指図で，第3の決済手段とはいえないということであろう．

　また，発行体＝たとえば銀行が，たとえば手形割引などによってこの電子マネーを創造する場合には，その貨幣価値には割引手形の価値に裏づけられた実質的な根拠があるとはいえるが，その場合でも，信用創造による預金が現金とはいえないのと同様に，このマネーは現金とはいえない．それは，銀行が（債権取得と引き替えに）創造して貸し付けた「価値」であることがいちいち確認されなければならないからである．預金通貨も確認が必要という点で現金通貨とは異なるのである．あるいは支払いと決済の時間的なずれがある点で，現金による直接決済とは異なるのである[1]．

以上の検討の結果を要約しよう．竹内は，デジタル・データーそのものが現金や預金とは無関係に，いわば独立の価値を持つかのように論じている．

ところが，竹内においても電子マネーは実は預金の別の形態である．預金と無関係の存在ではない．預金から一応独立した形をとってはいるが，竹内によるも預金から出てきたものであり，また預金に帰ることもできるのであり，このような電子マネーによる決済は預金の振り替えによって行われるものとみるしかなかろう．

竹内の電子マネーは，持ち手を変えるたびに，つまり電子マネーが移転するたびに，預金の移転が生じるという点からみても，預金から独立した価値というより，預金のいわば2重化した形態，影のようなものであり，貨幣価値が埋め込まれたものというより，吉田がいうように，振り替え指図が埋め込まれたものと見る方が理解しやすい．

小　　結

将来ありうるかもしれない新しい第3の決済手段をかりに究極の電子マネーと呼ぶとして，それはどういう条件を必要とするかというと，現行の日銀券とも預金貨幣とも違わなければならないのであるから，銀行の当座預金システムから独立でなければならない．しかも，現金とは異なる貨幣としては，信用創造によって創出されたものでなければならない．ということは，発行体は，諸事業体に対して手形割引などによる貸出を行うことによって，債権と引き替えに電子マネーを発行しなければならないということである．これは竹内（p. 104）のいうようにかつての地方銀行券に類似した信用貨幣であるといってもよいが，現行の電子マネーはそのようなものとして発行されるわけではない．発行体の信用力によって流通するというよりも，手形を振り出した事業体の信用力によって流通するものとして発行されるのである．

貸付けによって創出される信用創造貨幣としての電子マネーには，預金貨幣との類似性を見ることができる．それが，いったん預金口座に入れられ，預金

払い戻し権が与えられたものとして発行される場合は，上述のように預金と独立ではない貨幣であるといってよいが，電子マネー口座が預金口座とは別に設けられて，振替えがその口座で別に行われるということになると，これは新しい決済手段が作り出されたということになるかも知れない．すなわち，先取り価値が埋め込まれている新しい通貨が生成しているといえるかも知れない．もっとも，預金口座とは別に作られる電子マネー口座も，銀行預金口座ではないにしても，一種の預金口座であることには変わりはない．

だから，その限りでは，これは貨幣の存在場所が別だというだけのことである．ただ，従来のように当座預金口座を使って信用創造を行い，電子マネーは預金振替指図の一手段として，つまり決済方法の新しい電子化として利用するということに対し，新しい電子マネー口座を作って，それを使って信用創造をし，現金や預金による決済とは別に新しい決済手段としての電子マネーによる決済関係を新しくを導入するとした場合には，決済の仕組みの3重構造ができあがることは確かである．しかし，「はじめに」で述べたような技術的，制度的制約はかりにクリアーされるとしても，その実現のためには膨大なインフラコストと制度コストを必要とするだろう．そうすることにどのようなメリットがあるのかということは別の問題である．言い換えれば，そのようなものとして作られる電子マネーは，直接グローバルに使用できる決済手段＝新しい通貨になるかも知れないが，その実現に必要な決済機構のグローバル化＝米国標準化にはどういうメリットがあるのか，現行の信用創造ないし決済方法にはどういうディメリットがあるのか，どういうことができなくて第3の決済通貨が必要なのか，が次に検討されなければならない問題であろう．

注） 文中の人名とそのあとの括弧内の数字は，下記の引用文献リストの著者名と著作の刊行年を示す．引用文末の数字は引用文献リストの当該著作のページを示す．
1） 岡本＆満保（1997）は，口座振り込み，小切手，自動引き落としを「準直接決済」に分類しているが，「準」というのは，「顧客の預金口座を仲介した取り次ぎ」で，「厳密な意味での直接決済」ではないからである．「顧客から見れば，自分の預金口座から出すため，かなり直接決済に近い感覚である」が，「厳密な意味で直接

決済といえるのは，現在では現金しかない」(p. 33) とされている．つまり，直接的な決済手段は法貨としての日銀券と硬貨だけで，信用貨幣はすべて間接的決済手段なのである．この分類からすると，究極の電子マネーは，システムの作り方によっては直接的な決済手段であるといえるものに進化しうるかも知れないが，竹内の電子マネーは間接的決済手段であり，その意味でも預金とは異なる新しい決済手段とはいえないように思われる．

引用文献

岩井克人（1999），「電子マネーの貨幣論」（西垣通／NTTデータシステム科学研究所編『電子貨幣論』NTT出版，所収）

岡本栄司＆満保雅弘（1997），『電子マネー』岩波書店

竹内晴夫（2004），「電子マネー考」（SGCIM編『金融システムの変容と危機』お茶の水書房，所収）

建部正義（2002），「岩井克人氏の電子貨幣論の帰結」（中央大学『商学論纂』第43巻第4・5号，所載）

吉田暁（2002），「電子マネーは新たな通貨か」（吉田暁『決済システムと銀行・中央銀行』日本経済評論社，所収）

第3章 マーケティングの矛盾とその顕在化としての消費者参加

はじめに

マーケティングの議論においては，生産と消費をそれぞれ独立したものとして位置づけるマーケティングの議論が批判され，生産と消費の相互作用性が指摘されている．さらに消費も含めたトータルなプロセスとしてマーケティングが捉えられ，そこではマーケティングの内部に消費が考慮事項として位置づけられている．本章で考察するマーケティングへの消費者の参加は生産と消費の直接的な相互作用であるといえ，こうした議論の延長に位置づけることができる．本章では消費者の参加がマーケティングにおいてどのような意義と限界を持つのかについて考察し，その上で消費者の参加の限界をいかに乗り越えるのかということについて考えていく[1]．

マーケティングへの消費者の参加について考察する前に本章では，いわゆる「石原・石井論争」を考察する[2]．この論争では周知のように生産と消費の相互作用性が指摘されるとともに使用価値あるいは欲望が実用的理由によって規定されるのかそれとも文化的理由によって規定されるのかということについてや，使用価値あるいは欲望がア・プリオリに規定されるのか否かについてなどが議論された[3]．本章でこの論争に注目するのは，論争を通じてマーケティングの本質的な性格ともいえるマーケティングの矛盾的性格をみることができるからである．このマーケティングの矛盾的性格は，マーケティングへの消費者の参加が必要とされる要因となるものである．よって本章ではまずこのマーケティングの持つ本質的性格を「石原・石井論争」を通して確認する．その上で消費

者参加がどのような意義と限界を持つものなのかを明らかにし，最後に直接的参加の持つ限界をいかに乗り越えていくのかについて展望していく．

1．マーケティングの矛盾

(1) 「石原・石井論争」概観

　論争は石原武政が提起した「競争的使用価値」の議論について石井淳蔵が石原議論の意義を示すとともに，その問題を提起したことから始まった．以下，この論争を概観するためにまず石原の示した「競争的使用価値」に関する議論からみていき，次に石原議論に対する石井の見解，そして石井の指摘を受けた上での石原の見解を順にみていく．

　① 石原の「競争的使用価値」論

　「競争的使用価値」の議論において石原は「一方ではマーケティングに呼応しながら，他方ではその競争的成果を規定するという消費者需要の基本的性格の分析」と「マーケティングがその需要に影響力を行使しつつも，その受容基盤を再生産しつづけることの解明」を課題として提示する[4]．まず1つ目の課題である「消費者需要の基本的性格」の分析において石原は欲望を「抽象的欲望」（「人間にとって内生的であると同時に，彼のあらゆる行動の基礎をなす最も根本的な動機づけ（motivation）の過程」[5]であり，「特定の対象と結びつかず，特定の充足方法を予定しない欲望」[6]）と「具体的欲望」（「充足のされ方を具体的に予定した欲望」[7]）とに分けている．この2つの欲望は断絶したものではない．すなわち「抽象的欲望」と「具体的欲望」について石原は「財の消費の過程でその対象に含まれた具体的な有用性を感知することによって，はじめて具体的な表現を与えられる」とし，また「具体的欲望は抽象的欲望と対象との特殊な対応のかかわりのなかから発生する．あるいは，人間の消費・実践が対象に内在する具体的属性・有用性を媒介として，抽象的欲望に具体的な形態規定を与え，具体的欲望に昇華させるといってもよい」[8]と述べているように，「具体的欲望」は「抽象的欲望」が転化したものである．特筆すべきことは「具体的欲望は対象の実存

によって規定されている」[9]と説明しているように対象の媒介が重視されているという点である．

　この「具体的欲望」について石原は「具体的欲望を規定した消費自身が生産力の発達および社会関係によって規定されている」と指摘する[10]．このように消費を通して規定され，また生産力や社会関係[11]によっても規定される欲望を議論の前提としている．重要なのはこうした消費や欲望について石原は「一方的な関連だけでとらえきれるわけではない」とし，生産も消費あるいは欲望に対応しなければならないとも指摘している点である[12]．ただし，石原が「商品経済のもとでは生産者と消費者とは決定的に分裂するのであって，たとえ消費の側における欲望が具体的でありえたとしても，それがそのものとして生産以前に生産者に伝達されるわけでは」なく，「それゆえ，生産がその目的として対応すべき欲望は，一般には具体的な形態規定を受けない抽象的欲望なのであり，生産者はこの抽象的欲望を『内的な像として』受けとめ，それを具体的な属性と有用性をもった商品に体現させなければなら」ず，「彼がどのような内実をもった商品に体現させるかは，彼が抽象的欲望を『内的な像として』いかに『観念的に措定』したかに依存するのであり，その観念的措定が的確になされたかどうかは，その商品の交換の過程においてのみ明らかにされる」[13]と指摘しているように相互連関といっても生産と消費の分離を前提にしたものである[14]．この点は後でみる「石原・石井論争」を考える上で重要となる点である．さらに欲望と需要を区別し，「需要がたんなる欲望と区別されるのは，それが商品の購入に必要な貨幣の裏づけをもたなければならないという点である．貨幣ないし経済的支払能力に裏づけられない欲望は，需要として市場に登場することができない」[15]という石原の指摘は消費における制限について考える上で重要であり，また「石原・石井論争」を考える上でも重要となる点である．

　さらに石原の議論においては，資本主義経済という観点からの消費や欲望という分析がなされている．ここではまず「生産力の発展自体が欲望から自由ではない」とし，マルクスの「資本の偉大な文明化作用」[16]に依拠し，「生産力の発展と欲望との関連」について考察している[17]．しかし，資本主義経済の 1

つの特徴として石原は「生産者と消費者が決定的に分裂しているというにとどまらず，生産が資本によって包摂されているという点にある」とし，「だから，消費者は一般に抽象的欲望を自らの手で対象化することができないだけではない．対象物が商品として生産されるためには，資本の行動が媒介されなければならない」が，「その資本による商品への体化は，資本の論理によって必然的に濾過される」と説明する．そして「選択すべき消費対象が，あるいはさらに欲望の形成そのものが基本的には資本の行動による規定を受ける」として，商品や欲望が基本的には資本によって規定されるという見解を示す[18]．このように石原は資本による「偉大な文明化作用」という側面だけでなくそれが資本によって制限されるという側面も指摘する．こうした指摘はマルクス[19]に依拠したものであるが，この両面の把握は「競争的使用価値」についての議論においてもみることができる．次にこの点をみていく．

　石原は，「製品差別化を含むマーケティングの諸活動はそれ自身，市場における価値実現競争の手段であり，このような競争の具体的表現にほかならない．それゆえ，このような活動によって規定され，創出された欲望は，価値実現競争によって規定され，そこから創出された欲望であり，したがってまた，それに対応するかぎりでの使用価値は価値実現競争に規定され，価値実現競争のなかから生まれた使用価値であるといわなくてはならない」とし，さらに「この使用価値は，意図的に細分化された創出された欲望と結びつくことによって，各個別企業の競争的・差別的価値実現の担い手となる．まさにそのことによって，この使用価値はたんに価値実現競争のなかから生まれたというにとどまらず，自らそれを体現するところの使用価値となる」として「競争的使用価値」を提唱した[20]．

　競争について石原は，一面では「製品機能を多面化し，基本的属性を豊かにし，人間の欲望を解放してゆく」とその積極面を認めつつも，それは「資本自身の本性による制限をいっそう拡大するだけでなく，人間の欲望の発展がいまや寡占企業間の価値実現競争によって決定的に方向づけられることをも意味している」とし，ゆえに「欲望の発展が，あるいは欲望そのものが，価値実現競

争ないしそれを基本的に律している価値関係によって規定され，その歪曲の度合をいっそう高めることにならざるをえない」と指摘する[21]．ただしこうした「欲望の操作」については完全ではありえないとも述べ，たとえば，競争を通して企業が訴求する差別性が中和化されることや消費者の比較と選好の基準が多様化すること[22]，消費者の持つ嗜好が「多様なマーケティング活動を受け入れるある種の濾過器の役割を果たすこと」[23]，消費者における企業の説得活動への抵抗力がきたえあげられること[24]といったマーケティングによる欲望操作の限界を挙げている．

　また石原は，「消費者需要が個別寡占企業の完全な支配下にあるわけではない」と述べ，「消費者は個別寡占企業の意図とは独立に，独自の判断にもとづいて行動」し，そうした行動が「競争的成果を直接的に規定する要因となる」と述べるなど，生産からの規定性だけでなく，消費から生産への規定性についても述べている[25]．

　だがここで確認しておくべきことは，石原はマーケティングによる欲望操作の限界を指摘してはいるが，それ自体を否定しているわけではないということである．すなわち，「寡占企業の欲望操作はけっして任意でも完全でもない．しかし，ここで阻害されているのは欲望操作の完全性なのであって，欲望操作そのものではない．寡占企業のマーケティングは，不完全であるとはいえ，消費者の欲望形成過程のなかに深く入り込んでいるのである」[26]と述べ，むしろ，マーケティングによる消費者の欲望形成への規定性を強調している．さらに，こうしたマーケティングに対する消費者の受容基盤が再生産されつづけることについても指摘している[27]．

② 「石原・石井論争」

　石井淳蔵はマーケティングと消費について，これまで「どちらかが他方に影響を与えそれがまた自らのありように影響を与えるといったような相互作用的なプロセスをそのものとして議論するのではなく，いずれも，両分野が相互独立した研究分野であるという性格を前提として理論化を進めてきたと考えてよい」と指摘し，「しかし，それと対抗するように，消費者の欲望は，生産ある

いはマーケティング活動と独立したものではありえず,むしろそれらに依存したものであることを主張する論者も少なくない」とし,こうした問題に「アプローチし重要な成果をあげたマーケティング研究者」の一人として石原を挙げている[28]．

石井は石原の議論から「伝統的マーケティング論および消費論への批判的視点」を示すことができるとし,具体的には「マーケティングと消費とのダイナミクスを理解するさいに,その究極的な還元要素としての消費者の『もっとも基底にある欲望』を仮定する議論に対する批判」と「『使用価値の普遍性』を強調する議論に対する批判的視点」の2つを挙げている[29]．そしてこうした石原の議論は「消費論のニューパラダイムへの大きなひとつのステップとなる先駆的な議論だと思える」と評価する[30]．

だが石井はこのように石原の議論を評価しつつも,「石原(1982)の議論のなかには製品における基本的属性とその使用価値の存在がアプリオリに仮定されている様子がうかがえるし,またそう誤解されてもやむをえないところがあるように思える」と指摘する[31]．そして石井は「使用価値自体が恣意的な性格をもつこと」や「商品の価値は偶然的な交換の結果,事後的に見いだされるにすぎないこと」などを主張する[32]．石井によって示されたこうした論点についての石原の見解を次にみていく．

まず,使用価値はア・プリオリに仮定されうるものなのか否かという点について石原は石井の指摘を受けた上で以下のように述べている．「先験的に,とくに研究者や分析家が独特のイデオロギー的な価値判断をもって,使用価値や欲望の『本来性』と『副次性』を判断することは厳に慎まなければならない．その点では私も石井氏の主張に異論はない．しかし,ここでもそのゆえをもって使用価値の全面的な不確定性を主張し,上でみた意味での基本的属性を否定するとすれば,それには異論をさしはさまなければならない」とし,「それぞれの商品には固有の使用価値がある．少なくともその歴史時点で一般的に認知された属性要素の集合,つまり基本的属性が同種製品群の使用価値を代表する．この点については,原則的に,交換あるいは生産に先行して使用価値として確

定することができる．それがその商品を購買する実用的理由に対応する」と述べ，石井の使用価値の全面的な不確定性の主張に異論を唱える[33]．

また，石井の強調する「使用価値の恣意的性格」については，「商品に実用的な理由を見いだしたからといって，目的論的消費論一色になるとは限らない．本が情報媒体であり，パソコンが情報処理機であることが認められても，本は枕にもなり，パソコンは人を殴る道具にもなるかもしれない．商品は実用的理由をこえて，生産者が期待したのとはまったく別の目的で消費されるかもしれない．この事実を否定する必要はない」と述べ，恣意的性格自体は否定しない．しかし，使用価値は全面的に恣意的なものではないと主張し，「石井氏はあまりにも極端な相対主義に陥ってしまったように思われる」と指摘する[34]．

また石原は，使用価値がア・プリオリに仮定できないものであり事後的に決まるものだとする石井に対し，文化的な理由による消費（記号論的消費など）であっても意味が共有されていなければならず，「社会的に受け入れられてはじめて成立する」ものであるとした上で，「実践理性（実用的理由）だけではなく文化理性（文化的理由）もまた，そのすべてを交換の事後の世界に追いやることはできないといわなければならない」と述べ，文化的理由においても消費前に規定されている場合があることを指摘している[35]．

ところでこの論争における石原，石井の主張には重なる部分もある．まず両者は生産と消費をそれぞれ独立したものとして分析する消費者行動論やマーケティング論を批判し，相互の作用性を指摘している．また，すでにみたように石原も石井と同じく「使用価値の恣意的性格」があるとの見解を示しているし，「ある商品に対する欲望がその商品の実践理性（実用的理由）によってのみ形成され，同じ理由によってのみ消費されるなどとはいえないことは明らかである」とも述べるなど，実用的な理由のみが欲望を形成し消費されるわけではないという見解も示している[36]．一方，石井も「『文化的価値こそが消費と選択の決定要因だ』と断定し，生産力優位説に代わって文化要因優位説という新手の決定主義を唱えることを意図しているわけではない」とし，「さしあたり強調したいのは，生産が消費の究極的な規定要因であるという議論では消費行為の多

くは説明できないこと，逆に生産は文化の現実化の契機でもあること，そして使用価値自体が恣意的な性格をもつことが確認できれば十分である」[37]と述べるなど，石原と全く異なるものではないことを示している．このように両者は主張に相違点を持ちつつも，合意してもいる．これは両者がそれぞれ妥当性を持っているからである．次に両者の妥当性についてみていく．

(2) マーケティングの矛盾（相互作用性と疎遠性）
① 生産と消費の相互作用性

近年の携帯電話やインターネットなどIT（Information Technology）の普及による変化をみるまでもなく，これまでもテクノロジーや生産力の変化，市場の変化によって文化が変化したり，新しい文化が登場するということは多々経験してきた．このように生産力，企業間競争，資本の論理などによって消費や生活，文化は規定され変化してきた．だが一方で，開発者の意図した使われ方ではなく，使用場面において新たな使用方法が生み出され，それが製品開発にフィードバックされ商品化されることもまたこれまで目にしてきたことである．石井が指摘するように「企画・開発者の付与した意味だけが，問題の製品に許された意味ではないのはもちろんのこと，それを消費する人によって，またその製品がおかれたコンテキストによって，製品の意味は違ってくる」こともある[38]．また，石井の「生産者からみて，製品に対して消費者がどのような意味を付与するのかをあらかじめ予測することが難しいプロセスであることを理解することは重要」という指摘や消費者が自身のニーズについて明確に示すことができないという指摘，そして「製品の意味は，消費者側の多様なニーズと生産者側の多様な製品アイデアとの相互作用の中で形成されていく」といった指摘は実際の開発場面を捉えてのことであった[39]．

「石原・石井論争」の概観を通してこれまでみてきたように，石原は消費が生産力，社会関係，資本の論理や競争関係などによって規定されることを指摘し，消費を規定するものとしてマーケティングを把握していた．一方，石井は，「生産が消費の究極的な規定要因であるという議論では消費行為の多くは説明で

きないこと」[40]などを指摘し，生産と消費との相互に作用し合う関係や消費における恣意的性格など，生産力や資本の外においても使用価値が規定されることを示した．それに対し，石原は使用価値の恣意的性格を認めつつも，その全面的な主張には異論を唱えた．上で確認したように石原の指摘も妥当性を持つが，同時に石井の指摘も妥当性を持っている[41]．

　また，すでにみたように石井は商品の価値が偶然的な交換の結果，事後的に見出されるにすぎないと主張したのに対し，石原は文化的な理由による消費（記号論的消費など）であっても意味が共有されていなければならず，「社会的に受け入れられてはじめて成立する」ものであると指摘していたが，使用価値（あるいは欲望）が商品交換あるいは消費の前に決まっているのかそれとも事後的に決まるものなのかという両者の主張の相違点についても双方に妥当性をみることができる．

　このように石原と石井の主張はそれぞれ妥当性を持っているといえるが，マーケティングを考察する上で決定的に重要なのは，需要としての確認（あるいは想定）がマーケティングを通して行われ，さらに生産においてそうした需要が商品として具現化するという点である．「石原・石井論争」において争点となったように，商品によって消費前に想定できることもあれば，消費後に想定外の結果となることもあるだろう．しかし想定していなかった結果であってもそれが新たな商品に取り入れられるかの判断は，マーケティングあるいは生産において行われる．商品やマーケティングの議論において決定的に重要なのは，使用価値（あるいは欲望）を確認（あるいは想定）し，商品として具現化する場は生産であり消費ではないという点である．このことは生産が商品に関してすべての決定権を持ち，消費はそれに従属しなければならないということを意味するものではない．つまり消費の場における多様な使用価値（あるいは欲望）創出の可能性を否定するものではない．生産もまた消費を完全にコントロールできるわけではなく，消費場面における変動に対応しなければならない．ゆえに，生産と消費は相互に依存関係にある．しかし，決定的なのは消費の場において使用価値（あるいは欲望）を創出してもその具現化として商品を創出するのは生

産過程であるという点であり，消費場面で創出される使用価値（あるいは欲望）の具現化や消費場面で直面した問題の解決のためには生産場面での判断に委ねなければならないという点である．実用的理由であろうと文化的理由であろうと，あるいは事前にであろうと事後にであろうと使用価値（あるいは欲望）が消費の外においてマーケティングによってすなわち他者によって確認され，商品として具現化されるのである．この点がマーケティングと消費を考える上で決定的に重要である．そこで以下ではこの「消費の外」あるいは「他者によって」という点について考察していく．

② 生産と消費の疎遠性

「石原・石井論争」では消費とマーケティングをそれぞれ独立したものとして分析する消費者行動論やマーケティング論が批判され，消費とマーケティングの相互作用性が強調されていたが，消費とマーケティングが相互に外的な関係であることも示されており，この点についても確認しておく必要がある．石井はこの点に関して以下のように指摘している．すなわち「競争的使用価値概念」の核心として「競争過程という製作者の思い通りにならない（つまり，自分とは違った世界にある）『他者』の存在が必然のものとしてその枠組みの中に含み込まれている」と述べ，また消費欲望についても同じようなことが言えるとして「消費欲望にとって製作者（製品）は他者（文脈）であって，欲望の発現はその製品という他者に依存する（あるいは他者によって構成される）．そう考えれば，結局のところ，競争的使用価値の理論は，互いに他者となる製品使用価値と欲望との間の相互構成の可能性に焦点を当てている」と指摘する．そして「そうした（他者との遭遇という）プロセスを通じて，新たな価値や欲望の生成（あるいは解体）があることが積極的な主張として現れる」と指摘する[42]．

このように「他者性」について石井は相互構成（相互作用）という面を指摘しているが，石井の指摘の中にもあるように「他者性」には「製作者」や消費者にとって相互に「思い通りにならない」という疎遠な面もある．消費者とマーケティングについて考えていくとき，相互作用性ばかりでなくこの疎遠性も重要である．そこで次にこの疎遠性についてみていく．

消費者にとって製品はすでに完成したものであり，所与のものである．ほとんどの消費者は製品開発過程の外にいて，専門的な知識，技術，生産手段などを持ち合わせているわけではない．製品を実際に使って初めてその善し悪しがわかったところで多くの消費者は製品を技術的に改善することはできない．このように製品開発過程から消費者は外的で疎遠である．だが，開発段階で製品のありようは決定されてしまうのであるから，消費者にとって開発過程は，他者の問題ではなく，自分自身の問題でもあるということができる．しかしながら，生産過程は私的活動として消費者の外部で行われており，常にそれに関与できるというわけではない．また，石原が指摘したようにそれは資本の論理によっても規定され，ニーズを持つすべての人が常に資本にとっての「有効な需要」として想定されるわけではない．そういった意味でも消費者にとって生産は疎遠である．

　一方，石原の「競争的使用価値」の議論で示され，石井もその意義を示したように生産においても消費者ニーズを完全にコントロールできるわけではなく，また石井の指摘のようにマーケティングにおいて想定していなかった使われ方やニーズが事後的に見出されることもある．このように生産側にとって消費者は常にコントロールや把握できる存在ではなく，生産側にとって消費者は疎遠な存在であるということができる．このようにマーケティングにおける他者性は疎遠な関係としても理解することができる．

③　マーケティングの矛盾

　ところで生産と消費はそれぞれ別の主体によって行われているのであるから切り離して考えるべきであるようにみえる．しかもこれまでみてきたように生産と消費では異質の行動論理を持っている．こうしたことを考えれば消費を生産にとって外的で制御不能なものあるいは所与のものとして位置づけるということや同様に生産を消費にとって外的で制御不能なものあるいは所与のものとして位置づけるというのも現実の把握として妥当性を持っているようにみえる．だが，それはすでにみてきたように一面的な把握である．石原と石井は生産と消費を独立したものとする議論を批判し相互作用性を指摘した．本章でみてき

たようにマーケティングには疎遠性と相互作用性の両面がある．マーケティングにおいてこの両面を捉えるためには，マーケティングを生産から消費あるいはその後も含めた商品についてのトータルなプロセスとして考える必要がある．ただし，後でみるようにこの把握は単純にトータルなものとしてみることができるものではなく，矛盾したものである．これはマーケティングの矛盾として理解することができるが，このことを確認するためにまずはトータルなプロセスとしてのマーケティングについて考察していく．

　トータルなプロセスとしてマーケティングを考えていく上で石井が示した「マーケティング・プロセス」の議論は示唆的である．石井は，「組織内の製品企画・開発担当関連部門から最終の消費者の心的プロセスにいたるまで」を「マーケティング・プロセス」と呼んでいる[43]．そして「製品の意味」について「企業内部の開発プロセスの中で意味が付与される．同時に，製品が市場に放り出されて開発者の手を離れたところの消費者においても意味が付与される．そして，それがまた企業内部での新たな意味の創造を促し，それがまた消費者の……，と続くわけである．つまり，このマーケティング・プロセス全体を通して，問題の製品についての多様な意味の付与が，あらゆるところで絶えず行われている」[44]と述べ，「製品の意味」ついてそのトータルな創造プロセスを示している．

　しかし，このことは「製品の意味」に限らず，デザインや機能も含めた使用価値全般に当てはまることであろう．消費場面において，デザインや機能の使いにくさや使用時の不具合，危険などの改善点が発見されることもある．開発時では想定していなかった使われ方は「製品の意味」に限らずこうしたデザインや機能についてもいえることであり，「生産→使用→需要→生産→……」という循環は「意味」に限ったことではない．ゆえにマーケティング・プロセスは「製品の意味」に限らず，デザインや機能など使用価値全般に関わるものとして理解すべきである．また環境問題など今日直面している問題を考えればマーケティング・プロセスは石井が述べる「消費者の心的プロセス」にとどまるものではなく，消費後（廃棄やリサイクルなど）も含めたプロセスとしてとらえ

ることができる．このようにプロセス内部においては，生産と消費は互いに独立し自己完結したものではなく，相互に作用しており，有機的な関係にあるといえる．

このようにマーケティングは消費も含めたトータルな有機的プロセスとして私的な領域を越えたものとして捉えることができる．だがすでにみたように消費とマーケティングは直接的に同一のものではなく，トータルなプロセスの内部にありながらも相互に外的な関係にあり，疎遠な関係にある．すなわち消費はマーケティングの外にあって外にない，しかし内にあって内にないという矛盾をマーケティングは持っているということができる[45]．

2．マーケティングの矛盾の顕在化としての消費者参加

(1) マーケティングへの消費者の参加に関する諸議論

これまでみてきたように生産と消費は相互に作用し合う関係にありながらも，同時に外的で疎遠な関係でもある．マーケティングにおいて疎遠性は消費者ニーズの不確実性としてあるいは販売実現の阻害要因として現れ，消費者においては消費の阻害要因として現れている．こうした問題を背景としてマーケティングへの消費者の参加の必要性が提起されている．マーケティングへの消費者の参加は消費者の側から必要とされるだけでなく，マーケティングを行う生産においても必要とされている．以下ではこうしたマーケティングへの消費者の参加に関する諸議論を考察し，今日の社会において「消費者の参加」がどのような意義と限界を持つものなのかを確認する．そしてそこで示される限界をいかにして乗り越えていくのかについても考えていく．

① 上原征彦の「協働型マーケティング」論

上原征彦は生産過程への消費者の参加を重視したマーケティングを示している．まず上原はマーケティングを「操作型マーケティング」と「協働型マーケティング」とに区別する．「操作型マーケティング」は「売り手が買い手に向けて製品・サービスなどの提案をし，買い手にその提案を受け入れてもらうた

めに，提案そのものの変更も含めさまざまな方法を動員し，買い手を操作しようとするもの」と定義されている[46]．ここでいわれている「操作」とは「買い手が売り手の意図通りに反応することを売り手が期待して買い手に何らかの刺激を与える，という意味での操作」で「選択の自由」を前提にしたものだという[47]．一方，「協働型マーケティング」は「消費者が財の生産過程に直接介在するシステムのもとで，消費者と企業との協働関係が構築され，その関係の中で両者による価値創造活動が展開される，といった相互制御行為（協働行為）の展開を指す」ものと定義されている[48]．

「協働型マーケティング」を提起するにあたって上原は「企業の提案・操作」が直面している困難性を挙げている[49]．それは拡大する消費の多義性を制御することの困難性であり，本稿でこれまでみてきた石井の指摘もその点にあった．この困難を緩和する1つの方法としてこれまで企業は「そのような多義性を包含することを目指して，『ともかく提案して消費者の反応をみて再度提案する』という，『提案・操作の企画 → 提案・操作の実行 → それに対する反応をみる → 新たな提案・操作の企画』といった行為のサイクル（いわゆる plan-do-see のサイクル）を早め，かつ，これを頻繁に繰り返す方法を採用してきた」が，「この方法は，企業と消費者とがある解に収束するであろうと期待される反面，これとは逆に，操作者の次の操作が被操作者によってまた新たに意味づけされる」という「解を見出し得ない拡散的なループに陥る危険も伴っている」と指摘している[50]．こうした問題を克服する上で「関係性」の構築とそれを基盤とした「関係性マーケティング」の展開は「理論と実務の双方で，1つの潮流を作りつつある」と指摘する[51]．

こうした「関係性マーケティング」について上原は「関係性マーケティングは今後も重視されてしかるべきであろう」としつつも，「いま一段の需給マッチング機能の飛躍的強化を目指して新しい動きが生じてくるのではないか」との展望を示す．そして，いかに関係性が強化されたとしても「操作型マーケティング」の延長としてそれが行われるのであれば，「コミットメントと信頼の強化には大きな限界が課せられる」とし，「関係性の強化によって，企業は製

品づくりに関して消費者からその意向をフィードバックしてもらい，かつ，企業の意図を消費者に理解してもらう可能性を高め，その点において多義性を削減・包摂できるようにはなるけれども，製品づくりのプロセスのほとんどを企業だけが担っているならば，そのプロセスにおいて企業の思い込みが入り，消費者の多義的なニーズと乖離してしまう事態を全面的に除去することはできない」と問題点を指摘し，「そのような関係性がいかに強化されたとしても，市場を通じての選択を消費者が認識しているかぎり，彼は『気に入らなければ買わなくてすむ』という権利に依拠して企業と自分との関係をみている，という単純明快な事実に従うかぎり，上記のわれわれの見方は支持されるであろう」と述べる[52]．

上原が指摘しているこのような企業と消費者の関係は「疎遠な関係」として理解することができるであろう．そして「今まで述べてきたような関係性の限界を少しでも突破するために，製品コンセプトを創出するプロセスに直接かつ深く消費者にコミットしてもらう方式」の想定の必要性が示され，「企業の製品づくりに消費者を直接に介在させ，一緒に製品を創造すること」として売り手と買い手による協働生産の展開，すなわち「協働型マーケティング」が示される[53]．

「協働型マーケティング」の議論では，生産と消費の自律性が認識され，それが克服すべき問題として位置づけられているとみることができる．このように「操作型マーケティングに代わる新しいパラダイム」として「協働型マーケティング」は提起されているのである[54]．ただし，上原は「操作型マーケティング」がなくなるわけではなく，「協働型マーケティング」と並存するとしている．その理由として上原は「協働型マーケティングでは消費者は多大な情報処理をしなければならなくなる．それに比べ，操作型マーケティングではこの情報処理が少なくてすむ．したがって，創造に参加する意欲を強めるような購買のもとでは多大な情報処理を厭わないが，そうでない購買においては情報処理をできるかぎり少なくする，というような判断と行動が採用され，前者において協働型マーケティングが，後者において操作型マーケティングが活用され

ることになるであろう」と述べている．また，企業においても「協働型マーケティングと操作型マーケティングを併用する枠組みが効果的に作動することになる」という展望も示している[55]．

② 私的なプロセスとしてのマーケティングと「第三の領域」におけるマーケティング

ところで，上原の「協働型マーケティング」では「製品を協働して作る，という価値創造プロセスそのもの」が売買の対象として位置づけられている[56]．はたして「製品を協働して作る，という価値創造プロセスそのもの」が売買の対象になりうるのかという点は，サービスも含めた商品の議論としてあらためて考える必要があるだろう．だが，ここで確認できることは「製品を協働して作る，という価値創造プロセスそのもの」が私的なものとして，企業の内的なものとして位置づけられているという点である．だがこうした議論と同じく生産と消費の相互作用を示しながらも，その場を「第三の領域」に位置づける議論もある．上原の議論とは対照的な議論として吉村純一の議論を次にみていく．

吉村は企業活動の側からの「生活世界」への侵略だけでなく，「生活世界」から企業活動へという逆向きの働きかけにも注目すべきとし，「より高度で，複雑かつ困難な資本主義を映し出している点で，企業活動の生活世界化は，マーケティング論の分析枠組みにとっても重要な視点を提供するものである」[57]とし，企業活動と「生活世界」の関係が相互に浸透し合っていることを指摘する．そしてこの相互に浸透し合う場として「第三の領域＝公共空間」を提示する．

マーケティング・システムにおける「公共空間」について吉村は，「第一に，従来マーケティング活動の場とみなされてきた実体（実物）的過程とは重層的な関係をとるコミュニケーションの領域である」とし，「第二に，公共空間は，企業活動領域と生活世界のあいだに位置」し，「この異質の領域を媒介し結節点としての役割を果たすが故に，公共空間は『両義性』をもつことになる」とする．そして「第三に，この第三の領域＝公共空間の両義性を象徴する事態こそが，企業活動の側から試みられる新しいマーケティングであり，生活世界の側

から試みられる新しい社会運動あるいはNPO (NGO) 活動ということになる」とする[58]．

上原の「協働型マーケティング」は企業における内的なプロセスとして位置づけられていたが，吉村の議論では相互浸透する場として第三の領域である「公共空間」に位置づけられている．この違いをどのように捉えるべきか，次にこの点について考察していく．

(2) マーケティングにおける消費者参加の意義と限界
① マーケティングの私的性格と社会的性格

吉村の議論では企業活動と「生活世界」の相互浸透が指摘され，相互浸透する場として「公共空間」が示されていた．そして「公共空間」での企業活動として「新しいマーケティング」が位置づけられていた．ここでいわれている「新しいマーケティング」とは「関係性マーケティングや協働マーケティング，あるいはまたポスト・モダンの消費論」，「ブランド・マーケティング」を指す[59]．

すでに指摘したように「協働型マーケティング」は私的な企業の内的プロセスとして位置づけられていたが，吉村の議論では「新しいマーケティング」としてそれは「企業活動領域」ではなく「公共空間」に位置づけられていた．

消費者との対話や協働は，商品を産出する私的な活動であり，マーケティングとして企業の活動として行われる．しかし，他者のニーズを実現する社会的な産出活動でもある．また，外的主体である消費者との協働は共同行為として社会的な活動であるといえる．相互浸透という点から「新しいマーケティング論」を「企業活動領域」とは異なる領域である「公共空間」に位置づけた吉村の主張はマーケティングにおける社会性や共同性を捉えている．しかし，「新しいマーケティング」も商品生産という私的な企業活動として行われる以上，そこでの社会性や共同性は「企業活動領域」にみるべきである．しかしそれは社会的ではないということを意味するものではない．社会的なものが私的なものとして行われているという矛盾をそこにみることができるのである．それは消費者にとって生産過程へ「自分の問題」として参加しているにもかかわらず，

他者の私的な活動として行われてしまうことを意味している．それはマーケティングの矛盾として，あるいは「企業活動領域」の矛盾としてみることができる．このように吉村が「両義性」としたものはマーケティングにおける内的な矛盾としてみることができるのである．

② マーケティングの矛盾の顕在化としての消費者参加

ここで確認すべきことは，生産過程への消費者の参加は消費者にとって製品やその産出過程である生産過程との疎遠な関係性を克服するものであると同時に他方では企業にとって商品の販売を実現するという目的において，まさに私的な活動であるということである．それはマーケティングの社会的な面と私的な面であり，吉村の議論で用いられている言葉でいえば「生活世界」と「企業活動領域」ということもできるであろう．この両面がマーケティングにおいて並存しているのである．

こうしたマーケティングの二面性は，他者のための使用価値と貨幣獲得のための交換価値とが統一しているという商品の二面性に起因しているといえる．すなわち，生産の外にある他者の需要を満たすことで交換を実現し，交換を実現することで利潤が獲得される．このような意味で他者の使用価値の実現は資本の命題となる．他者のためという社会的な側面と利潤を獲得するという私的な側面の両面こそ，マーケティングの本質的な性格を示すものである．消費者参加のマーケティングはこの性格を直接的な矛盾として顕在化させている．また消費者参加のマーケティングでは消費者にとってマーケティングが他人事ではなく自己の問題であることを直接的に示してもいる．そうした点でマーケティングへの消費者の参加はマーケティング議論において重要な意義を持っている．

だが，すべての消費者が生産過程に参加するのは現実的ではなく，また身の回りにあるすべての製品の生産過程に参加するのも現実的ではない．こうした点においてマーケティングへの消費者の参加には限界があるといえる．しかし，このことは消費者にとってマーケティングが外的なままにとどまることを示すものではない．この点について考えていくために生産者でもあり消費者でもあ

る主体としてプロシューマーという概念を示したA．トフラーの議論を考察していくとともに，彼のプロシューマーについて「直接的な統一としての生産と消費の一致」と「高次な意味での生産と消費の一致」という区別をし，後者の意味でのプロシューマーの意義を示した佐々木康文の議論をみていく．佐々木の議論では，他者による生産を前提にしながらも自己の問題として関わる消費者像が示されており，本章でみてきたマーケティングへの消費者の参加の持つ限界をいかに乗り越えるかを考える上で重要な議論である．

(3) 消費者参加の限界を乗り越えるためのプロシューマー論考察
① トフラーのプロシューマー論

A．トフラーは消費者でもあり生産者でもある主体をプロシューマー（生産＝消費者）として提起した[60]．まず議論の前提としてトフラーは，経済活動をA部門とB部門の2つの部門から成り立っているとする[61]．A部門は「自分自身や，家族や，共同体のための，報酬を目的としないすべての活動が含まれる」部門であり，B部門は「交易網や市場を通して生産物やサービスを売ったり，交換したりするための，すべての活動が含まれる」部門である[62]．A部門は「第一の波」（農業革命の広まり）の時代には圧倒的に多かったが，「第二の波」（産業革命の広まり）の時代では逆転する．すなわち「市場向けの商品やサービスの生産が急速に伸びたために，第二の波の経済学者は，A部門の存在そのものを忘れて」しまい，「経済という言葉は，市場のための仕事や生産だけに限定して使われるようになり，生産＝消費者の存在に気がつかなくなってしまった」とトフラーは指摘する[63]．だが今日，第二の波の社会は「最後の危機に直面している」とし，A部門とB部門との関係が，「基本的なところで変化を見せはじめている」とする[64]．すなわち，「生産者と消費者を分けていた境界線ははっきりしなくなり，生産＝消費者が重要な存在として登場してきた」と指摘する[65]．

この「生産＝消費者」がプロシューマーであり，トフラーはプロシューマーを大きく3つに分けて説明している．1つ目は，「自分たちの問題を同じ仲間

で解決することを目的とした」組織であり,「自助(セルフヘルプ)の運動」である[66]. 2つ目は,「DIY」(Do It Yourself) である[67]. 3つ目は,生産過程に入り込む消費者である[68].

プロシューマーの登場による変化についてトフラーは,「これまで生産される商品の外側にいた消費者は,『アウトサイダー』から『インサイダー』に転ずる」とし,「それとともに,B部門の経済はますますA部門に移行して,そこでは生産＝消費者が主役になる」と述べている[69].

このようにトフラーにおいてプロシューマーとは,A部門すなわち「自分自身や,家族や,共同体のための,報酬を目的としないすべての活動が含まれる」とされた部門での主体だということである.しかし,トフラーが示したプロシューマーの中にはA部門での生産への参加だけでなく,B部門での生産への参加も含まれている.

② 「高次な意味」でのプロシューマー

この点に関連して佐々木は「直接的な統一としての生産と消費の一致と,高次な意味での生産と消費の一致が,全く同一のものとして論じられている」と指摘する[70].前者の「直接的な統一としての生産と消費の一致」は自給自足のように自分の消費のために生産を行うような生産と消費の一致であり,A部門におけるプロシューマーである.そして後者はトフラーでいえばB部門にあたるが,しかしそれは「第二の波」で指摘されたような生産と消費が分離したままの関係ではなく,「生産と消費が別の人格や別の企業の間でなされているにもかかわらず,生産と消費のそれぞれが相互に無関心ではなく,互いに自己の存立が相手の存在に媒介されていることを十分に自覚したような生産と消費が成立しているケース」であると佐々木は指摘する[71].トフラーの議論における「商品デザインについて,消費者の意見を聞く会社が多くなった」[72]というところや「消費者は単に消費するだけではなく,生産過程にまで入り込んできている」[73]として「生産者側が決めるのではなくて,消費者側がどういう製品がよいか決める」[74]というところなどは「高次な意味での生産と消費の一致」にあたる.トフラーが指摘するように「アウトサイダーはインサイダー」になって

いるのであり，佐々木も「内は外であり，外は内であるという形で，相互に別々の人格でありながらも高次な生産者と消費者の一致が実現している」と指摘する[75]．だがトフラーはこうした「高次な同一性を，直接的な同一性に属するものとして同一視しているような議論を展開している」[76]のである．

確かにトフラーが指摘したような消費者が自分で作り出すという行為は，今日においてはいわゆる「日曜大工」に限らず，パソコンなどのテクノロジーのパーソナル化とともに広がっている．しかしそうしたプロシューマーにあっても，消費者による生産を可能にするような製品自体を「生産する活動そのものにおいて他人の活動が必要とされている」[77]のであり，社会的な連関から完全に独立しているわけではない．佐々木のいう高次の意味でのプロシューマーとは「生産は消費の側があっての生産であるし，消費にとっては生産の側がなければ自己自身がありえない」という生産と消費の関係を前提にしたものであり，「生産と消費が，相互にばらばらのものとして無関心なのではなく，お互いが別のものでありながら，しかし同時に相手が自己そのものであるような，社会的連関が産み出されていることが自覚されている」ような主体を意味している[78]．つまり生産と消費が一致するといってもそれは同一人物による直接的な一致ではなく，社会的分業を否定するものではない．ゆえに社会的分業によってもたらされる高度な生産性や専門性などを否定するものでもない．佐々木が示した高次の生産と消費の一致は，他者による活動を前提にしているということがわかる．

③　マーケティングにおける自覚的な関わり合い

佐々木は社会的な連関についてプロシューマーの議論の中で，「労働する諸個人に即してみれば，彼らが雇われる場としての私的な企業は自己とは疎遠な私的な存在である．しかし，そのような私的な企業の内部において歴史的に実在化してくるものは，労働する諸個人の社会的な関わり合いが展開しているという事実そのものであり，企業の力とは私的な他の力ではなくてまさにこのような労働する諸個人の連関によって産み出された力であるということである」[79]と指摘している．ここで重要なことは社会的な関わり合いによって企業の力が

産み出されているという点である．また佐々木は「このような社会的関係の形成は，個別的な企業内部に限定されるような話ではない」[80]とし，「社会的生産を担っている様々な諸企業もまた私的に切り離されて相互に自己完結しているかのような疎遠な存在である」が，「これもまた全くそうではない」として生産者とサプライヤーや消費者，流通業者などの連関を挙げる[81]．そして「このような実在的で社会的な諸関係が形成され，自己の外が自己の内の条件であることが明らかになるからこそ，情報ネットワークによる相互の結合が必要なのではなかろうか」と指摘する[82]．

　以上のように社会的な関わり合いを社会的な力として捉える佐々木の指摘は直接マーケティングという言葉を用いてはいないが，たとえば本章でみてきたようなマーケティングにおける消費者との関わり合い（相互作用，相互浸透）にも当てはまるものであるといえる．

　だがここでも問題となることとして本章でもみたようにこうした関わり合いはマーケティングとして私的に行われる．情報ネットワークの相互の結合に関して佐々木は，「もちろん，このことは，まず最初は資本主義的論理に基づいて必要とされるに違いないだろう」[83]としながらも，「このような情報ネットワークは，企業自身の論理に基づいてその機能の一部として利用されるに留まるのでなく，実は自己の論理に従って世界中に広がった情報ネットワークを利用しなければならないことが課題とされること自体が，企業にとって疎遠な外部としての他の存在が自己の条件であるという意識の表れであり，外は内であり，内は外であるという形で社会的諸関係が現実的に形成されていることが万人に対して露出していることの裏返しでもまたある」[84]と指摘する．

　ここで「石原・石井論争」における議論を思い出すならば，そこでは生産と消費がマーケティングにおいて結びつき，相互に作用する関係であるとともに相互に他者でもあるような関係であることが示されていた．本章で問題としたのは依存しつつも疎遠な関係性であり，他者性それ自体ではなかった．社会的分業による商品生産において生産と消費の一致を考える場合，他者性を完全に否定することはできず，トフラーのプロシューマーにおいても他者による生産

の問題が残されたように生産と消費の直接的一致には限界がある．吉村によって「公共空間」と表現されたようにマーケティングは消費者も共有する活動の場であることを消費者参加は示しているが，直接的な参加には限界があった．マーケティングにおいて他者性は否定できない．だが，このことは消費者にとってマーケティングが外的なままとどまってしまうことを意味するものではない．むしろ，直接的な参加に限界があるからこそ，外的な他者の活動が自己の問題として重要になってくるのである．それは生産と消費をつなぐ流通にもあてはまる．直接的な参加に限界があるからこそ，流通も含めた生産と消費をつなぐネットワークは生産にとっても消費にとっても自己の問題として，より重要なものとなる．他者の活動に対して自己の問題として自覚的に関わり，連関を形成することがマーケティングにおける疎遠性を克服していく上でも重要である．

まとめにかえて

　本章では生産と消費の関係に焦点をあてマーケティングを考察してきた．石井がトータルなプロセスとしてマーケティングを捉え，また吉村が企業活動領域を越えたところに「新たなマーケティング」を見出したように，私的な領域を越え出た社会的なプロセスとしてマーケティングを捉えることができたが，同時に商品の産出プロセスという私的なものでもあった．このようにマーケティングは私的な領域を越え形成される社会的なプロセスでありながらも，私的に行われるという矛盾を持っていた．本章でみた石原の「競争的使用価値」の議論はその点でも妥当性を持ちつづけている．しかしながら，競争上の理由あるいは資本主義的論理に基づきながらも外部の主体をマーケティングにおいて必要としているということを確認することがここでは重要である．個々の企業が競争の中で自己のためとしながら，私的な枠を越え，外部の主体である消費者との間に連関を形成し，そうした外部との連関によってマーケティングが行われる．本章でみたように消費者にとってマーケティングが疎遠で，かけ

離れたものであることが消費者にとって問題となるだけでなく，マーケティングにとっても解決しなければならないものとなっていた．つまり生産の外部に対して創出した結果が自己の命題としてマーケティングに戻ってくるのであり，消費者をプロセスの内部に位置づけることを必要とする．このようにマーケティングへの消費者参加の必要性は消費者がマーケティングにおいて外的な存在ではないことを直接的に示すものであり，生産とは切り離せないものであることを示すものでもある．さらにマーケティングが私的な領域にとどまるものではないことを直接的に示してもいる．つまり私的な活動であるマーケティングが社会的な連関によって成り立っていて，社会的なものであることを直接的に示すものであるということができる．

　このように本章ではマーケティングは競争の中で自己のためとしながら，私的な枠を越え，外部の主体である消費者との間に連関を形成し，行われるということを確認した．しかし，本章においてみてきたマーケティングの矛盾は解消されたわけではないこともまた確認しておかなければならない．そのような意味で本章は，「競争的使用価値」と表現されたようにマーケティングが産み出す社会的連関が競争上有効であるとみなされる需要に限定されるのではないかという論点を残している．こうした点については本章での議論の延長として今後の課題である．

1) 本章で「製品開発プロセスへの消費者の参加」とせずに「マーケティングへの消費者の参加」とするのは，それが消費者ニーズを把握するというマーケティングの延長線上に位置づけることができるからであり，生産の領域にありながらも消費の領域も含まれるという意味で生産の領域を越えてもいるからである．
2) 石原武政の提示した「競争的使用価値」をめぐって議論されたこの論争は周知のように以下の論文を通してみることができる．まず「競争的使用価値」については石原 [15] と [16] がある．これらの論文はごく部分的な修正を加えられたが基本的な論理構成は変更されない形で石原 [17] の第 3 章に収録されている．石原の「競争的使用価値」についての石井淳蔵の見解は，石井 [5] で示されている．石井の指摘を受けての石原の見解は，石原 [18] において示されている．なお，この石原 [17]，石井 [5]，石原 [18] は，石井淳蔵・石原武政編著『マーケティン

グ・ダイナミズム——生産と欲望の相克——』（白桃書房，1996年）に転載されており，この論争を改めてふり返る上で便利であることなどを考慮し，本章では3つの論文については同著（石原［19］，石井［8］，石原［20］）のページ数を記している．
3) 競争的使用価値をめぐる「石原・石井論争」に関連した議論として，石井［6］［10］［11］［12］，石井・石原［14］，大津［25］，栗木［27］［28］［29］［31］，澄川［36］［37］，豊島［39］，崔［40］，宮内［42］，宮崎［44］，吉村［45］などがある．
4) 石原［19］122ページ．
5) 石原［19］123ページ．
6) 石原［19］123ページ．
7) 石原［19］123-124ページ．
8) 石原［19］123-124ページ．
9) 石原［19］124ページ．
10) 石原［19］124ページ．
11) 社会関係に関して石原は準拠集団や社会階層が消費対象に及ぼす影響やステイタス・シンボルとしての商品などについて考察している（石原［19］127-131ページ）．
12) 石原［19］126-127ページ．
13) 石原［19］127ページ．
14) こうした生産と消費が分離しながらも相互に前提とされ，相互の連関の中で形成されるという指摘は石原が引用しているようにマルクスにおいてもみることができる（マルクス［51］35-41ページ）．
15) 石原［19］127ページ．
16) マルクス［52］16-19ページ．
17) 石原［19］131ページ．
18) 石原［19］132ページ．
19) マルクス［52］18-19ページ．
20) 石原［19］134-135ページ．
21) 石原［19］136ページ．
22) 石原［19］137ページ．
23) 石原［19］138ページ．
24) 石原［19］138ページ．
25) 石原［19］122ページ．
26) 石原［19］139ページ．
27) 石原［19］141-142ページ．
28) 石井［8］151-152ページ．

29) 石井［8］158-159ページ.
30) 石井［8］160ページ.
31) 石井［8］162ページ.
32) 石井［8］167-168ページ.
33) 石原［20］183ページ.
34) 石原［20］184ページ.
35) 石原［20］189ページ.
36) 石原［20］188ページ.
37) 石井［8］167ページ.
38) 石井［9］117ページ.
39) 石井［9］117-118ページ.
40) 石井［8］167ページ.
41) ここでの問題に関連したものとして大津［25］がある．大津は製品の用途が何によって制約されるのかという問題を「物理的・化学的制約」と「文化的・社会的制約」とに分け具体的に考察している．大津は「定義どおりの意味での物理的・化学的制約は，非常に極端な場合だけであって，実際の消費に影響しているほとんどの制約は文化的・社会的制約に分類されてしまうことが考えられる」としつつも，文化的・社会的制約であっても「何らかの形で物理的・化学的制約の影響を受けているものがほとんどである」と指摘している（大津［25］208ページ）．なお，大津は「認識的・習慣的制約」についても考察しているが，「認識的・習慣的制約は個人の判断と表裏一体の存在なので，消費活動に対して外的にルールを与えるのは，物理的・化学的制約と文化的・社会的制約の2つ」であるとしている（大津［25］201ページ）．
42) 石井［12］197-198ページ.
43) 石井［9］119ページ.
44) 石井［9］119ページ.
45) 石井も「競争的使用価値」の考察を通して「矛盾」というキーワードを提示している（石井［12］194-197ページ）．ただし，本章においてはマーケティングの矛盾を指摘したが，石井は「競争的使用価値」それ自体に「自己矛盾的性格」を見出している．「競争的使用価値の自己矛盾的性格」について石井は，「無限の変化を含意した同一性」「可能性に開かれた必然性」「内部でありつつ外部である」「開かれつつ閉じられている」と表現している（石井［12］196ページ）．これは使用価値のある時点での定義とそれ以外のものとして定義される可能性についてであり，消費との関係においてみられるマーケティングの矛盾を表現したものではない．しかしながら，商品における使用価値は生産やマーケティングを介して具現化されるのであるから，石井が「競争的使用価値の自己矛盾的性格」として表した矛盾的性格

はマーケティングにおいてもみることができると本章では考える．ただし，本章で示したマーケティングの矛盾はマーケティングが消費者にとって他者による活動でありつつ自己の問題でもあるという意味を含んでいる．言い換えればマーケティングは消費者にとって内的問題であるが，実際には他者によって外部で行われており，その意味で「内部でありつつ外部である」「開かれつつ閉じられている」ということができる．また石原がマルクスの「資本の偉大な文明化作用」の記述を引用して指摘していたように資本の運動はさまざまな制限を乗り越え，消費の可能性を広げつつも，さまざまな制限を産み出す．このような意味で石井が「競争的使用価値」について表した「可能性に開かれた必然性」「無限の変化を含意した同一性」という表現もマーケティングにあてはめることができるのではないかと本章では考える．ただし，本章における「必然性」や「同一性」の含意は石井が「競争的使用価値」の矛盾を表した含意とは異なっている．すなわち石井は使用価値が限定されるという意味で用いているが，本章ではマーケティングが資本の運動として行われるという意味として捉えることができると考えている．

46) 上原［22］8-9ページ．
47) 上原［22］9ページ．
48) 上原［22］279ページ．
49) 上原［22］246ページ．
50) 上原［22］246ページ．
51) 上原［22］246-247ページ．
52) 上原［22］247-248ページ．
53) 上原［22］248-249ページ．
54) 上原［22］259ページ．
55) 上原［22］289-291ページ．
56) 上原［22］288ページ．
57) 吉村［46］77ページ．
58) 吉村［46］86-87ページ．
59) 吉村［46］79ページ．
60) トフラー［53］第20章．
61) トフラー［53］383ページ．
62) トフラー［53］383ページ．
63) トフラー［53］383ページ．
64) トフラー［53］384ページ．
65) トフラー［53］384ページ．
66)「専門のカウンセラーに相談せずに，みずからの生活体験を語り合い，助言をし合う『相互カウンセリングの会』」や「困っている人たちを支援する会」「議会に働

きかけて，法律改正や税制上の優遇措置をかちとるための政治的な団体」「準宗教的な色彩を持った集まり」「ただ会合をするだけでなく，共同体をつくって実際に生活をともにする会」などがそれにあたる（トフラー［53］384-387ページ）．

67) 日曜大工だけでなく，ガソリンスタンドのセルフサービスや銀行のATMなど生産者の仕事を肩がわりする消費者としてのプロシューマーを挙げている（トフラー［53］387-388ページ）．他にも製品の修理を電話などによる指示に従って消費者が自分でできるようになり，修理工は大きな故障以外は相談員といった役割を果たすという例が挙げられている（トフラー［53］389-390ページ）．

68) 「商品のデザインについて，消費者の意見を聞く」（トフラー［53］392ページ）というものや「コンピューターによって，製品のデザインを選べるようになるだけではなく，製品の工程まで指定するようになる」消費者である（トフラー［53］393-395ページ）．

69) トフラー［53］395ページ．
70) 佐々木［32］149ページ．
71) 佐々木［32］150ページ．
72) トフラー［53］392ページ．
73) トフラー［53］392ページ．
74) トフラー［53］393ページ．
75) 佐々木［32］150ページ．
76) 佐々木［32］151ページ．
77) 佐々木［32］149ページ（脚注70より）．
78) 佐々木［32］150ページ．
79) 佐々木［32］154ページ．
80) 佐々木［32］154ページ．
81) 佐々木［32］154ページ．
82) 佐々木［32］154ページ．
83) 佐々木［32］154ページ．
84) 佐々木［32］155ページ．

参 考 文 献

［1］ 阿部真也・秋吉浩志「サービス生産への顧客参加とその展開」『福岡大学商学論叢』第46巻第2号，2001年．

［2］ 秋吉浩志「社会環境の変化とサービス生産への顧客参加」阿部真也・藤澤史郎・江上哲・宮崎昭・宇野史郎編著『流通経済から見る現代―消費生活者本位の流通機構―』ミネルヴァ書房，2003年．

［3］ 有井行夫『マルクスの社会システム理論』有斐閣，1987年．

［4］　石井淳蔵「消費概念の拡大」『季刊マーケティングジャーナル』第41号，日本マーケティング協会，1991年．
［5］　石井淳蔵「消費者需要とマーケティング―石原理論再考―」『国民経済雑誌』第167巻第1号，神戸大学経済経営学会，1993年．
［6］　石井淳蔵『マーケティングの神話』日本経済新聞社，1993年．
［7］　石井淳蔵「消費のルールとマーケティングの意義」『ビジネス　レビュー』Vol. 42, No. 3, 一橋大学産業経営研究所，千倉書房，1995年．
［8］　石井淳蔵「消費者需要とマーケティング―石原理論再考―」石井淳蔵・石原武政編著『マーケティング・ダイナミズム――生産と欲望の相克――』白桃書房，1996年．
［9］　石井淳蔵「製品の意味の創造プロセス」石井淳蔵・石原武政編著『マーケティング・ダイナミズム――生産と欲望の相克――』白桃書房，1996年．
［10］　石井淳蔵「使用価値の恣意性論争と言語ゲーム」石井淳蔵・石原武政編著『マーケティング・ダイナミズム――生産と欲望の相克――』白桃書房，1996年．
［11］　石井淳蔵「ルールは遅れてやってくる―意思決定者の不安の基礎にあるもの―」石井淳蔵・石原武政編著『マーケティング・インタフェイス――開発と営業の管理――』白桃書房，1998年．
［12］　石井淳蔵「競争的使用価値：その可能性の中心」石井淳蔵・石原武政編著『マーケティング・ダイアログ――意味の場としての市場――』白桃書房，1999年．
［13］　石井淳蔵「適応の枠組みとしてのマーケティング・マネジメント」『国民経済雑誌』第182巻第1号，神戸大学経済経営学会，2000年．
［14］　石井淳蔵・石原武政「マーケティング・ダイナミズムの焦点」石井淳蔵・石原武政編著『マーケティング・ダイナミズム――生産と欲望の相克――』白桃書房，1996年．
［15］　石原武政「マーケティングと消費者需要――その準備的考察――」『経営研究』第27巻第3号，大阪市立大学商学部経営研究会，1976年．
［16］　石原武政「マーケティングと競争的使用価値」『経営研究』第27巻第4・5・6合併号，大阪市立大学商学部経営研究会，1977年．
［17］　石原武政『マーケティング競争の構造』千倉書房，1982年．
［18］　石原武政「消費の実用的理由と文化的理由」田村正紀・石原武政・石井淳蔵編著『マーケティング研究の新地平―理論・実証・方法―』千倉書房，1993年．
［19］　石原武政「消費者需要とマーケティング――競争的使用価値概念の提唱――」石井淳蔵・石原武政編著『マーケティング・ダイナミズム――生産と欲望の相克――』白桃書房，1996年．
［20］　石原武政「消費の実用的理由と文化的理由」石井淳蔵・石原武政編著『マーケティング・ダイナミズム――生産と欲望の相克――』白桃書房，1996年．

[21] 石原武政「不特定な市場とのコミュニケーション――『仮説的根拠づくり』の意義――」石井淳蔵・石原武政編著『マーケティング・ダイアログ――意味の場としての市場――』白桃書房，1999年．
[22] 上原征彦『マーケティング戦略論』有斐閣，1999年．
[23] 上原征彦「マーケティング空間とその基本特性」『明治学院論叢　経済研究』第122・123号併号，明治学院大学経済学会，2002年．
[24] 江上哲「マーケティング・チャネルの変容と消費者情報の公共化」阿部真也・藤澤史郎・江上哲・宮崎昭・宇野史郎編著『流通経済から見る現代―消費生活者本位の流通機構―』ミネルヴァ書房，2003年．
[25] 大津正和「製品とその用途との関係への試論」石井淳蔵・石原武政編著『マーケティング・ダイナミズム――生産と欲望の相克――』白桃書房，1996年．
[26] 久保康彦「生活世界とマーケティングの再考――マーケティング・ネットワークの提唱――」阿部真也・藤澤史郎・江上哲・宮崎昭・宇野史郎編著『流通経済から見る現代―消費生活者本位の流通機構―』ミネルヴァ書房，2003年．
[27] 栗木契「マーケティング理論のフロンティア―可能性へ向かう物語―」『季刊マーケティングジャーナル』第54号，日本マーケティング協会，1994年．
[28] 栗木契「消費欲望の超越性と被規定性―マーケティングとの関連で―」『六甲台論集―経営学編―』第43巻第1号，神戸大学大学院経営研究会，1996年．
[29] 栗木契「消費とマーケティングのルールを成り立たせる土台はどこにあるのか」石井淳蔵・石原武政編著『マーケティング・ダイナミズム――生産と欲望の相克――』白桃書房，1996年．
[30] 栗木契「対話型発想のすすめ――消費とマーケティングの複眼的接続――」『季刊マーケティングジャーナル』第67号，日本マーケティング協会，1998年．
[31] 栗木契「競争的使用価値の再検討――消費欲望とマーケティングとを結ぶ関係のモデル」『岡山大学経済学会雑誌』，第33巻第4号，岡山大学経済学会，2002年．
[32] 佐々木康文「産業文明からの解放論としてのA．トフラー『第三の波』」『中央大学企業研究年報』第22号，中央大学企業研究所，2001年．
[33] 嶋口充輝『顧客満足型マーケティングの構図』有斐閣，1994年．
[34] 嶋口充輝「インタラクティブ・マーケティングの成立条件と課題　――マーケティングのニューパラダイムを求めて――」『ビジネス　レビュー』Vol. 42, No. 3, 一橋大学産業経営研究所，千倉書房，1995年．
[35] 嶋口充輝「関係性時代のインタラクティブ・マーケティング」『季刊マーケティングジャーナル』第57号，1995年．
[36] 澄川真幸「現代消費論」阿部真也・但馬末雄・前田重朗・三国英実・片桐誠士編著『流通研究の現状と課題』ミネルヴァ書房，1995年．

[37] 澄川真幸「使用価値と欲望——共同化された対象世界の誕生——」石井淳蔵・石原武政編著『マーケティング・ダイナミズム——生産と欲望の相克——』白桃書房, 1996年.
[38] 田村正紀「パワー・マーケティングの崩壊」『ビジネス レビュー』Vol. 42, No. 3, 一橋大学産業経営研究所, 千倉書房, 1995年.
[39] 豊島襄「『歴史』としてのブランドの意味——消費とマーケティングの相互作用のダイナミズムとその実相——」石井淳蔵・石原武政編著『マーケティング・ダイアログ——意味の場としての市場——』白桃書房, 1999年.
[40] 崔相鐵「競争的使用価値と文化的使用価値——実践理性と文化理性の対話——」石井淳蔵・石原武政編著『マーケティング・ダイナミズム——生産と欲望の相克——』白桃書房, 1996年.
[41] 南知惠子「インタラクティブ・マーケティングとコミュニケーション」石井淳蔵・石原武政編著『マーケティング・ダイアログ——意味の場としての市場——』白桃書房, 1999年.
[42] 宮内美穂「マーケティングの動態的理解を求めて〜石原・石井論争を手がかりに〜」『六甲台論集―経営学編―』第45巻第2号, 神戸大学大学院経営研究会, 1998年.
[43] 宮崎昭「ブランドと消費社会」阿部真也・藤澤史郎・江上哲・宮崎昭・宇野史郎編著『流通経済から見る現代―消費生活者本位の流通機構―』ミネルヴァ書房, 2003年.
[44] 宮崎昭「使用価値の『恣意的性格』をめぐって」『九州国際大学経営経済論集』第2巻第2号, 九州国際大学経済学会, 1995年.
[45] 吉村純一「消費とマーケティングの相互関係―ポストモダン・アプローチの検討―」『熊本学園商学論集』第5巻第1・2合併号（通巻第17・18号）, 熊本学園大学商学会, 1998年.
[46] 吉村純一「マーケティング理論における公共空間」阿部真也・藤澤史郎・江上哲・宮崎昭・宇野史郎編著『流通経済から見る現代―消費生活者本位の流通機構―』ミネルヴァ書房, 2003年.
[47] 吉村純一『マーケティングと生活世界』ミネルヴァ書房, 2004年.
[48] 和田充夫『関係性マーケティングの構図』有斐閣, 1998年.
[49] J. K. ガルブレイス（鈴木哲太郎訳）『ゆたかな社会 第四版』岩波書店, 1985年.
[50] レジス・マッケンナ（河村幹夫, 糸井文訳）「リアルタイム・マーケティング」『DIAMONDハーバード・ビジネス』第21巻第2号, 1996年（Mckenna, Regis, "Real-Time Marketing" *Harvard Business Review*, July-August 1995.）.
[51] カール・マルクス（資本論草稿集翻訳委員会訳）『資本論草稿集 ①』大月書店,

1981年.
[52] カール・マルクス（資本論草稿集翻訳委員会訳）『資本論草稿集　②』大月書店，1981年.
[53] アルビン・トフラー（徳山二郎監修　鈴木健次　桜井元雄他訳）『第三の波』，日本放送出版協会，1980年（Toffler, Alvin. *The Third Wave*. William Morrow and Company, Inc., 1980.）.

第4章　ハンザ都市ハンブルクの発展と醸造業

はじめに

　15世紀以降ハンザの東西貿易の基幹商業路はハンザ都市ハンブルク(Hamburg)とリューベック (Lübeck) を経由するルートからズント (Sund) 海峡経由に変更されていく．海峡経由ルートは，当初よりハンザと対抗関係にあったオランダ，イギリスのバルト海地域との貿易ルートであったが，船舶の大型化により頻繁な寄港の必要がなくなり，航海技術の向上によって航海上の難所である海峡を安全確実に航行できるようになったため，積荷の積み替えの必要のないユトラント (Jütland) 半島を迂回するルートが多く利用されるようになったのである．それは，ハンブルクとリューベックを直接結ぶアルスター・トラーフェ (Alster Trave) 運河のホルステンブリュッケ (Holstenbrücke) 関税の収入が低下していることからもわかる（図4-2参照）．こうして，幹線商業路からはずれた両都市であったが，その後，15世紀に人口25,000-29,000人と考えられるリューベックがハンザと運命をともにして停滞を続け，現在でも人口約22万人の中都市にとどまっているのに対し，15世紀に人口15,000-16,000人程度と推測されるハンブルクは，現在では170万人を越える大都市に成長している．人口がそのまま繁栄を示すものではないとしても，人口の増加は都市の発展を意味することは事実であろう[1]．

　このようにハンブルクが発展した原因としてまずエルベ (Elbe) 河の河港としてその上流に広大な後背地を有するという地理的な好条件があげられよう．しかし，リューベックもシュテクニッツ (Stecknitz) 運河によりエルベ河と結ばれていたし，ヴェーゼル (Weser) 河上流域に後背地を有する，15世紀に18,000-

図4-1

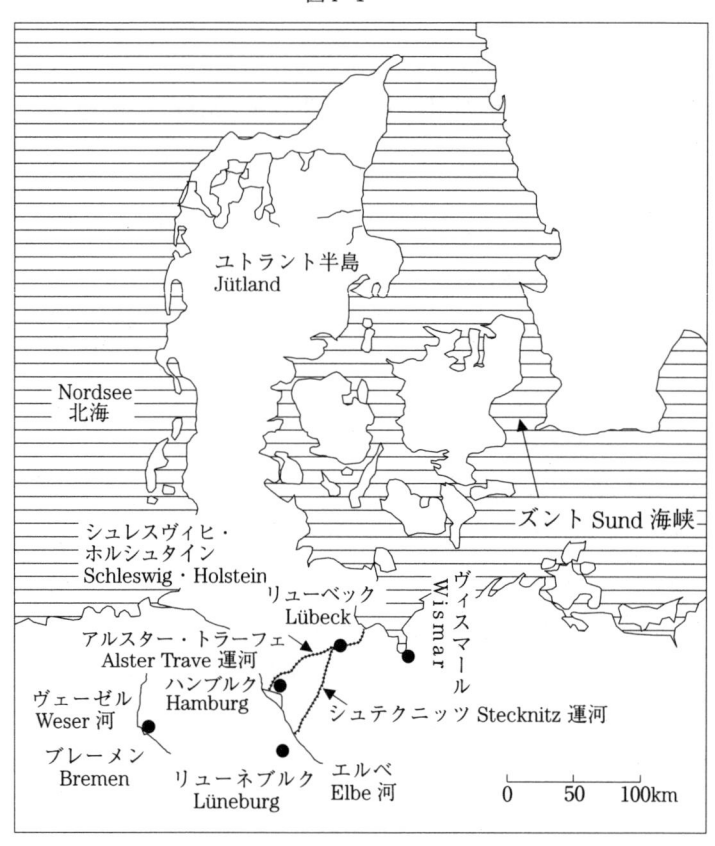

表4-1 ハンブルクの人口

	1500年	1600年	1680年	1710年	1787年	1980年
人口	約14,000人	約40,000人	約58,000人	約76,000人	約100,000人	約170万人

出所) W. Bohehart, ··· nicht brothlos und nothleidend zu hinterlassen. *Untersuchungen zur Entwicklung des Versicherungsdankens in Hamburg.* Hamburg 1985. S.14. Vgl. H. Schilling, Die Stadt in der frühen Neuzeit. *Enzyklopädie deutscher Geschichte.* Bd. 24. S. 2-17.

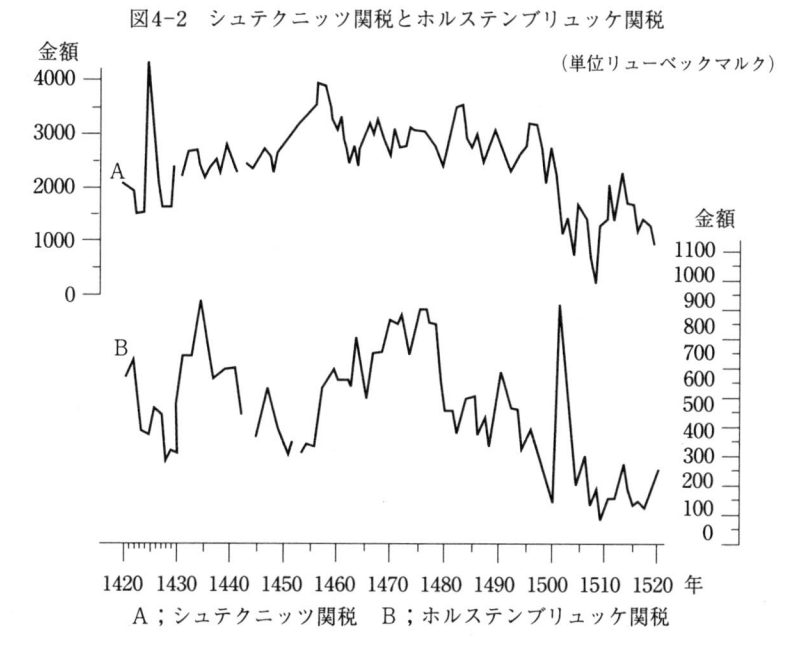

図4-2 シュテクニッツ関税とホルステンブリュッケ関税

（単位リューベックマルク）

A；シュテクニッツ関税　B；ホルステンブリュッケ関税

出所）R. Hammel, Häusermarkt und wirtschaftliche Wechsellagen in Lübeck von 1284 bis 1700. *Hansische Geschichtsblätter*. 106. 1988. S. 80f.

20,000人程の人口であった河港都市ブレーメン（Bremen）は現在も55万人程度にとどまっている[2]．しかもハンブルクはリューベックのような帝国都市と異なりシュレスヴィヒ・ホルシュタイン（Schleswig Holstein）の領邦都市という一段低い法的立場にあった．そのため，1459年にシュレスヴィヒ・ホルシュタインのシャウエンブルク（Schauenburg）家が断絶して，その地を姻戚のデンマーク王が継承すると，ハンブルクはハンザとしばしば敵対するデンマーク王下のハンザ都市となったのである．複雑な立場に置かれたハンブルクの発展要因は何であったのか．ビンクは「ハンブルクでは経済の繁栄はビール醸造に依存していた」[3]と述べているが，ビール醸造業の成長と都市ハンブルクの成長は連動したものであったのか．そうであるとすれば，同様にビール醸造が盛んであったハンザ都市ヴィスマール（Wismar）はなぜ発展しなかったのか．

そこで本章では都市の発展条件検討の第一歩として，15～16世紀のハンザ都市を取り巻く環境を概観した上で，ハンザ都市ハンブルクについてリューベックと比較しながら近代における発展の「前提条件」について検討を試みたい．

1. 15～16世紀のハンザ圏の政治動向

1370年のシュトラールズント（Stralsund）条約でハンザはスコーネン（Schonen）の特権，ズント海峡の自由通行権や商業拠点等の奪還に成功した[4]．だが，以後も北欧の混乱は続き，イギリスではリチャード（Richard）2世が自国商人の保護と海外進出を支援してハンザと敵対し，フランドル（Flandern）でも，1378年には，フランドル伯とハンザは敵対し，伯の死後フランドルを併合したブルグント（Burgund）公もハンザ敵視政策をとった．そのため，ハンザは重要な市場であり，布地の供給地でもあるフランドルに対し商業封鎖をしなければならなかった[5]．1392年にブリュージュ（Brügge）の商館は復活したが，1396年にはオランダ伯が1403年まで商取引を禁ずるなど，低地地方の混乱は続いた[6]．他方，海上交易路においては海賊（Vitalienbrüder）が，ボルンホルム（Bornholm）島やゴートラント（Gotland）島ヴィスビー（Wisby）を占領して，ハンザ商業に深刻な影響を与えたのであった[7]．このようなハンザ特権の後退や諸外国との対立が14世紀末から15世紀初頭にかけての時期に生じていたのである。事実，リューベックの貿易は総体的に低調であったし[8]，ハンブルクでも，出入船舶総数は減少している[9]．また，ノヴゴロド（Nowgorod）でも，ロシア人による劫掠，商業妨害が続発し，1388年にハンザは商業封鎖で対抗したが，結局，1407年には逆に，ノヴゴロドがハンザ商人を締め出したのであった[10]．プロイセン（Preußen）以東の地域において，ハンザからの離反や反抗が顕著になったのは，イギリスやオランダ（ネーデルランド：Nederland）の商人が，国家の力の増強を背景として，北海沿岸地域だけでなくバルト海にも進出したため，必要物資をハンザだけに依存する必要がなくなったからである．こうしてハンザは，大規

模商業の拠点である各商館やバルト海地域において行ってきた旧来の自由で独占的な商業を外国商人によって次第に阻まれていったのである．このように最大限の対外商業特権を掌握したとはいえ，ハンザを取り巻く環境は厳しいものであり，それを背景に14世紀末から15世紀初頭にかけて各都市では市民抗争も勃発したのであった[11]．

　15世紀になると，北欧おいては，デンマークが再び台頭し，イギリス，オランダを優遇するなど反ハンザ政策をとってきたが，1426年にはエリク (Erich) 7世とハンザ間はシュレスヴィヒをめぐり戦闘に発展した（第二次デンマーク戦争）．さらにノルウェー，スウェーデンの国王を兼ねた後継クリストフ (Christoph) 3世はズント海峡の通行税を徴収しはじめた．以後，北欧三国間は対立し，王権と貴族が対立するなど混乱状態が続いた．バルト海東部についていえばプロイセンの紛争により混沌としていたし，デンマークとスウェーデン間の戦争ではリフラント (Livland) 都市とダンチヒ (Danzig) がそれぞれの側にたって対抗するなどリューベックを中心にハンザもその混乱に巻き込まれていった[12]．加えてハンブルクは，フランドル，低地地方，東フリースラントなどの地域紛争にも巻き込まれたのであった．

　そうした状況下で1459年アドルフ (Adolf) 8世の死去によりシャウエンブルク家は断絶し，その甥のデンマーク王クリスチャン (Chrischan) 1世がシュレスヴィヒ・ホルシュタインを継承し，ハンブルクはデンマーク領になった．彼は当初，ハンザ都市に自由で寛大な対応をしたが，オランダと接近するやハンザと対立し，シュレスヴィヒ・ホルシュタインやスウェーデンの政治的混乱とともにハンザと接近するなど政治的には不安定な状況であった[13]．その子ヨハン (Johann) もハンザ敵視政策をとったため，1509年にはついにハンブルクを含めヴェンド都市 (Wendische Städte) を中心にハンザはデンマークに開戦した．1510年にハンブルクは帝国都市となり，デンマーク王の支配下からは脱することができたが，ハンザは1511年の和議で諸特権を保障されたものの30,000グルデン (Gulden) の和解金を支払わねばならなかった．13年に即位したヨハンの子クリスチャン2世もまた，ハンザの諸特権を認めつつもオランダにも諸権利を認め，結局は

ハンザ敵視政策を展開したのであった．1522年，クリスチャン2世に対抗してハンザとグスタフ・ヴァサ（Gustav Vasa）は手を結び，シュレスヴィヒ・ホルシュタイン伯フリードリヒ（Friedrich）やユトラント貴族とも連合して翌年にはクリスチャン2世に勝利し，グスタフ・ヴァサはスウェーデン王に，フリードリヒはデンマーク王になった．この結果，両国における商業はハンザの手に握られるはずであったが，ヴァサはハンザ抑圧政策に転じ，フリードリヒも優遇政策はとらず，北欧におけるハンザの力は後退した[14]．こうした一連のデンマーク王のハンザへの対応と，続く宗教改革運動の混乱の中で，デンマーク王領に囲まれたハンブルクは自衛を強化せざるをえなかった．防衛費の急増がそれを裏付けている．

　イギリスのハンザ圏進出もハンザにとっては深刻な問題であった．両者は海賊を利用してそれぞれの交易の妨害を繰り返した．結局，1474年オランダのユトレヒトで条約が締結され，ハンザの商業特権が保証されるとともに，イギリスの主張する交易の相互主義も認められた．しかし，イギリス国王は絶対王政の確立を目指して自国の産業育成のため巧妙にハンザ商業の独占を抑制した．ハンザ内の足並みの乱れもあり小紛争が多発する中，イギリス優位のまま，1520年に協定が結ばれた．その際ハンザの商業特権の保証とイギリスとの交易相互主義が貫徹されたが，新たにイギリス商人にハンザ都市の後背地への交易が認められた[15]．

　商館貿易も1494年にはノヴゴロド商館が閉鎖され，1514年に再開はしたものの旧来のハンザ商館の機能は果たしてはいなかった．ブリュージュの商館も次第にアントワープ（Antwerpen）にとって代わられ，1530年代には事実上消滅に至っている．各都市内では宗教改革運動による宗教的のみならず政治経済的混乱が生じる中，ハンザの領域でも新教特にルター派が広まったハンザ都市や東方地域に対しケルン（Köln）を中心とする地域の都市群は旧教にとどまるなど宗教的にも分裂したのであった．都市間でも対オランダ紛争ではハンブルクが中立的立場をとってリューベックに離反し，こうしたハンザの中核的都市間の対立はハンザの弱体化に拍車をかけ，ついに1540年代にはズント海峡の支

配者はハンザからオランダへ代わったのであった[16].

2. 15～16世紀のハンブルクとリューベックの経済動向

　15世紀から16世紀へとハンザ都市間の結束は明らかに弱体化の方向に進んだと考えられるが，ハンザ商業は，たとえばハンザ商人が取り扱ったイギリス産布地輸出の推移から見る限りでは，15世紀後半の対イギリス戦争期に当然のことながら極度に落ち込んでいる以外は，16世紀中葉までほぼ上昇傾向にあるように見える[17]．ハンザ商人によるイギリスへの蠟の輸出も16世紀最初の四半期までは伸びたが，30年代以降低下している[18]．そうした状況下でリューベックの商業動向を見ると，戦時に戦費捻出のためリューベックで徴収されたポンド税は14世紀末に比べて15世紀末には外見上の額では増加しているが，貨幣価値の下落を考え併せると実質上は低下していた[19]．ストックホルムからリューベック，ダンチヒへ輸出された銅，鉄の輸入は15世紀末には極端に低下して，16世紀の後半になって前世紀なみに回復しているにすぎない．リューベックからダンチヒへの塩輸出量も15世紀後半から上下動を繰り返しつつ1470年代を

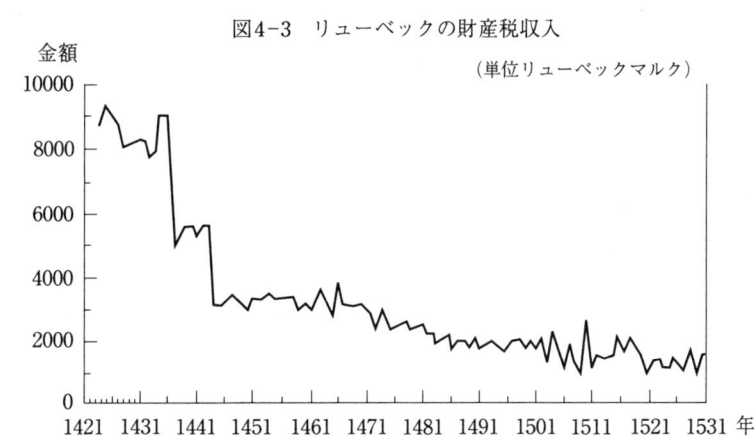

図4-3　リューベックの財産税収入
（単位リューベックマルク）

出所）J. Hartwig, *Der Lübecker Schoß bis zur Reformationszeit*. Leipzig 1903. S. 192f. より作成.

頂点としており，ビール輸出量は1490年代前半を頂点に低下傾向にある[20]．リューベック経済にとって重要なリューネブルク塩の搬出路であったシュテクニッツ運河の関税収入が15世紀後半から16世紀初頭にかけて低下していることからも市の経済状況の悪化が感じられる（図4-2参照）[21]．また，リューベックでは人口の増加とともに課税者数も1460／61年の5,217人から1502／3年の6,192人へと半世紀の間に増加しているものの[22]，市の経済を支えるような高額納税の上層市民は減少し，少額納税者が激増した．図4-3の財産税収入の低下がなによりも市経済の停滞を示しているといえよう．

　ハンブルクでは，15世紀初頭から末にかけて人口は減少したといわれる[23]．そうした中での税収のうちの間接税について，15世紀中頃，15世紀末から16世紀初頭，16世紀中頃を比較すると，ビールに関する消費税（Akzise）が1520年代から30年代にかけて課税率が4倍になるなどの変化があったにせよ，間接

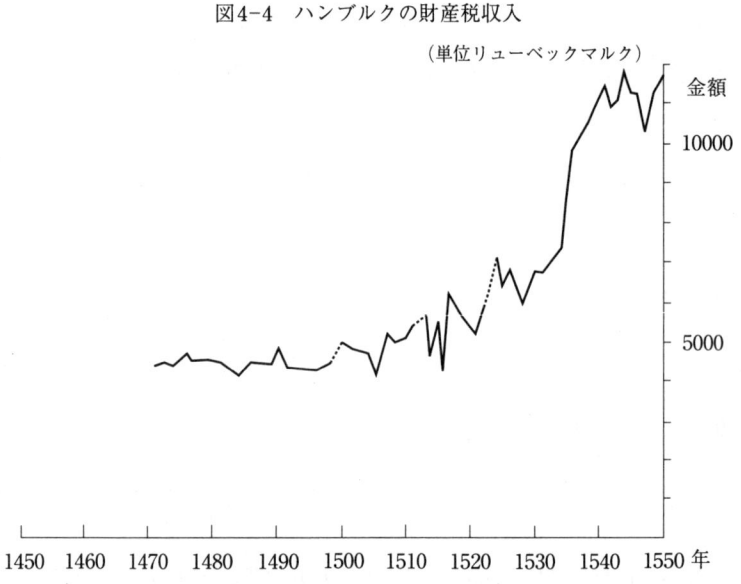

図4-4　ハンブルクの財産税収入

出所）K. -J. Lorenzen-Schmidt, Umfang und Dynamik des Hamburger Rentenmarktes zwischen 1471 und 1570. *Zeitschrift des Vereins für hamburgische Geschichte*. Bd. 65. 1979. S. 47.

第 4 章　ハンザ都市ハンブルクの発展と醸造業　91

税は総額でも約 4 倍に増加している．財産税（Schoß）について見ると，図 4-4 のように 1499 年の財産税率の上昇はあったにもかかわらず財産税収入は必ずしも増加しなかったが，16 世紀 30 年代以降飛躍的に増大している．市の歳入も 15 世紀の間は微増であったが 16 世紀に入ると急増している[24]．課税者数も 14 世紀の一時期に減少したとの指摘もあるが[25]，1376 年の 1,350 人から 1499 年の約 2,000 人に増加し，しかも多額納税の上層市民が増加したのである[26]．歳入の増大は課税強化の結果とも考えられるが，景気の動向に連動すると考えられている不動産・レンテ（Rente）売買総額も[27]，15 世紀の 60 年代と世紀末に向けて急落はするものの[28]，そしてレンテ所有者によるその権利の第三者への売却である古レンテは低落傾向にあるものの，それを越えた新レンテが設定され，レンテの売買総額は 16 世紀前半には再度回復の動向を示しているように思われる（図 4-5 参照）[29]．事実，関税収入は 15 世紀中頃から 16 世紀初頭に停滞

図 4-5　ハンブルクにおけるレンテ売買総額

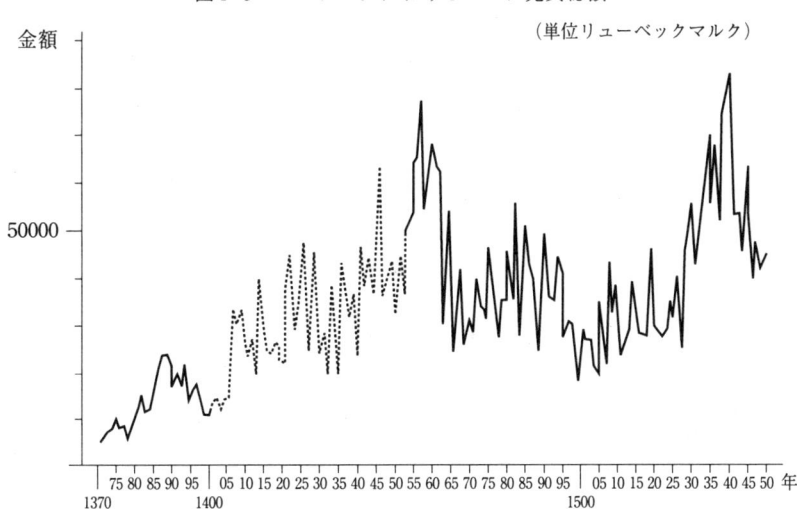

（単位リューベックマルク）

出所）H. P. Baum/ R. Sprandel, Zur Wirtschaftsentwicklung im spätmittelalterlichen Hamburg. *Vierteljahrschrift für Sozial- und Wirtschftsgeschichte*. Bd. 59. 1972. S. 481-485. K. -J. Lorenzen-Schmidt, Umfang und Dynamik des Hamburger Rentenmarktes zwischen 1471 bis 1570. *Zeitschrift des Vereins für hamburgische Geschichte*. Bd. 65. 1979. S. 47. より作成．

しているものの，以後倍増しており，商業活動が順調に推移していたように思われる．しかし，レンテの一種である市債の発行残高もまた急増していたのである[30]．市債は市の財政上に歳入不足が生じた際に，歳入を補うために市民等に発行されたもの，すなわち，市民からの事実上の借入金であり，市財政が必ずしも良好でなかったことを示している（図4-6参照）．それは，市の周辺部の封建権力者達による土地やその権利等を担保とした金銭の支援要請の結果であり，また，ハンザとしばしば敵対した，協力的でないデンマークの領内に位置する都市として，宗教改革期の混乱とも相俟って急上昇した防衛費支出の結果であったと思われる．防衛費は，15世紀後半には約3,000ポンド（Pfund）で，市の総支出の16〜17％にすぎなかったが，16世紀中頃には21,800ポンドとな

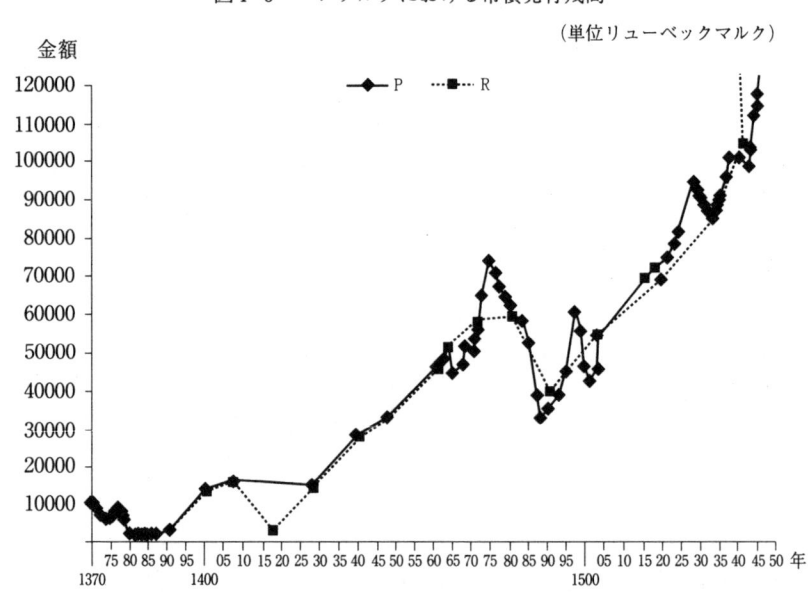

図4-6　ハンブルクにおける市債発行残高

(単位リューベックマルク)

出所）　P；P. C. Plett, *Die Finanzen der Stadt Hamburg im Mittelalter (1350–1562)*. Phil. Diss. Hamburg Univ. 1960. S. 254–256.
R；H. Reincke, Die alte Hamburger Stadtschuld der Hansezeit (1300–1563). *Städtewesn und Bürgertum als geschichtliche Kräfte*. Gedächtnisschrift für F. Rörig. v. A. v. Brandt / W. Koppe. Lübeck 1953. S. 500. より作成．なお，16ml. リューベックマルク＝20Pfdポンドと換算している．*Das Handlungsbuch Vickos von Geldersen*. Bearb. v. H. Nirrnheim. Hamburg 1895. S. LXXI. 参照．

り，支出に対する割合も 45％にまで上昇したのである[31]．それ故課税強化も行わざるをえなかったのと考えられるのである．

しかし，他方では，外国商人の活動と居住に寛容なハンブルクでは――外国商人の商業活動と居住を制限してきたリューベックと対照的であった――，特に新教が強く根付いたこともあり[32]，オランダ独立戦争期にオランダからカルヴァン派住民やユダヤ人が多数流入し，市の人口が増加するとともに，それを一因としてハンブルクはオランダとの通商関係を維持し，低地地方での商取引を活発に行った．また，イングランドからはマーチャント・アドヴェンチャラーズ（Merchant Adventurers）も市の商人と同等の商業特権を受けて流入し，ハンブルクは対イングランド貿易の窓口ともなり，大陸におけるイギリス産布地取引の中心になった．ドイツ国内の各都市が三十年戦争で大きな被害を被り経済活動が停滞する中でも，ハンブルクでは高額な防衛費支出に支えられた，たとえば直前に完成した強固な市壁などの防備の強化により，安全を維持し，安全で自由な交易都市として，その経済活動を中断することはなかった[33]．

3．都市ハンブルクの醸造業と経済発展の条件

ラインケは，ハンザ都市を 4 類型とその中間形態の 5 類型に分類している．それによればリューベックは遠隔地商業都市（Fernhandelsstadt）に分類され，ハンブルクは輸出生産都市（Exportgewerbestadt）と遠隔地商業都市の中間形態に分類されている[34]．すなわち，両都市とも都市経済は商業に大きく依存しているが，そのうちでもリューベックには傑出した輸出産業がなく，商業への依存度が高く，ハンブルクの場合は輸出産業としてビール醸造業があった．ハンブルクの 1376 年の市民の職業分類では，1,175 名中 457 名が醸造業者でそのうち 181 名が輸出向け醸造業者であった（表 4-2 参照）[35]．しかもハンブルクの手工業は，醸造用の樽などを生産する桶屋を別とすれば，ほぼ純粋に市民や地域住民の生活上の需要に対応する職種であり，それらの職種が職内規定をその組織であるアムトによって規定されているのに対し，醸造業は，近隣市場向け醸

造業者でさえ職内規定は市参事会によって規定され，組織的にも例外的にアムトではなく兄弟団（Bruderschaft）で結ばれるなど特別扱いであり，市における醸造業の重要性がよくわかる——桶屋の成員数の突出した多さからも市におけるビール醸造の重要性が感じられる——[36]．だが，当時醸造業者は市政においては中枢を担うには至っていなかった．その不満は1410年に反市政運動となって表面化し，それは市参事会（Rat）の譲歩を引き出し，醸造業者は市政の中枢の一部を成すに至ったのである．それを一因として，以後，醸造業等への課税強化により市財政の安定をはかりつつ，醸造業の発展を目指した政策を遂行するという難問に対応することができたと考えられるのである[37]．

表4-3のように，都市内消費のハンブルクビールへの課税率は16世紀前半から後半にかけて4倍に引き上げられ，その結果税収は確実に増加し，市の歳入増に貢献してはいるものの，ビールの消費量は減少している[38]．15世紀に168,000樽の生産であった市の全ビール醸造量も16世紀には100,000樽にまで減少し，市のビール醸造が停滞していたと推定されている[39]．その原因は市の人口減少とオランダのビールの進出によるものと考えられているが，そうした厳しい状況下でハンブルクでは1465年の規定で設備上十分でない中小の醸造所の醸造，自家消費用の醸造を制限，禁止し，生産量の抑制と品質の安定につとめた[40]．しかも，市財政悪化の中で課税強化されたビールがオランダビール等に対し競争力を維持するためにはコストの削減も実現しなければならなかった．それは，80樽の穀物から34樽しか生産できなかったビールを，同量の穀物から50樽のビールが生産できるまでに生産効率を上げる技術改革を生み，その後も1500年から1600年に向けて，技術改革は進展し続けた[41]．併せて，生産条件の厳格化が常にはかられ，それはビール醸造業を一般市民の参入できない市における特権的な存在にもしたが，品質の向上・維持と生産量の調整を実現していった．それによって，オランダの高関税下にあっても競争力を失わず，低地地方など販売領域が重なるブレーメンのビールにも勝利をおさめることができたと考えられるのである[42]．

　以上のような努力の結果，市のビール醸造量は17世紀初頭には約150,000樽

表4-2　1376年のハンブルクの職業分布

		職　　　　　　　　　業	人　数
①	対フランドル商人	mercatores de Flandern	84
②	対イングランド商人	mercatores de Anglia	35
③	呉服仕立商	pannicidae	19
④	リューベックファーラー	de lubeker vaar	40
5	アムステルダム向醸造業者	braxatores de Aemestelredamme	126
6	フリースランド向醸造業者	braxatores de Stavia	55
7	市場別近隣向醸造業者	in der rodingesmarke	46*
8	同	in nova platea pistrum	33*
9	同	in parochia St. Jacobi	197*
10	鞣　皮　屋	cerdones	52
11	肉　　　屋	carnifices	57
12	靴　　　屋	sutores	47
13	仕　立　屋	sartores	28
14	塗　装　屋	pictores	9
15	麻　織　工	linifices	9
16	毛　織　工	wullenwevere	6
17	パ　ン　屋	pistores	36
18	桶　　　屋	doliatores	104
19	鍛　冶　屋	fabri	36
20	漁　　　師	piscatores	31
21	旋　盤　工	tornatores	16
22	錫　鋳　屋	kannengheyter	12
23	毛　皮　屋	pellifices	8
24	製　鋼　屋	funifices	6
25	魚　　　屋	harringwascher	10
26	蠟　燭　屋	kertzengether	9
27	小　商　人	institores	21
28	大　　　工	carpentarii	30
29	金細工師	aurifabri	9
30	床屋，外科医	stubarii	4
人　口		団　体　数　合　計	
人　口		人　　数　　合　　計	1175

注）番号の○印は遠隔地貿易に従事する者の団体．＊の3団体はアムトを構成せず，兄弟団で組織．

出所）J. C. M. Laurent. Ueber das älteste Bürgerbuch. *Zeitschrift des Vereins für hamburgische Geschichte.* 1. 1841. S. 147. H. Reincke, Bevölkerungsprobleme der Hansestädte. *Hansische Geschichtsblätter.* 1951. S. 20ff. Rh. A. Rotz, *Urban uprisings in fourteenth-century Germany : a comparative study of Brunswick (1374-1380) and Hamburg (1376).* Phil. Diss. Princeton Univ. pp. 228f., 236f. Vgl. *Die ältesten Hamburgischen Zunftrollen und Brüderschaftsstatuten.* Gesammelt und mit Glossar versehen von O. Rüdiger. Hamburg 1874 (1976). S. XX.
斯波照雄『中世ハンザ都市の研究―ドイツ中世都市の社会経済構造と商業―』勁草書房，1997年，96ページ．

にまで回復し，15世紀後半から16世紀半ば過ぎまで減少し続けた市内のビール消費量も17世紀後半には急増していることから，ハンブルク市の醸造業は17世紀に入って急成長したと考えられるのである[43]．すなわち市内のビール消費量は1685年には16世紀後半の6倍弱となり，10倍の課税強化により実に60倍のビール消費税を市にもたらしたのである（表4-3参照）．これは市の人口が増加し，また，経済の活性化と市民の消費生活水準の向上があってのことであろう．リューベックがハンザの領袖として，常にオランダ，イギリスと対抗し，結果としてハンザと運命をともにしたのと異なり，前述のようにオランダ，イギリスから移住を受け入れたハンブルクは，ハンザがオランダと敵対している時でもオランダとの通商を維持し，他方，オランダと対抗関係にあるイギリスとも接近して1567年にはイギリスに商館を確保し，関税特権を獲得するなど政

表4-3 ハンブルクのビール消費と税

	1461-63年	1465-96年	1497-1521年	1522-25年
ビール消費税年平均額	151.7Pfd	1694Pfd13s9d	1549Pfd1s8d	1435Pfd5s
ビール年平均消費量		34000樽	31000樽	29000樽
課税額／樽		1s	1s	1s
年平均歳入		19817Pfd	21135Pfd	

	1526-38年	1539-60年	1685年
	2660Pfd16s5d	4699Pfd2s1d	270000Pfd
	27000樽	23500樽	135000樽
	2s	4s	2Pfd
	29289Pfd	82690Pfd	

1Pfd(Pfund) = 20s(schilling) = 240d(denarius)
16ml(Lübeck mark) = 20Pfd.

出所） *Kämmereirechnungen der Stadt Hamburg.* Bearb. v. K. Koppmann. Hamburg 1873. S. LIX. W. Bing, Hamburgsbrauerei vom 14. bis zum 18. Jahrhundert. *Zeitschrift des Vereins für hamburgische Geschichte.* Bd. 14. 1980. S. 302f. 308. P. C. Plett, *Die Finanzen der Stadt Hamburg im Mittelalter (1350-1562).* Phil. Diss. Hamburg Univ. 1960. S. 79. H. Huntemann, *Bierproduktion und Bierverbrauch in Deutschland vom 15. bis zum Beginn des 19. Jahrhundert.* Phil. Diss. Göttingen Univ. 1970. S. 94ff. より作成．

情不安定の中でも一貫して通商関係の拡大をはかってきたのであった[44]．それを可能にしたのは，ハンブルクが各地の商品の中継基地というだけでなく，ハンブルクには特産品に成長した優良なビールがあったからであり，その販路拡大がはかられてきたからであると思うのである．すなわち，品質の向上・維持と安定的な生産量による無駄のない供給は，良質かつ低廉なハンブルクビールの販路を拡大し，それと連動して他の商品流通も活発化していったと考えられるのである．

おわりに

クーリッシャーは16世紀にハンブルクは大商業都市に成長したと述べているが[45]，16世紀前半には少なくともハンザとデンマーク，オランダ，イギリスという政治経済的対抗関係，そして宗教改革運動の混乱の中にあって，その発展は決して単調なものではなかった．税収の増加等からは，リューベックと比較して発展が推測できるものの，それは経済力のある者達の移住と課税強化などによるものであったと考えられる．しかも課税強化は封建権力者からの金銭の無心や防衛費の増大に対するやむを得ない対応であり，市民からの事実上の借入金である市債発行残高が増大していることを考え合わせるならば，この時期は単純にハンブルクの発展期とは評し難いのである．

ハンブルクの発展にはエルベ河の河港として，その奥地に大きな後背地を有していたことが大きな要因の一つと考えられるが，発展にはビールというハンブルクの特産品の存在が大きかった．ビール醸造業の成長と連動して市の経済発展が進展したのは事実であるとしても，その発展もまた単純なものではなく，厳しい社会的環境の中にあってビールの消費，輸出の停滞等の危機に対応した対策が，結果としてビール醸造業の発展をもたらし，それと連動して他の商品の流通基地として都市の発展に繋がっていったと考えられるのである．16世紀以降ビールは課税強化によって市の大きな財源となって市の財政安定をもたらした．他方，安全で自由な交易都市として，オランダやイギリス等からの旺盛

な経済力をもった移住者の受け入れなどによって，人口は増大し，市内における消費は拡大して市の総体的な経済力が増すとともに，ハンザと対抗関係にあったイギリス，オランダとも良好な関係を維持し，特化した優良な商品に成長したビールの販路確保と拡張をはかったことが市の商業全般の発展を促進した。すなわち，ハンブルクは自市産ビールとともにそれらの国の商品を中継してエルベ河奥地へもたらし，また，エルベ河上流域の商品をビールとともにオランダ，イギリスなどにもたらす中継基地となったと考えられるのである。

市の拡大発展への大きな飛躍の直接的原因が17世紀以降の諸要因に由来するとしても，15,16世紀のハンブルクのこうした社会環境に対応した活動が，17世紀以降の市の大発展の原点になったのではなかったかと考えられるのである[46]。

1) Ph. Dollinger, La Hanse. Paris. 1964. 独訳 Die Hanse. Stuttgart 1966. 以下英訳 The German Hansa. Translated by D.S.Ault / S. H. Steinberg. London 1970. pp. 67-70. H. Reincke, Bevölkerungsprobleme der Hansestädte. Hansische Geschichtsblätter (以下 HGbll と略す). 70. 1951. S. 21. 28.
2) Reincke, ibid., S. 6.
3) W.Bing,Hamburgsbrauerei vom 14. bis zum 18.Jahrhundert. Zeitschrift des Vereins für hamburgische Geschichte (以下 ZVhG と略す). Bd. 14. 1908. S. 203.
4) F. Rörig, Hansische Beiträge zur deutschen Wirtschaftsgeschichte. Breslau 1928. S. 139ff.
5) Dollinger, op. cit., pp. 72-78. E. Daenell, Die Blütezeit der deutschen Hanse. Bd. 1. Berlin 1905. S. 79-87.
6) H. P. Baum, Hochkonjunktur und Wirtschaftskrise im spätmittelalterlichen Hamburg. Hamburger Rentengeschäfte 1374-1410. Beiträge zur Geschichte Hamburgs. Hrsg.v.Verein für hamburgische Geschichte. Bd. 11. Hamburg 1976. S. 134f.
7) Baum, ibid., S. 128ff. Vgl. K. Koppmann, Der Seeräuber Kraus Störtebeker in Geschichte und Sege. HGbll. 7. 1877. S. 35ff.
8) W. Koppe, Lübeck-Stockholmer Handelsgeschichte im 14. Jahrhundert. Abhandlungen zur Handels- und Seegeschichte im Auftrage des hansischen Geschichtsvereins. Bd. 2. Neumünster 1933..S. 6-14. 109-111. F. Bruns,

Die Lübecker Bergenfahrer und ihre Chronistik. *Hansische Geschichts-quellen.* Hrsg. v. Verein für hansische Geschichte(以下 *HGq* と略す). Neue Folge, Bd. 2. Berlin 1900. S. XXXV. XLV-L. Revaler Zollbücher und -Quittungen des 14. Jahrhunderts. v. W. Stieda. *HGq.* Bd. 5. Halle 1887. S. LVII.
9) R. Sprandel, Das Hamburger Pfundzollbuch von 1418. *HGq.* Neue Folge. Bd. 18. Köln 1972. S. 57.
10) *Hansisches Urkundenbuch.* Bd. 4. Nr. 935. Bd. 5. Nr. 799.(1407. 7. 12)
11) この時期のハンザ各都市の都市内抗争については, とりあえず, 拙著『中世ハンザ都市の研究——ドイツ中世都市の社会経済構造と商業——』勁草書房, 1997年, 参照. なお, ハンブルクでは, 1483年にも市内抗争が勃発している. Vgl. H. Raape, Der Hamburger Aufstand im Jahre 1483. *ZVhG.* Bd .43. 1959. S. 1-64.
12) Dollinger, *op. cit.*, pp. 298-302.W.Stein, Die Burgunderherzöge und die Hanse. *HGbll.* 29. 1902. S. 27-42. E. Daenell, Holland und die Hanse im 15. Jahrhundert. *HGbll.* 31. 1904. S. 1-41. 高村象平『ドイツ・ハンザの研究』日本評論新社, 1959年, 125ページ以下.
13) Dollinger, *ibid.*, pp. 295-298. M. Hoffmann, Lübeck und Danzig nach dem Frieden zu Wordingborg. *HGbll.* 10. 1901. S. 29ff. Vgl. H. Sauer, Hansestädte und Landesfürsten. *HGq.* Neue Folge Bd. 16. S. 14-32.
14) Dollinger, *ibid.*, pp. 313-329. 高村, 前掲書, 185-189ページ.
15) Dollinger, *ibid.*, pp. 302-310. W. Stein, Die Hanse und England beim Ausgang des hundertjährigen Kriegs. *HGbll.* 46. 1921. S. 27ff.
16) Dollinger, *ibid.*, pp. 312f. 324-329. 高村, 前掲書, 203-209ページ.
17) Dollinger, *ibid.*, p. 435. G. Schanz, *Englische Handelspolitik gegen Ende des Mittelalters.* Bd. 2. 1881. S. 103. 155. E.Power / M. M. Postan, *Studies in English trade in the fifteenth century.* London 1951.p.497.
18) Dollinger, *op.cit.*, pp. 436-438.
19) R.Hammel-Kiesow, Hansischer Seehandel und wirtschaftliche Wechsellagen. Der Umsatz im Lübecker Hafen in der zweiten Hälfte des 14. Jahrhunderts, 1492-6 und 1680-2. Der Hansische Sonderweg? Beiträge zur Sozial- und Wirtschaftsgeschichte der Hanse. Hrsg. v. S. Jenks / M. North. *HGq.* Neue Folge. Bd. 39. S. 79-86. ただし, ポンド税が戦争のため貿易が制限されたという特殊事情下で徴収されたこと, しかも, ハンザ各都市が輸出時に課税したため (ポンド税領収書が付された), リューベックにおいて課税された商品は輸出入全体の一部でしかないなどの点は考慮すべきであろう.
20) W. Stark, Lübeck und Danzig in der zweiten Hälfte des 15. Jahrhunderts. Untersuchungen zum Verhältnis der wendischen und preußischen Hansestädte

in der Zeit des Niedergangs der Hanse. *Abhandlungen zur Handels- und Sozialgeschichte.* Bd. 11. Weimar 1973. S. 57f. 71. Ders., Der Salzhandel von Lübeck nach Preußen am Ende des 15. Jahrhunderts. *Wissenschaftliche Zeitschrift der Ernst-Moritz-Arndt Universität Greifswald.* Bd. 18. 1969. S. 182f.

21) リューネブルク塩の輸出がかんばしくなかったのは，リューネブルク塩は良質ではあったが，質は劣るものの輸送費を加えても安価な天日塩のベイ塩に市場を奪われた結果と考えられる．リューベックによるリューネブルク塩貿易については，とりあえず H. Heineken, *Der Salzhandel Lüneburgs mit Lübeck bis zum Anfang des 15. Jahrhunderts.* Berlin 1908. を参照．

22) W. Reisner, *Die Einwohnerzahl deutscher Stadt.* Jena 1903. S. 77f. R. Hammel, Häusermarkt und wirtschaftliche Wechsellagen in Lübeck von 1284 bis 1700. *HGbll.* 106. 1988. S. 55.

23) E. Daenell, *Die Blütezeit der deutschen Hanse.* Bd. 2. Berlin 1906. S. 282f.

24) P. C. Plett, *Die Finanzen der Stadt Hamburg im Mittelalter (1350-1562).* Phil. Diss. Hamburg Univ. 1960. S. 247. 254f. Bing, *op.cit.*, S. 308.

25) Raape, *op.cit.*, S. 2.

26) Reincke, Bevölkerungsprobleme. S. 26.

27) レンテとはその土地，家屋に設定された権利およびそれが生み出す収益のことである．すなわち，「資本」の需要者は，自己の不動産上に物上負担 Reallast としてのレンテを設定し，これを「資本」の供給者に販売し，これによって供給者の「資本」はレンテ収益を生み，需要者は必要とする「資本」を得ることができた．「資本」の供給者が資本の回収を希望する時には，レンテは第三者に売却された．その場合，形は消費貸借ではなく，売買であり，借入金利息の支払いではなく，あくまでも「地代」の支払いという形態をとったために，教会の利息付消費貸借禁止令の対象とはならないことから商人等の「投資」対象となり，当時数少ない財産および「資本」の蓄蔵手段としても用いられたのである．商業が停滞している時にはレンテの売買総額，売買件数は低下し，商業が活況を取り戻してくると，まず「資本」は商業に投下され，商業が活性化した結果，再びレンテに還元されてレンテの売買も総体的に増大すると考えられ，近年では当時の景気を判断する材料の一つとして使われている．H. Mitteis, *Deutsche Rechtsgeschichte.* ein Studienbuch, zweite, erweiterte Auflage. München 1952. S. 107. Anm. 6. 世良晃志郎訳『ドイツ法制史概説』創文社，昭和29年，233-235頁．なお，最近のレンテに関する邦人の研究成果として海野文雄『ドイツ中世金融史研究』日本経済評論社，1994年，稲元格「中世都市リューベックにおけるレンテ売買について」『阪大法学』第109号，1978年，73-128頁，ならびに拙稿「中世末期ハンザ都市における Rente について」

『商学論纂』第42巻第3号，2001年，237-260ページ，がある．
28) Plett, op. cit., S. 247. 254-256. H. Reincke, Die alte Hamburger Stadtschuld der Hansezeit (1300-1563). *Städtewesen und Bürgertum als geschichtliche Kräfte*. Gedächtnisschrift für F. Rörig. Hrsg. v. A. v. Brandt / W. Koppe. Lübeck 1953. S. 500.
29) H. P. Baum / R. Sprandel, Zur Wirtschaftsentwicklung im spätmittelalterlichen Hamburg. *Vierteljahrschrift für Sozial- und Wirtschaftsgeschichte*. Bd. 59. 1972. S. 485. S. 473. K. -J.Lorenzen-Schmidt, Umfang und Dynamik des Hamburger Rentenmarktes zwischen 1471 und 1570. ZVhG. Bd. 65. 1979. S. 47.
30) Baum / Sprandel, ibid., S. 481.
31) Plett, op. cit., S. 247.
32) 棟居洋『ドイツ都市宗教改革の比較史的考察——リューベックとハンブルクを中心として——』ICU比較文化叢書1（国際基督教大学比較文化研究会），1992年，59ページ以下．17世紀には，南ドイツからも新教徒が移住した．Dollinger, op. cit., p. 357.
33) Dollinger, ibid., pp. 353ff.
34) Reincke, Bevölkerungsprobleme. S. 21. 28.
35) J. C. M. Laurent, Ueber das älteste Bürgerbuch. ZVhG. 1841. S. 147. Reincke, ibid., S. 20ff.
36) 市参事会による規定書がBurspraken である．Hamburgische Burspraken 1346 bis 1594 mit Nachträgen bis 1699. Bearb. v. J. Bolland, *Veröffentlichungen aus dem Staatsarchiv der Freien und Hansestadt Hamburg*. Hamburg 1861 (1971). Teil 2. 6. 12.
37) 拙著，前掲書，109-123ページ参照．
38) Bing, op. cit., S. 302. H. Huntemann, *Bierproduktion und Bierverbrauch in Deutschland vom 15. bis zum Beginn des 19. Jahrhundert*. Phil. Diss. Göttingen Univ. 1970. S. 142f.
39) Bing, ibid., 288f.
40) Hamburgische Burspraken. Teil 2. 55. 10.
41) Bing, op. cit., S. 293. Huntemann, op. cit., S. 157.
42) C. v. Blankenburg, Die Hanse und ihr Bier.Brauwesen und Bierhandel im hansischen Verkehrsgebiet. HGq. Neue Folge. Bd. LI. 2001. S. 41. *Hamburgische Chroniken in niedersächsischer Sprache*. Hrsg. v. J. M. Lappenberg. Wiesbaden (1861) 1971. S. 235. 阿部謹也「中世ハンブルクのビール醸造業と職人」『一橋論叢』第83巻第3号，1957年，343ページ．

43) Huntemann, *op. cit.*, S. 95. Bing, *op. cit.*, S. 315.
44) E. Wiskemann, *Hamburg und die Welthandelspolitik von den Anfängen bis zur Gegenwart*. Hamburg 1929. S. 76f. 高村, 前掲書, 206 ページ.
45) J. Kulischer, *Allgemeine Wirtschaftsgeschichte des Mittelalters und der Neuzeit*. München 1929. Bd. 2. S. 256-258.
46) Blankenburg, *op. cit.*, S. 56ff.

第5章 環境要因の変化と小売企業の戦略的行動
――イギリスの食品小売業を中心にして――

はじめに

　一国の小売業の構造，存在形態，企業の戦略的行動は，社会的，経済的，地理的，技術的といった極めて多様な要因によって，さらには政府による公的規制によって大きな影響を受けている．1990年代以降，欧米の小売企業は，小売構造の変化や社会経済的環境要因の変容にともない，小売業態間の激しい競争関係のなかでの優位性の獲得・維持，規模および範囲の経済性の拡大，消費者起点のマーケティングへの転換，物流インフラの構築，ロジスティクス管理技術の必要性，情報技術の多様な活用などの戦略的展開が求められてきた．食品小売業においては，上位集中化の進展，規模の経済性のさらなる追求，大型M&Aの加速化（とくに90年代），小売業の国際化，といった変化が顕著に見られた．そして，食品小売企業による集中的投資は，郊外への超大型店舗の開発，高度なロジスティクス管理技術の導入や物流システムの再構築，マーケティング・オペレーションにおける情報の活用，マーケティング管理能力の高まり，大手小売企業同士の大型M&Aの展開，地域チェーン・国際チェーン・グローバルチェーンへ向けての統合，などさまざまな分野に向けられている．

　DawsonおよびSparks (1998) は，ヨーロッパの小売業の発展過程を小売業の構造と環境的要因の変化（社会的，経済的，技術的，規制環境）との関係から分析し，消費者の購買行動の変化によって小売企業はオペレーション管理の転換に迫られていると説明している[1]．FernieおよびStaines (2001) は，ヨーロッパの食品小売業を各国の地理的範囲，道路のインフラ網，生活水準，人口

密度，食品店の店舗密度，PBの市場浸透度，業態の集中度，上位5社の集中度，情報技術の発展程度，国際化比率，垂直的チャネルの統合などに基づいていくつかのグループに分け，各国の市場構造の特性，社会経済的要因の特性，そして小売業態の集中度の特徴について実証分析を行った[2]．

　David, Sparks および Smith (1993) は，イギリスにおける食品小売業の変化に関する研究を概観し，食品小売業におけるいくつかの傾向を指摘している．第1に，ほとんどの著者は，食品小売業が市場集中度を高めながら，持続的に変化してきたと主張している．食品小売業分野は，イギリス小売業の発展過程を主導し，現在も上位5社の企業が食品市場の半分以上のシェアを占めている．第2には，食品流通チャネルにおける交渉力が，川上の製造部門から川下の小売部門へ移転し，消費者の変化と相まって食品小売企業は，マーケティング志向を積極的に取り入れ，さらには物流プロセスも支配するようになった，というものである．第3に，食品小売業において集中化の傾向と供給業者に対する大規模小売業者の交渉力の高まりとが見られ，このことは店舗規模の拡大による規模の経済性，そして市街地から郊外へまたEU域内から域外へという事業地域の拡大を通して達成されたと説明している．最後に，食品小売業の発展過程は，例えば，店舗の大規模化，郊外への立地の展開，PBブランドの拡大，財務の健全性・安定性の確保，顧客サービスと商品の付加価値の創出，情報技術の導入や発展，物流システムとロジスティクス管理，国際化の展開などの企業の戦略的行動が一層拡大し，イギリス食品小売業の構造的変化をもたらしたとしている[3]．

　本章では，イギリスの小売業の発展過程を，社会経済的環境要因（上位集中化，消費の変化，法的規制要因，技術的要因など）の変化との関係から，小売業者がどのような戦略的行動を展開してきたかに焦点を当てて分析することにする．

1. 欧米の小売業を取り巻く環境要因の変化

(1) 食品小売業の構造変化

① 食品小売業の店舗密度，販売額，業態別販売シェア

　先進5カ国のなかで日本の食品市場は，その規模がアメリカに次いで大きく，店舗密度は最も高い（表5-1参照）．店舗密度が高い理由としては，生鮮食品の購入に際して鮮度重視の選好が強いこと，住宅事情によって在庫保有コストが高いこと，多頻度・小口購入と道路事情等から買物の移動コストが高いこと，そして小売企業の側では，卸との取引関係において発注コストが低いこと，などがあげられる[4]．しかし，米国は，広い地域に分散して人々が居住し，店舗密度も極端に低くなっている．それは，米国の食品小売市場が，消費者の少頻度で広い行動範囲の購買行動を反映し，ショッピングセンターのような郊外の複合商業施設に多くの店舗が存在していることを意味する．ヨーロッパの3カ国は，日米の中間に位置づけられ，なかでもフランスは，イギリスとドイツに比較して，店舗密度が高いことがわかる．店舗密度の国別の差異は，それを経済発展段階の差によって説明するよりも，地理的および社会経済的要因の違い

表5-1　食品小売業の店舗密度と販売額の比較（1999年）

	日　本	アメリカ	イギリス	フランス	ドイツ
人口密度（人/km²）	335	29	107	230	242
食品小売業店舗数	526,460	175.400	76,142	83,982	177,936
食品小売業売上高（10億円）	49,841	58,366	13,870	16,364	18,318
食品小売業の店舗密度（店/km²）	1.43	0.02	0.31	0.15	0.5
人口1万人当たりの食品小売業の店舗数	41.9	7.3	12.9	14.3	21.7

　注）　為替レート　US\$ = 110，£ = 180，DM = ¥60，FF = ¥15（1999年12月基準）
　資料）　Eurostat, SBS database, 1998 ; US Census Bureau, 1997 Economic Census–Retail Trade ; Euromonitor International, *World Retailing Trends*, 2000 ;「世界の統計」2000 ;「商業統計」，平成11年より作成．

によって生じていると考えられる.

　ところで，ヨーロッパ5カ国の食品小売業の構造は，各国の業態の定義が店舗規模によってそれぞれ異なるのであるが[5]，とくにスーパーマーケットとハイパーマーケットの市場シェアが高い割合を占めている．図5-1によると，大規模小売業は1980年代から持続的に成長することによって，90年代の後半においてこの2つの業態のシェアは，イギリスとフランスでは80％以上，スペイン，ドイツ，イタリアでは60％以上となっている．ディスカウントストアは，ドイツが30％で最も高く，イギリスが15％程度，その他の国は10％以内である．つまり，大規模なスーパーマーケットやハイパーマーケットが成長し，市場の飽和化が進み，伝統的な中小小売業は衰退の傾向が著しい．とくに，流通先進国であるイギリスとドイツは，伝統的中小小売業の市場シェアは5％以内であるが，流通後進国であるイタリアとスペインでは，中小スーパーマーケットや独立店舗のそれは25％以上を占めている．

　②　ヨーロッパの食品小売業における上位集中化の進展

　ヨーロッパの食品小売業の集中化傾向は，フィンランド，スウェーデン，オーストリア，オランダ，などの国が著しい．ドイツの市場調査会社「Ｍ＋Ｍユ

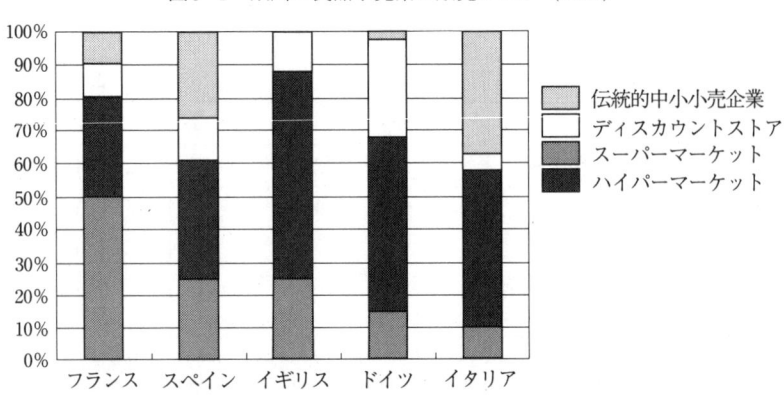

図5-1　欧州の食品小売業の販売シェア（1999）

出所）Mckinsey analysis of Nielson data, 2000.

ーロデータ」の調査によれば,スウェーデン最大のボランタリーチェーンであるICAの市場シェアは,小売業全体の21.7％,食料品小売業で34.5％（1996年度基準）になっている.同国最大のボランタリーチェーンであるKescoのシェアは,小売業全体で30％,食料品小売業で40％を超えるという[6].表5-2は,90年代におけるEU諸国の集中化の程度とCR5（上位5社の集中化率）を示している.これによると,ヨーロッパにおける小売市場の集中度は,一般的に高まっているといえるが,国ごとに顕著な差異があることもわかる.市場集中化は北EU諸国において高い反面,南EU諸国は低く,そして,流通先進国（ドイツ,イギリス,フランス）では,その中間の段階に位置している.しかしながらドイツを分析する際に,慎重に取り扱わなければならない.すなわち,他のEU諸国に比べてドイツのCR5の集中度は,比較的低い水準に留まっているとはいえ,購買グループを単独の存在として扱うかどうかによって大きな違いが生じるからである.また,最も基礎的な産業組織の分析によれば,巨大市場（より効率的な規模の企業を支えることができる）においては,集中化率は低い水準になると考えられ,したがってドイツ,フランス,イギリスの集中化率は,比較的低く現れるのである.

　ところで,EUにおける食品小売企業間の吸収合併は,小売市場の成熟化や経済不況にともない小売企業の成長率が低迷するなかで,国際的なM&Aが一層進んでいる.EU市場全体では,小売業の新規店舗開発に対する立地規制と,Ahold, Carrefour, Promodes, Metro, Tescoなど大手小売企業による市場の集中化の傾向が現れている.ヨーロッパでは各国ともに失業率が高いので,その対策として小規模小売店を廃業に追いやる大型店舗の自由な出店をある程度規制してきた.そこで,欧米の小売業は,国内での事業拡大に対する規制（都市計画・地域独占規制）が存在する場合にはEU域内の諸国に,あるいは域外に事業地域を拡大している.

　ABN AMURO (1999) の調査結果によると,食料品小売業のM&Aのシナジー効果によって,短期的には仕入や販売などにかかわる経費全体とシステム運営の関連コストの削減が実現でき,長期的には,EU域内・域外への地域多角

表5-2 ヨーロッパ諸国における食品小売業上位5社の集中化率

	1997年	最近の変化推移* 度数	最近の変化推移* 調査期間	上位5社の企業**
オーストリア	79	+14	1990-96	AustriaBML, SparÖsterreich, ADEG, Hofer, Metro
ベルギー	57	+1	1988-92	GBGroup, Delhaize "Le Lion", Colruyt, Louis Delhaize, Aldi
デンマーク	(78)			FDB, DanskSupermarked, Dagrofa, Centrakøb, Samkø
フィンランド	96	+3	1990-96	Kesco, SOKCorporation, SuomenSpra, Tradeka, Wihuri
フランス	67.2	+7	1988-92	NewCarrefour, Auchan, ITM Intermarché, Leclerc, Casino
ドイツ	75	+10	1988-92	Edeka/AVA Gruppe, Rewe, Aldi, Metro, Lidi & Scwarz
ギリシヤ	(59)			Carrefour-Promodès, Elomas/Elomos, Skavenitis, Euro/Hella/Discount Spar, Asteras
アイルランド	50			Tesco, Musgrave, DunnesStores, BWGStore, Superguinn
イタリア	30			CoupItalia, Conad, NewCarrefour, Rinascente/Auchan, Esselunga
オランダ	79	0	1988-92	Ahold, Laurus, Aldi Nederland, Dilk van den Broek, Makro
ポルトガル	52			Modelo Continente, Jerónimo Martius, Jumbo/Pãode AçÚcar, Promodès, Grula
スペイン	38	+11	1988-92	Contisa Continente, Pryca, Grupo Eroski, Auchan, El Corte Inglés
スウェーデン	87	+24	1985-96	ICA Handelamas, D & D, KF Systembolaget, Axel Johnson
イギリス	67	+7		Tesco, Sainsbury's/Savacentre, Asda, Safeway, Somerfiiel

注*) 1988年から1996年までの食品小売業の上位5社による集中化率の変化を示したものである。
注**) 上位5社の順位は1999-2000年度のもので，左側から1位～5位になっている。
出所) DOBSON CONSULTING, 'Buyer Power and Its Impact on Competition in the Food Retail Distribution Sector of the European Union', *THE EUROPEAN COMMISSION FINAL REPORT 1999*, pp. 44-45, Retail Intelligence, 2000.

化によるベネフィットを獲得するために非効率的な市場へ参入する戦略の実現も可能になるという．短期的な効果においては，PB商品の拡大による商品調達コストの削減を図り，現存するインフラを活用しながら精度の低い物流管理から脱皮し，効率の良い物流システムへと転換することに繋がる．長期的には，国内市場のみへの依存を避けて将来的に成長可能性が高いアジア，ラテンアメリカ，東欧などの非成熟市場，流通後進国あるいは非効率的な市場へ積極的に参入することが可能となる．

(2) 小売業に対する公的規制の強化

欧米における出店規制は，フランスの場合，大規模小売業を対象とした出店規制が存在しているが，イギリスでは都市計画の枠組のなかで出店が規制されている．イギリスは，1972年の「都市区域外における店舗とショッピングセンター」を規制することを内容とするDCPN13（Development Control Policy Note 13：開発規制政策ノート，以下DCPN）の公表が郊外のスーパーセンターの開発を抑制する要因になった．その後，サッチャー政権下の1988年に都市計画政策としてPPG6（Planning Policy Guidance Note 6，以下PPG6）が制定され，1993年の改正と1996年の再改正により，大規模小売業が郊外やグリーン・ベルトにスーパーセンターを新たに出店することが制限された．このため食品小売業の新規出店数は減少し，店舗の規模は縮小しはじめた．その結果，上位3社の店舗の出店は，国内での郊外型スーパーセンター中心の開発戦略から，合併（例えばTescoによるWilliam Lowの合併），他の小売分野への進出といった多角化戦略（例えばSainsburyのDIY分野への参入），国際的拡張戦略（例えばTescoの東ヨーロッパへの進出，Sainsburyのアメリカ市場への参入），そして異業種への進出を含む多角化戦略（例えばSainsburyとTescoの金融業への参入）のような他分野への活動へと進化しつつあった．

フランスでは，1973年に大型店舗の出店を規制する「ロワイエ法（Loi Royer）」が制定され，このことがハイパーマーケットの成長に影響を及ぼし，小売業の海外進出を促す要因のひとつになった．同法の規制の目的は，大規模小売業者

に対する地方の中小小売業者や地域社会を保護することにある．この法律は，人口4万人以上の地域に売場面積1,500 m^2（人口4万人未満の地域では1,000 m^2）を超える店舗を新たに出店する際には許可申請をしなければならないというものであった．この法律の施行によってハイパーマーケットの新規出店数は1972年の62店舗から1980年代初期までの間では年平均約30店舗までに減少した．その後，1996年の「ロワイエ法」の再改正・強化は，人口規模に関係なく売場面積が300 m^{2}以上の店舗の出店にも適用され，大規模小売業者にとって大きな打撃となり，とくにCarrefourは，1995年以来，国内の新規開店が皆無である．

ドイツは，欧米諸国の中で，小売業の営業時間の規制が厳しいことで有名である．1956年に制定されたドイツのLadenschlussgesetz（店舗の営業時間の制限）は，平日は6時半から翌朝6時まで，土曜日は午後2時以降，そして日曜日には終日にわたって商店の営業を禁止するというものであったが，89年，96年および2003年に営業時間を延長するという規制緩和の方向（日曜日の営業禁止は従来のとおり）での改正が行われた．しかし，Wall-Martのドイツ市場への参入以

表5-3 欧米諸国の小売業に関連する規制の変化（90年代以降）

アメリカ	水平的合併に対するFTCの厳しい態勢（1999-2000年）． —Albertson'sとAmerican Storesの合併（145の非承認店舗の剥奪を要求）． —FTCの強い反対によってAholdとPathmarkの合併が挫折． —KrogerとWinn-Dixie, Delhaize AmericaとHannafordの合併案に対する厳しい規制．
イギリス	1996年に，PPG6（Planning Policy Guidance Note 6）の再改正． —大規模小売業による郊外やグリーンベルトでのスーパーセンターの新規出店の制限．
フランス	1996年に'ロワイエ法（Loi Royer）'の再改正・強化． —人口規模に関係なく売場面積が300 m^{2}以上の店舗の出店を規制．
ドイツ	ドイツ連邦カルテル局によるカルテル法第20条の改正（2000年）． —取引の透明性と販売促進政策の健全化を目的とする． —EDLP（Every Day Low Price）のような仕入れ価格以下による販売形態を禁止する． —大規模小売業者の優越的地位の濫用や差別的価格から中小小売業者を保護し，公正な取引関係を維持する．

来,国内小売業者との価格競争が激しくなり,中小小売業者が低価格に対応できない状況が発生した.こうした状況を受けて,ドイツ連邦カルテル局は,取引の透明性と販売促進政策の健全化を目的としてカルテル法第20条を改正し,EDLP(Every Day Low Price)のような仕入価格以下による販売方法を禁止した.つまり,ドイツの規制環境は,大規模小売業者による優越的地位の濫用や差別的価格から中小小売業者を保護し,公正な取引関係を維持するために一層厳しく規制していく方向に向かっている.

(3) 情報技術環境の変化と電子商取引の拡大

欧米における技術的要因の変化は,従来の流通のあり方を大きく転換させようとしている.Dawson(2001)は,情報技術環境の変化がもたらす「新しい商業(New Commerce)」に関して2つの観点を述べている.まず,この「新しい商業」は,1990年代後半以降の欧米における流通分野の急速な変化を理解する上で,基本的な方向を示すものであると述べている.次に,この「新しい商業」は,情報の集中化,コミュニケーション技術とインターネットとの活用によって流通チャネルの領域を拡大するであろうと説明している.そして,伝統的流通チャネルとEコマース・システムの違いについて,1)中間商人数の減少,2)在庫の削減・在庫回転率の上昇,3)販売業者と仕入業者との関係性の強化,4)製造業者・小売業者から消費者へのパワー・シフト,5)消費者の低価格志向と多様な商品選択への対応,6)消費者に対する企業の責任の増大,を強調している[7].最近における消費者や企業によるインターネット購買の拡大は,情報技術の革新がPCの利用を増大させ,インターネットを容易に利用することができることよってもたらされたといえる.また,インターネット中間商人(internet middlemen)が出現し,彼らは販売業者と購買業者間の取引(B to C,B to B,C to C)を促進させるために急ピッチで電子市場へ参入している.

Forrester Research(1999)によると,米国のオンライン販売規模(B to C)は,1998年に7.1億ユーロ,1999年に169億ユーロを記録し,2000年以降にはさらに急速に拡大するであろうと予測している.そして,B to C取引は,PC

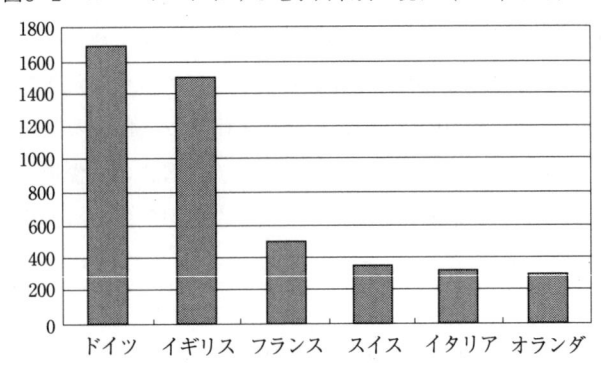

図5-2 ヨーロッパにおける電子商取引の現状（1999, 100万ユーロ）

出所）BCG, *Boston Consulting Group*, 2000.

とインターネットへのアクセスが増加することによって成長しているが, B to B市場は, B to C市場よりも高い比率で拡大している. ヨーロッパにおける電子商取引の現状は, Boston Consulting Groupの調査によると, インターネットによる小売販売高が53億ユーロで総小売販売額の0.2％を占めており, 2000年には136億ユーロ, そして2002年には683億ユーロになると予測している. 電子商取引は, ヨーロッパ諸国, とくにドイツとイギリスで拡大しており, 1999年時点でこの市場全体の60％以上をドイツとイギリスが占めている（図5-2参照）.

(4) イギリスにおける食品消費の変化と小売企業の対応

 第2次世界大戦後, イギリスの食品消費は, 再販売価格維持法の廃止（1963～1964年の間に廃止された）, 食品小売企業の黄金時代[8]（1980年代～1990年代初期）, の2つの時期を経て大きく変化したと言っても過言ではない. 1960年代のイギリスは, 経済全般において多くの問題を抱えていた時期にあり, 70年代初め頃から大不況の時代に陥った. 70年代のオイルショックによる経済危機において, イギリス政府の最優先課題は毎年25％以上の物価上昇を抑えるためのインフレ抑制政策であった. こうしたなかで小売業者は, とくに60年代と70年代では,

マーケティング技術や店舗規模の優位性を発揮しながら，厳しい値下げ競争を展開した．そして，低価格競争が依然として戦略上の最も重要な要因であり，目玉商品，特売品，顧客の購買意欲を刺激する販売促進がごく当然の戦略的手段になった．

　80年代になると，インフレ抑制政策の結果，消費の量的・質的拡大の時代が訪れ，70年代と比べて生活水準が改善された．消費者も，小売業者に商品の品質と顧客サービスを求め，コンビニエンス食品や健康食品を志向するようになった．80年代の消費の形態は，食事における新しい傾向（健康志向）と食事の調理時間の短縮（ファストフード，家庭内での調理の簡素化，外食の拡大）という方向に変化した．人々は，あらゆる場面で健康やダイエットについて考えるようになり，食べながら健康になることに関心を示した．消費者は，食品添加物やアレルギーについて心配し，殺虫剤や除草剤に神経質になった．食品業界は，これに応えるべく無用な添加物は取り除き，できるだけ自然な農法によって栽培された野菜を扱うようになった．

　1988年，イギリス食品業界は，食品の安全性問題に直面した．サルモネラ菌が卵，鶏肉，その他の肉類から，リステリア菌がバターやチーズのようなチルド食品に多く発見された．さらに，BSE（狂牛病）問題が発生し，これが食品産業に大きな打撃を与えた．そして，生鮮食品に極めて神経質な目が注がれ，消費者は食品の安全性を強く求めるようになった．80年代末になると，環境の大切さを意思決定の中心にする消費者（green consumer）が登場し，小売業者にとって環境問題への対応が不可欠な課題となった．環境問題に加えて，消費者は，食用にされる動物が残酷に扱われたり，あるいはホルモン投与など，人工的で人体によい影響を与えない育てられ方をしていないかについても知ろうとするようになった．また，有機食品への関心も高まり，有機栽培の野菜や果物を志向する消費者が増えていった．こうして80年代末頃から90年代初め頃は，過去20年間の貧困から脱出し，消費の新しい様式への転換期になった．

　90年代における食品市場の競争関係は，とくに外国からのディスカウンターの参入によって再び激しくなった．Gateway（Food Giant）とAsda（Dales）は

価格を唯一の武器とし，非価格セグメント（商品範囲の拡大，品質やサービス）を重視する Tesco, Safeway, Sainsbury のビック3と闘った．そして，ヨーロッパ大陸からディスカウンター（Netto と Aldi）が相次いで参入してくると，90年代初めは価格の要因が再び焦点になった[9]．しかし，その後，食品小売業は，価格競争から非価格競争へとシフトしている．これは，多くの消費者が価格ではなく品質，より厳密にいえば，価格と提供されるサービスが自分のライフスタイルに合致するかどうかに基づいて購買するようになったということである．つまり，消費者がより豊かになるにつれて，買い物行動が個々の商品とか，どこへ買物にいくかを価格によって決定するよりも，無形の要素によって意思決定しているということを意味し，むしろ価格は，唯一の要因というよりも考慮されるひとつの要因に過ぎないということになった．そして，食品市場がますます細分化されることによって，消費者は小売業者に対して個別対応を求め，しかも個人がそれぞれの場面に応じて多様な購買行動をとるようになった．そこで，小売業者は，単に商品を供給・販売するだけではなく，価格，品質，商品のイメージなど多様な選択肢を提供することが求められている．また，これまでのような食事のパターンから，核家族化，そして労働やレジャーの形態が多様化することによって軽食，スナック類，菜食主義傾向へシフトしている．さらに，多忙な消費者は，時間の節約が購買行動に影響を与え，食事に感動や楽しさを求める傾向も強まっているので，「新鮮な食品」を提供することが食品小売業者にはとりわけ重要になっている．

　以上，第2次大戦後におけるイギリスの消費者の購買行動の変化と食品小売業の対応を簡略に分析したが，21世紀のイギリスにおける消費者の変化は，消費者の2極分化 (polarizing consumers)，専門的消費者の出現 (the rise of the prosumer)，絶えず進化する消費者の実体 (new and continuing consumer realities) という3つの傾向に要約することができる[10]．まず，消費者の2極分化は，消費者の形態が全国的大衆市場と特定の地方市場，豊饒と貧困，健康と病気，多忙と閑暇によって細分化される傾向にある．次に，専門的消費者の出現は，強力な個人消費者の集団の存在が食品業界の問題や政府機関の政策決定に大きな

影響力を与えている．最後に，絶えず進化する消費者の実体については，現在の人口統計的傾向（高齢化，多様性の増大，働く女性の増加，核家族化）とライフスタイル（多忙な消費者，健康志向，消費者のネットワーク化）の変化によって，将来の消費者は娯楽性，食品の選択肢の広がり，食品の多様性の拡大，健康食品志向，外食の増加傾向，時間節約と選択の自由，といったことを買物行動に取り入れるようになるであろう．

2．イギリスにおける食品小売企業の戦略的展開

(1) 物流システムの発展とロジスティクス管理能力の高度化
① 食品小売企業の物流システムの発展過程

1960年代までは，イギリスの消費者は，食品を購入する際，主に中小小売店舗，つまり独立店や生協によって運営される Corner shop で日々の買い物を行っていた．しかし，現在の消費者は，60年代から70年代までの価格志向性から品質，価値，選択の自由を重視する方向へと転換しつつある．そして，消費者行動と社会経済的要因とが変化していくにつれて，小売業は既存の物流戦略と小売店舗のオペレーションにおいて根本的な転換を余儀なくされていった．食品小売企業は，50年代から60年代の間に規模の経済性を通して市場シェアを広げながら，自社の専用倉庫による店舗への商品供給の比率（1967年までには，自社倉庫による比率が60％以上に達した）を高めたが，70年代には，自社倉庫による配送が減るようになった．

Mckinnon (1985) によると，小売企業の集約倉庫による供給の減少は，生産者からの大量の一括注文を可能にしたスーパーセンターの開発と特定のチェーンストア企業（Tesco と Asda）の著しい成長がその原因であると主張している[11]．イギリスのスーパーマーケットは，70年代から80年代にかけて大規模な全国チェーンの展開と郊外のスーパーセンター開発の影響によりその物流戦略を転換しはじめた．規模の経済性・範囲の経済性による店舗面積の増大は，多くの食品小売業が大型スーパーセンターとスーパーマーケットに集中的に出店する

ことを求め，店舗レベルの物流管理の重要性，そして商品アイテム数の拡大による大量の商品の管理とが重要な戦略的課題になった．また，店舗規模の拡大戦略とともに，新規店舗は，市内中心部から道路網がよく整備された郊外へと移動し，それにより物流の地位が著しく高まった．つまり，スーパーセンターの出店地域が各地域に拡大し，郊外への立地の比率が増えることにともない，供給業者から小売業者の店舗までの物流業務の効率化を目的として地域物流センター（RDC : Regional Distribution Centers）が設けられるようになった．

地域物流センターへの統合化は，小売業者が店舗単位の倉庫面積を削減する要因となり，多くの店舗へ迅速に配送できるよう供給業者を統合する集結点の役割も果たしていた．そして，地域物流センターによる集中的物流によって，4つの効果が生みだされることとなった．第1に，店舗において欠品が発生しない水準を維持しながら，在庫量を減らすことが可能となった．第2に，倉庫内の在庫水準の集中化は，Buklin (1965) の「延期の理論」[12] に基づけば，小売業者が個別の地域物流センターに在庫量の決定を延期することが可能となり，それが店舗への供給過剰を防ぐとともに各地域の短期的需要に対応できるようになった．第3に，地域物流センターを通過する配送量が高まったことにより，注文リードタイムが短縮され，このことによって欠品の防止や安全在庫の水準を低くすることができたのである．そして，小売業者は，地域店舗の注文に素早く対応するために24時間以内に配送できるQuick-Responseシステムを構築することも可能になった．第4に，従来は在庫の管理責任が店舗レベルで行われたため，店舗の責任者は販売促進の対応や欠品の予想に備えるために過剰在庫に陥りやすい傾向があったが，地域物流センターを通して在庫の管理をより集中的に管理・監督ができるようになった．

ところが，80年代後半に，単一商品別の地域物流センターは，いくつかの問題点[13]を抱え，冷凍や冷蔵，食品雑貨などの商品をあらゆる温度に対応可能な1台のコンテナで輸送するという統合的な集約配送に転換しはじめた．例えば，Tescoの場合，分散的かつ管理効率が悪い物流システムから，集中的かつ統合的な集約物流への移行を決定するようになった．そして，90年代前半には，ほ

ぼ全国的な集約物流センター網が整備され，多温度帯の倉庫と配送システムを通して常温，チルド，冷凍といった各温度帯別に商品が配送されるようになった．Tescoの統合的な集約物流は，温度帯別の商品の混載配送を行うために，車両運行の明確な管理を必要とした．その目的は，店舗に配送される商品が新鮮さの最適な状態で店舗と消費者に到達できるような最適な温度を常に維持することにあった．複合トレーラによる配送システムは，3つの温度帯の商品，例えば，－20度の冷凍食品，0度の生鮮肉類，そして＋15度のパンやバナナがそれぞれ異なる温度帯別に1台のトレーラで配送されることを意味している．また，集約物流センターでは，配送データがTesco本部の基幹システムと連結されることによって，管理・監督の負担が軽減されるようになった．全ての商品が集約物流センターを通して管理されるため，需要予測が可能になり，その情報が供給業者に直接に伝達される．このシステムは，とくに供給業者がジャスト・イン・タイム（just-in-time）システムに基づき工場から集約物流センターを経由して店舗まで迅速な配送を必要とする短サイクル商品において重要な役割を果たしていった．

② 統合的な集約物流の効果

統合的な集約物流の効果は，第1に，小売企業の在庫水準が持続的に改善できるようになったことにある．そして，商品の破損やロスを防ぐことによって商品の品質が高まり，商品を最適の状態で店舗まで届けることが可能になった．第2に，販売起点の発注プロセスの導入は，店舗でのより精度の高い注文量を決定し，商品コード別に管理することによって在庫の削減と欠品の防止を実現したのである．これは，品質の高い商品や新鮮さが求められる生鮮食品小売業者にとって極めて重要なことであった．第3に，統合的集約物流は，生産性の向上にも貢献し，規模の経済性と物流施設の有効な活用により効率性の増進や物流サービスの改善をもたらした．しかも，車両運行計画は，以前の地域分散的物流システムが5台の車両を必要としていたのに対し，統合的な集約物流ではわずか1台で済み，このことによって，コストが削減され，また店舗への配送の混雑さが削減されるのである．さらに，その他の改善としては，店内での

スキャニングやコンピュータシステムを利用して生産性が高まったことである．つまり，このシステムの本質は，生産性向上とオペレーション効率の極大化を狙っている．

表5-4は，60年代から90年代までのイギリス食品小売業者における物流システムの改善過程とその効果をまとめたものである．大規模小売業者は，直接取引の強化とPBの開発および拡充などの結果，流通チャネルを統制するチャネル・キャプテンとしての能力を高めるとともに，食品加工技術や新製品開発といった面で，供給業者を支援するために大幅な資本投資を行ってきた．例えば，Marks & Spencer と Tesco の場合，高品質のプレミアムPBを開発するために，いくつかの供給業者と協力的な関係を深めてきた．供給業者との関係性のこうした深化は，PBの開発において流通チャネル間の知識や情報を相互に共有し，長期的な協力関係を築き上げ，その結果，物流コストの削減が実現されたのに違いない．さらに，高プレミアムPB商品は，消費者のニーズの変化とIT・物流の技術的な変化によってさまざまな領域で行われ，新製品の開発形態の多様化は，小売業の物流の複雑性を深化させ，専門物流業者（3PL業者）がこれらの商品の流通チャネルを担うようになった．

(2) 食品小売企業による情報技術の利用の拡大
① 情報技術の利用とマーケティング戦略

イギリスの食品小売業における情報革命の基盤は，80年代におけるEPOS（販売時点情報管理システム）の導入であると言われている[14]．小売業者は，80年代にEPOSという膨大な店頭情報を処理するシステムを開発し，現在ではどの店舗にも設置されるようになった．さらに小売業者は，情報技術への投資によって，仕入から物流までの業務プロセスを集中化し，事業活動を一元的に管理しようとした．このシステムから得られた情報は，供給業者に対する小売業者の交渉力を高める上で役に立ち，小売業者は，マーケティング・ミックスを精緻化するために顧客の購買行動に関する正確なデータベースを手に入れることができた．Safewayは，80年代後半から90年代初期に，EPOSが物流の効率

表5-4 食品小売業者の物流システムの変化とその成果（1960-90年代）

時期	物流の問題	物流システムの改善の内容	その効果
60年代〜70年代	物流業者による分散的かつ煩雑な配送による非効率性と混雑	地域物流センター（RDC）の導入 供給業者から店舗までの配送過程を小売業者が管理	1) 小売業者が供給業者のRDCへの配送時間を厳しくチェックする 2) 小売業者によるRDCの構築，管理 3) 小売業者がRDCと店舗間の配送ルートの管理
80年代初期	小売活動が支援するロジスティクスサービスの管理，委託の増大	●分散的かつ管理効率の悪い物流 ●専門物流業者による輸送手段の管理	1) 小売業者はコアビジネスに集中することができる 2) 小売業者はRDCと輸送手段よりも店舗への資本投入からより高い財務的利益を収めることができる
80年代中頃	小売店舗の効率的運営と売場面積の増大	●店舗内での倉庫の面積を縮小し，売場面積を拡大する	1) 小売店舗の売上高と潜在的利益が増加する 2) 小売店舗で保管する商品をRDCが吸収する 3) RDCで管理するJIT物流システムを通して店舗の受発注を行う
90年代	商品別地域物流センター問題 1) 精度の高い物流サービスに対応できない 2) 各店舗への配送規模が極めて小さい 3) 温度帯別配送の問題 4) 品質，在庫管理に多額の費用がかかる 5) チルド商品に対する法的問題の強化	●分散的かつ管理効率の悪い物流物流システムから集中的，かつ統合的集約物流への転換，全国的集約センター網を整備 ●多温度帯の倉庫と配送システムによる管理，温度帯別のトレーラの運用 ●JIT物流管理，情報技術の活用	1) 店舗や倉庫での在庫管理レベルが高くなる 2) 販売起点管理の導入が実現 －精度の高い受発注量を決めて，商品コード別に管理，在庫の削減や欠品の防止 3) 生産性の向上，規模の経済性と物流施設の有効な活用，物流サービスの改善

出所）David L., G. Smith. and L. Sparks.(1993), "The transformation of physical distribution in retailing : the example of Tesco plc", *International Review of Retail, Distribution and ConsumerResearch*, Vol. 3, No. 1 ; Cooper, J., Browne, M., Peters, M.(1991), *European Logistics*, BLACKWELL, pp. 107-113 より要約作成.

性を高める上で重要な役割を果たすことができることに気づき，これを店舗配送計画のスケジュール化とJIT物流に基づく販売起点情報システムとに応用したのである．Safewayは，1992年に販売起点発注 (sale based ordering : SBO) と在庫管理 (Stock Management Ⅲ : SMⅢ) を導入し，1993年までに食品，ビール，ワイン，非アルコール分野を含む幅広い商品範囲において物流機能を統合する計画に着手した．SMⅢの目的は，各店舗での注文量の精度を高めると同時に，在庫の削減と販売量の極大化を引き出すことにあった．そして，Safewayは，ロスの削減，注文の遅れ，マーチャンダイジングの計画の一貫性を含む他の分野への改善を実現したのである．SMⅢは，Safeway各店舗からのコンピュータを通して統合される複雑なコンピュータ・プログラムによってなりたっている[15]．

　90年代の中頃から，大規模食品小売企業は，EPOSの情報技術を小売店舗での在庫削減，そして業務プロセスの効率化の手段だけではなく，消費者の購買行動や顧客ロイヤルティという分野に応用することによって小売業のマーケティング戦略の転換を図った．顧客ロイヤルティカードの初期の形態は，1995年にTescoによって利益を極大化する手段として利用されたが，その後，Safewayがいち早く追随し，若い家族層というニッチ・マーケットにこのサービスを拡大するようになった．一方，Sainsburyは顧客ロイヤルティカードを顧客サービス戦略のなかで重要なポジションとして位置づけるようになった．これらがもたらした主要な利益は，小売業者がロイヤルティカードに集められた多大な情報を利用することによってマーケティング効率を高め，顧客とのコミュニケーションと関係性マーケティングを一層強化する機会を得るようになったということである．

　さらに，顧客サービスの精緻化は，企業レベルでの他の属性，とくに上位の小売業者のブランド・アイデンティティを高め，そのブランドの価値を極大化するために顧客との関係性戦略として利用されるまでにいたっている．つまり，顧客ロイヤルティカードは，顧客個人の購買行動に関するデータがある地域のマーケティング戦略や意思決定に活用され，顧客ロイヤルティカードのデータ

表5-5 小売業の情報戦略

戦略の内容	小売企業のメリット
コンフリクト管理	利益創出のためのチャネル統制力の強化手段
供給業者管理	供給業者に対する交渉力と取引関係における影響力の行使
マーケティング戦略	店舗での顧客情報をマーケティング戦略に活用
チャネル内の協力関係	チャネル統合と情報共有による全体的流通コスト削減

出所) Piercy, N., 'The Impact of New Technology on Services Marketing', *Retail Marketing*, 1995, p. 72.

の内容が地域の消費の形態，消費者の購買行動を理解する手段になったのである[16]．大規模食品小売企業は，製造業者，小売業者，消費者間の情報ネットワークの構築によって，顧客の購買行動分析，そして企業の業務プロセス改善は勿論のこと，マーケティング戦略および意思決定の面で競争優位を獲得してきた．情報戦略の優位性は，製品政策，価格，コミュニケーションに関する小売マーケティング戦略を明確にしたと思われる（表5-5参照）．

(2) 業務統合システムの構築と電子調達戦略の展開

90年代後半以降，小売業者は，不確実な環境要因の変化（例えば，顧客ニーズの高度化，消費意欲の不透明化，商品種類の増加傾向，ビジネスにおけるサービスの比率の上昇傾向など）のなかで，企業の持続的成長と商品の安定的供給を獲得するために供給業者と協力的取引関係を構築しようとしてきた．その際に情報の流れは，顧客を起点とする情報と供給業者との長期的関係に起因する情報の流れがあり，近年ではB to B，B to C間で情報を共有化するのにどのような仕組みが必要とされるのかといったことが重要視されている．Tescoは，供給業者と緊密な関係を築くためにテスコ情報交換システム（Tesco Information Exchange System）を構築し，技術的標準化による業務全般におけるコスト削減と，中小規模から大規模まであらゆる供給業者がアクセス可能なシステムの開発に力を入れるようになった．供給業者は，商品開発への共同の参加，在庫の削減，生産ロスの極小化，販売促進努力の縮小によって利益を収めている．そして，

Tescoは，P&G，CCSB，Nestle，Britvic，St Ivelの大手製造業者からSt Merryn Meats，Kingcup Mushroomsの2つの中小規模の供給業者までを業務的に統合するシステムを開発し，これらの供給業者がTescoの売上データにアクセスすることができ，自社製品の売れ行きを簡単に調べることができるようになっている．Tescoのような自社独自の情報システムの構築，多数の取引業者との情報の共有には，既存の小売業の事業活動からの大胆な転換，そしてサプライチェーンの自動化や単純化への多額な資本投資，といったことを必要とする．しかし，他の食品小売企業は，多額な資本投資を通じて独自の情報システムを開発することよりも，インターネットを利用して3PL情報交換プロバイダーへ依存する傾向を強めている．

　一方，2000年初頭から，企業間の電子商取引において急進展が見られ，小売業者間および供給業者間の協力関係が世界的に広がるようになった．2000年2月に，欧米の2大小売企業であるCarrefour（フランス）とSears Roebuck（米国）は，技術的な協力相手であるOracleとともにGlobal Net XExchange（以下GNX）を設立した．3月に事業を始めたが，同月末には，Sainsbury（イギリス），Metro（ドイツ），Kroger（米国），Coles Myer（オーストラリア）が参加し，商品分野別に拡大している．GNXは，株式会社組織で運営される営利組織であり，将来は株式を公開し，資本市場からの資本調達を目指している．GNXは，この組織に参加すれば，1）ウェブ上の調達行為によるコスト削減と効率性の増大，2）小売目的以外の商品における協力的取引機会の創出，3）サプライチェーンの最適化計画と需要予測の支援，4）商品（とくにPB商品）の調達の範囲・選択の拡大，という4つの特別なベネフィットが与えられるということを明らかにしている．Sainsburyは，GNXを通してPB商品の75％を調達する目標をたてている[17]．

　もう一つの世界的な組織であるWorldWide Retail Exchange（以下WWRE）は，TescoやMarks & Spencerといったイギリス小売企業，Kmart（米国），Royal Ahold（オランダ），Auchan（フランス），日本のAeonなど，各国を代表する食品・非食品小売企業17社が共同して2000年3月に設立された．現在，

設立企業のほかにアジア，アフリカ，オーストラリアを含む世界中の小売業53社以上が参加している．WWREは，1) 食品，2) 衣料品，3) 非食品，4) 医薬品，などの4部門に分かれて活動をしており，各部門にはそれぞれTesco, Marks & Spencer, Best Buy（米国のディスカウントストア），CVS（米国のドラックストア）から責任者が派遣されている．WWREのサービス・プログラムは，1) 買い手，売り手双方によるオークションの設定と仲介，2) 電子カタログの提供と商品データベースの作成支援，3) オンライン調達，4) リアルタイムでのサプライチェーンの管理と在庫情報の把握，5) 製品開発のオンライン化，6) オンライン・コミュニティなど，基本的機能に関してはGNXとほぼ同様である．しかし，WWREのなかには，ライバル関係にある大手企業（例えばTargetとKmartの場合）が存在する．そして，WWREの構成員は，情報独占を維持し，取引の交渉データを秘密にしているので，市場における効率的なオペレーションが妨げられているという批判も出ている．さらに，それが，アメリカ国内では，独占禁止法に違反するという懸念もあり，またEU競争委員会には，そのような取引がマーケット・パワーの濫用をもたらすという批判もある．

(3) 食品小売企業の国際化戦略
① 1990年代におけるイギリス食品小売企業の海外進出

1990年代においてイギリスの大規模小売業者は，国内における競争圧力の高まり，都市計画による規制強化，市場の成熟化という予測を前にして，国際的な拡大戦略をとりはじめた．とくに，食品小売業上位3社（Tesco, Sainsbury, Mark & Spencer）は，ヨーロッパ，北アフリカ，東アジア市場を含む海外市場にM&A方式，直営店方式，そしてフランチャイズ方式によって進出している．Tescoの国際拡張戦略の特徴は，本拠地であるイギリスで成長しながら，流通先進国（フランス，アメリカなど）よりも流通システムが未開発あるいは開発途上地域（東ヨーロッパ，アイルランド，東南アジア，東アジア）にM&A方式による進出を行っていることである．そして，Marks & Spencerは，1996に「世界中の主要都市に大型店をオープンすることが海外の事業活動の柱」であるとい

う事業拡大戦略に基づいて，多様な拡大戦略を展開し，とりわけアジア地域へ積極的に進出している．Sainsburyは，1983年に初めて海外に乗り出し，アメリカの東海岸のニューイングランド地域が本拠であるShaw'sの株式21％を取得し，1987年に100％を取得して完全な子会社とした．さらに，アメリカ市場での10年間の差別化戦略を生かしながら，90年代の後半から大規模M＆Aの波[18]に乗り，1994年に買収したGiant Foodを売却して1998年にボストンで53店のスーパーマーケットを経営するStar-marketを買収した．

② イギリス小売企業の国際化の要因

小売企業の国際化に関する最初の考察は，なぜ自国の市場を越えて海外に進出するのかを理解することである．小売企業が国際市場に進出する理由は，国内の環境要因の変化におけるプッシュ（Push）要因と国際市場から誘引されるプル（Pull）要因によって説明されている．プッシュとプルとの2つの要因は，ほとんどの国際小売企業に関する文献のなかで論じられているが，それらの要因の解明はなぜ小売企業が特定の市場から他の市場に進出するかを決定する動機を明らかにすることにある．McGoldrickおよびFryer（1993）は，イギリスにおける大規模小売企業が国際化に進む理由を5つの領域，1）政治的要因，2）経済的要因，3）社会的変化，4）文化的要因，5）小売構造に基づいて分類している．そして，小売業の国際的進出の動機としてのプッシュ要因とプル要因は分離されるものではなく，相互に直接的な影響を及ぼしているとしている[19]．

Kacker（1988）によると，60年代から70年代おいてアメリカ，イギリス，ヨーロッパ諸国で見られた社会経済的環境要因の変化は，小売企業にとって新たに海外市場を求めようとする国際的拡張戦略にとって，プッシュ要因であった[20]．その問題に関して，Tredgold（1988）は，小売企業が国際的に拡張する基本的動機は，持続的な国内市場の成長機会の制限にあったと説明している．彼は，多くの小売企業が国内市場の成熟化問題に直面し，海外の市場で代替的成長機会を求めるのであり，国際化の動機としてプル要因よりもプッシュ要因の重要性を示した[21]．イギリスの小売企業が海外へ進出するプッシュ要因は，都市計画による厳しい規制環境，小売市場の飽和化傾向，国内での競争圧力の

表5-6 イギリス食品小売企業の国際化の要因

分類領域	プッシュ要因	プル要因
政治的	不安定な構造，厳しい規制環境 反ビジネス文化の支配	安定的な構造，緩い規制環境 ビジネスを擁護する文化の支配
経済的	経済不況，成長力の低さ 高いオペレーション・コスト市場成熟，国内市場の高い参入障壁	経済環境の向上状態，成長力の高さ 低いオペレーション・コスト 成長する市場，資本投資の可能性の高さ 巨大市場，良好な取引比率，株価の下落 新市場への不動産投資
社会的	消極的な社会的環境 人口の減少・停滞 人口増加に否定的傾向	積極的な社会的環境 人口成長 人口増加に積極的傾向 良好な新市場の労働条件
文化的	親交がない文化環境 異質的文化環境	親密な関係を重視する文化的観点 革新的なビジネス・小売文化，民族集団による企業，同質的文化環境
小売構造・小売企業の競争優位	厳しい競争環境，高い小売集中度，業態の成熟化 良好なオペレーション環境，小売企業の市場占有率	ニッチ市場の機会，良好なオペレーション 未開発の新市場の開拓， 小売企業の商品調達の容易 小売企業の経営ノウハウの移転 小売企業の国際的魅力度 独特な競争優位の存在 革新的小売技術の保持 外国市場機会に関する知識

出所) McGoldrick, P. and E. Fryer (1993), pp. 6-8 ; Williams, D. (1992), pp. 269-85 ; Alexander, N. (1990), pp. 75-85 より要約作成.

強化などを指摘することができる．

都市計画に関する規制の変化についてはすでに述べたように，1988年のPPG6の制定（1993年の改正，1996年の再改正）以降，小売業の出店に対する自由放任主義が崩壊し，郊外やグリーンベルトの新規開発は制限され，国内での適切な店舗立地の選択が困難な問題になった．その結果，大規模小売企業は，国内市場から海外の市場に拡張戦略を転換し，Tescoは東ヨーロッパへ進出し，Sainsburyはアメリカ市場へ参入するようになった．さらなるプッシュの要因は，大規模小売企業の出店競争の激化，一連のM&Aによる市場の寡占化の進

展，外国の新規参入者からの競争の脅威（1990年代初期のNettoとAldiの参入，2000年Wall-MartによるAsda買収），反競争的行為に対するMMCの厳しい姿勢，のように大手小売企業にとって不利な状況となったことであり，このような制限された国内市場の環境から海外の市場を求めて国際進出戦略を図ったのである．

Alexander（1990）とWilliams（1992）は，80年代末から90年代初期における小売企業の国際的展開の動機を実証研究に基づいてその本質を明らかにした[22]．Williams（1992）によると，小売企業の国際化の動機に関するプッシュ要因は，イギリス小売企業が国際的に進出する主要な理由にはならないと主張している．そして，小売企業の国際化の動機を，効率的なオペレーションの追求と成長機会の開拓に求めている．すなわち彼は，イギリス小売企業の国際化の主要な動機は，市場の成熟化や厳しい規制環境といったプッシュ要因よりも革新の要求，成長志向，国際化の魅力という積極的な参入動機にその根拠があると結論づけている．

Alexander（1997）は，小売業の国際化を小売管理技法の移転と国際的取引関係の構築過程とに求め，小売企業が社会，経済，文化，法律，小売構造などのさまざまな国際環境のなかで，国際的小売組織を統合する過程であると定義している．そして，彼は，小売企業の国際的進出において，3つの要因，①国内市場の小売業の構造，②国際的小売オペレーションの本質，③外国市場の小売業の構造，といったことが重要な影響力を及ぼすと主張している．さらに，小売企業の国際的参入の行動は，国内市場の競争環境の変化，つまり国内市場の成熟化，政治的，法律的環境の変化によって国内での拡大戦略が制限され，成長機会を獲得することが一層難しくなるにつれて，海外の市場を求めて国際的活動として展開するのである．

おわりに

本章では，欧米の小売業を取り巻く環境要因の変化を，社会経済的要因，公

的規制要因，技術的要因の3つの観点から食品小売企業の戦略的行動の展開過程が考察された．

第1に，消費を含む社会経済的要因の変化にともなって，食品小売企業の成長戦略は，店舗開発においては規模の経済と範囲の経済に基づく拡張路線として現れ，それに対応できる物流システムやロジスティクス能力が高まった．加えて，食品小売業者は，仕入から店舗までの物流システムのデータを一元的に管理できる情報システムに大規模な投資を行い，そのシステムから得られた情報を，従来から供給業者が行っていた諸機能，つまり広告，ブランド構築そして製品計画といった機能を，小売業ブランドを確立するために自らのマーケティング・ミックスの戦略的行動に取り入れ，応用したと思われる．

第2に，店舗立地に関する規制環境要因の変化は，欧米の食品小売業にとって，小売業の構造的要因と小売企業の戦略的行動に対して多大な影響を与えたと考えられる．例えば，欧米における規制環境の変化は，1980年代から90年代の間に，食品小売業の上位集中度の進展，食品小売業の成熟化の懸念によるM&Aの加速化，多角化戦略による事業拡大戦略への転換，食品市場における競争構造の寡占化傾向など，食品小売企業にとって既存事業の拡大や新規事業の面で困難な状況になり，国際化戦略に乗り出す重要な要因となった．

第3に，イギリスの大規模食品小売業者とって，国際化の初期の段階では，国内における競争圧力，都市計画規制の強化，市場の飽和化，国内消費の低迷，などのプッシュ要因が国際的な事業展開にとって重要な要因であったが，その後，小売企業の国際化は，新市場からのプル要因，例えばグローバル・ソーシングの最適化，参入魅力度が高い新規市場の開拓などの，積極的進出動機から一層の国際化が展開されたと結論づけることができる．

本章では，欧米諸国における小売業の環境要因の変化に焦点をあてながらも，企業の戦略的行動の変化についてはイギリス食品小売業に限定して考察を加えてきた．しかし，前述したようなさまざまな環境要因のなかで，どの要因がどの程度に企業の戦略的行動の変化に作用するのかについては，詳細に検討できなかった．このための理論的な枠組みの検討は今後の課題としたい．また，イ

ギリスの食品小売業の戦略行動の変化と他の諸国のそれとの国際比較について
も今後の課題としたい．

1) Dawson, J. A. and S. L. Sparks (1998), pp. 157-176.
2) Fernie, J. and H. Staines (2001), pp. 29-36.
3) David L., G. Smith and S. L. Sparks (1993), pp. 42-44.
4) 丸山雅祥 (1992), 40ページ.
5) ヨーロッパ諸国におけるスーパーマーケット，ハイパーマーケットの売場面積と平均規模の定義は，次の通りである．

項　目	イギリス	フランス	ドイツ	スペイン
スーパーマーケットの定義 (売場面積) (平均規模)	400-2500 ㎡ (1750 ㎡)	400-2500 ㎡ (1586 ㎡)	400-1500 ㎡ (715 ㎡)	250-2500 ㎡
ハイパーマーケットの定義 (売場面積) (平均規模)	4000 ㎡～ (4500 ㎡)	2500 ㎡～ (5700 ㎡)	1500 ㎡～ (2800 ㎡)	2500 ㎡～

6) 二神康郎 (2000), 36ページ.
7) Dawson, J. A. (2001), pp. 287-299.
8) Wrigley は，1980年代から1990年代初期までの時期を食品小売企業の黄金時代と名づけ，この時期に食品小売市場における上位3社の市場シェアが30～40％となり，地域市場を獲得するための新規店舗開発競争が激化したと説明している (Wrigley N. (1991), pp. 537-544.).
9) Burt, S. and S. L. Sparks (1994), pp. 195-217.
10) Seth, A. and G. Randall (2001), pp. 310-314.
11) Mckinnon は，小売業者にとってデポがいかに重要であるかを指摘し，小売業者が独自に物流システムを開発する理由として，購買条件（大量の仕入れによる物流コスト削減），供給業者の注文制限の最小化，商品の有効性の増大（欠品の発生を削減し，リードタイムの短縮，高回転の在庫補充），在庫管理（在庫水準を最小化し，在庫回転率を高める），店舗スペースの活用（大規模な集中的倉庫に商品を保管することによって店舗の売場面積を増大させ，小売店舗の生産性が高まる），労働コスト削減（管理コスト，顧客サービス，チェックアウト，商品管理コスト）を挙げている (Mckinnon, A. C. (1985)).
12) Buklin は，延期―投機の原理の中で在庫調整メカニズムを示し，まず延期とは，上流から下流にいたるマーケティング・フローをできるだけ遅い時点まで在庫形成の決定を引き延ばすことを意味する．つまり，在庫の保管・移動に関わる意思決定は，マーケティング・フローの最下流に位置する最終需要の発生時点に近い時点で行われることになる (Buklin, L. P. (1965), pp. 26-31).

13) David, Sparks および Smith によると，単一商品別の地域配送センターの問題点は，1) 商品によって異なる受発注システムを持っているため，Tesco 社のような高度の物流水準を求める企業には対応することができない，2) 単一商品別の物流センターが分散的に運営されているため，在庫，品質などの管理に多額の費用がかかるという点，3) 単一商品別に管理されているから，各店舗の配送規模は，極めて低い（鮮度が重視される商品などの特定商品を消費者の日々の需要に対応することが難しい），4) 商品によって配送の際に温度管理を必要とし，最適な品質を維持することが求められたこと，5) 1990年代にかけて急速な商品小売企業の成長とチルド商品の品質管理に関する法的水準の強化，が統合的集約物流への転換を余儀なくされたと指摘している（David. L., G. Smith and S. L. Sparks, *op. cit*）．
14) Ogbonna および Wilkinson（1996）によると，大規模小売企業の情報力は，EPOSを通して消費者の購買行動や毎日の地域需要などの正確な顧客情報を収集・管理することによってさらに進展を続け，その情報の応用が価格政策からマーケティング戦略，新商品開発戦略，プロモーション戦略といったマーケティング領域全体にまで拡大したと主張している（Ogbonna, E. and B. Wilkinson（1996), pp. 402-404）．
15) Hart, C. and M. Kirkup（1997), pp. 97-98.
16) Byron, J.（2001), p. 339.
17) Reynolds, J.（2001), pp. 427-429.
18) 1980年代以降，事業の多角化戦略に基づき，M&Aが流通業の再編成を急速に進めるほど激しく行われたが，M&A後の債務の負担や大規模なリストラ，そしてシナジー効果の不一致によって1990年代に入って落ち着いたかに見えた．ところが，1990年代後半に，米国小売業において来襲したM&Aの波は，再び活発化する傾向を見せるようになった．Wrigleyは，1992年度から1999年度までの米国のスーパーマーケット上位4社（Kroger，Albertson's, Safeway, Ahold USA）の市場シェアは，1996年度から急速に増加しはじめ，1999年度までに，これらの上位4社は，およそ3年間で市場シェアを56％も高めていると指摘している（Wrigley, N.（2001））．
19) McGoldric, P. and E. Fryer（1993), pp. 6-8.
20) Kacker（1988）は，社会経済的環境要因の変化として，1) 健康志向の意識の拡散，2) 働く女性と共働きの増加，3) 長期的なエネルギー不足，4) 価格水準の上昇，5) 消費者運動をあげている（Kacker, M.（1988), p. 42）．
21) Tredgold, A., "Retail Without Frontiers", *Retail and Distribution Management*, Vol. 16, No. 6, 1988, pp. 8-12.
22) Alexander, N.（1990), pp. 75-85, Williams, D.（1992), pp. 269-85.

参考文献

ABN AMURO (1999), *European Food Retail*.

Alexander, N. (1990), "Retailer and International Markets : Motives for Expansion", *International Marketing Review*, Vol. 7, No. 4.

Alexander, N. (1997), *International Retailing*, Blackwell Publishers, Oxford.

Buklin, L. P. (1965), "Postponement speculation and the structure of distribution channela", *Journal of Marketing Research*, Vol. 2.

Burt, S. L. (1993), "Temporal Trends in the Internationalisation of British Retailing", *The International Review of Retail, Distribution and Consumer Research*, Vol. 3, No. 4.

Burt, S. L. and L. Sparks (1994), "Structural Change in Grocery Retailing in Great Britain : A Discount reorientation?", *The International Review of Retail, Distribution and Consumer Research*, Vol. 4, No. 2.

Byron, J. (2001), "The role of card within local marketing initiatives", *International Journal of Retail & Distribution Management*, Vol. 31.

Cooper, J., M. Browne and M. Peters (1991), *European Logistics*, Blackwell.

David. L., G. Smith and S. L. Sparks (1993), "The transformation of physical distribution in retailing : the example of Tesco plc", *The International Review of Retail, Distribution and Consumer Research*, Vol. 3, No. 1.

Dawson, J. A. (2000), "Retailing at century end : Some challenges for management and research", *The International Review of Retail, Distribution and Consumer Research*, Vol. 10, No. 2.

Dawson, J. A. (2000), "Retailer power, manufacturer power, competition and some questions of economic analysis", *International Journal of Retail and Distribution Management*, Vol. 28.

Dawson, J. A. (2000), "Is there a new commerce in Europe?", *The International Review of Retail, Distribution and Consumer Research*, Vol. 11, No. 3.

Dawson, J. A. and S. L. Sparks (1998), "European Retailing : dynamics, restructuring and development issues", *The New Europe : Economy, Society and Environment*, Pinder, D. (ed), Wiley, Chichester.

Fernie, J. and H. Staines (2001), "Towards an understanding of European grocery supply chains, *Journal of Retailing Consumer Services*, Vol. 8.

Forester Research (1999), *The Retail Power*.

Hart, C. and M. Kirkup (1997), *Managing Stock Management III in Safeway Stores : Case in Retailing*, Blackwell, 1997.

Kacker, M. (1988), "International Flow of Retailing Know-How : Bridging the

Technology Gap in Distribution", *Journal of Retailing*, Vol. 64, No. 1.

Knee, D. and D. Walters (1985), *Strategy in Retailing : theory and application*, Deddinton, Oxford, P. Allan.

McDonald, M. (1995), "Marketing to Retailers : A Battle for Distribution?", *Marketing Stategies : New Approaches, New Techniques*, Elsevier Science : Oxford.

McGoldric, P. and E. Fryer (1993), "Oganaizational Culture and Internationalisation of Retailers", 7*th*, *International Conference Research in the Distributive Trades, Institute for Retail Studies*, University of Stirling.

Mckinnon, A. C. (1985), "The Distribution System of Supermarket Chain", *The Service Industries Journal*, Vol. 5, No. 2.

Ogbonna, E. and B. Wilkinson (1996), "Inter-organizational power relations in the UK grocery industry : contradictions and development", *The International Review of Retail, Distribution and Consumer Research*, Vol. 6, No. 4.

Omar, O. (1999), *Retail Marketing*, Pitman Publishing.

Reynolds, J. (2000), "Supply chain distribution and fulfilment", *International Journal of Retail & Distribution Management*, Vol. 28, No. 10.

Seth, A. anf G. Randall (2001), *the Grocers 2nd editon.*

Tredgold, A. (1988), "Retail Without Frontiers", *Retail and Distribution Management*, Vol. 16, No. 6.

Williams, D. (1992), "Motives for Retailer Internationalization of Retailing : Their Impact, Structure and Implications", *Journal of Marketing Managemrnt*, Vol. 1.

Wrigley, N. (1991) , "Ia The 'Golden Age' of British Grocery Retailing at a Watershed?", *Environment and Planning* A, Vol. 23.

Wrigley, N. (1997), "British food retail capital in the USA part 1 and 2", *International Journal of Retail & Distribution Management*, Vol. 25.

Wrigley, N. (2001), "The Consolidation Wave in US Food Retailing : A European Perspective", *International Journal of Agribusiness*, Vol. 17.

Wrigley, N. and M. S. Lowe (2002), Reading Retail : *A Geogrephical Perspective on Retail and Consumption spaces*, New York Arnold : London and Oxford University Press.

二神康郎 (2000)『欧州小売業の世界戦略』商業界.

丸山雅祥 (1992)『日本市場の競争原理』創文社.

第6章　小売主導型流通システムの進化と展開方向
――戦後食品流通の展開過程と小売革新を踏まえて[1]――

はじめに

　現代流通の変容を捉えるためのキーワードは，垂直統合，ネットワーク，リレーションシップなどさまざまであるが，その1つに小売主導型流通をあげることができる[2]．小売主導型流通との規定は，近年，小売業の大規模化や業態革新を基礎に，数多くの消費財の流通システムにおいて主導的な役割を果たす主体，いわゆるチャネル・リーダーとしての位置を，メーカーや卸売業者に取ってかわり，小売業者が占めるようになってきた事態に注目する立場ということができる．たとえば，商品特性や歴史的規定性から，品目別に独自の流通形態を形成してきた食品流通においても，1970年代以降の専門小売店に対する総合小売店の伸張，80年代からのIT導入とその戦略的活用，これに90年代前後からの政府の規制緩和やグローバル化の要因が加わり，従来，顕著であった品目別の多様性は，小売主導型流通への転換という文脈に即して，急速に払拭されつつある[3]．
　流通は，図6-1に示すように，それ自体としてみると，卸売や小売などの各段階別に，規模や集中度あるいは業態構成などをもって特徴づけられる水平的構造を有し，そこでは購買と販売をめぐる相互の競争が繰り広げられている．他方，これを実物フローに即してみると，生産者と卸売業者，卸売業者と小売業者，あるいは小売業者と消費者とのあいだにおける交換・取引を媒介に，生産者から消費者への商品の価値移転が行われる連鎖をなしている．要するに，流通機構は，水平的構造と垂直的構造とが密接な関連をもちながら，それら全

体として生産と消費とを合理的に接合する機能を果たしていることがわかる．ここで注目すべきは，特定の流通段階にとどまる小売段階での規模拡大や業態転換，あるいは新技術の導入による流通革新が小売段階自体のもつ水平的な構造のみならず，各段階間のパワー・バランスや機能分担関係といった垂直的な流通構造に規定的なインパクトを与え，最終的には，流通機構全体の調整様式とその成果を決定づけることになる，という点にある．

小売業者へのパワー・シフトを基礎とする小売主導型流通システム[4]の形成を，近年にいたる流通変容の1つの特徴的傾向とみることに全面的に反対する見解は少ないであろう．しかしながら，小売主導型流通システムのもたらす成果については，決して共通の理解があるわけではない．否定的な評価では，パワーの反社会的側面が強調され，小売業者がかつてない強力な独占力を獲得することにより，優越的地位の濫用が一般化し，結果的に，利益配分の歪みや生産力の疲弊がもたらされ，さらには消費者利益が大きく損なわれることへの懸念が表明される．これに対し肯定的な評価では，小売主導の機能面に注目し，本来的に消費者情報をもっともよく入手しうる位置にある小売業者が，その情報を起点に川上の生産者にいたるサプライチェーンを統合的に制御するとき，消費者に最大の価値を提供しうることが主張される．また，各主体が消費者へ

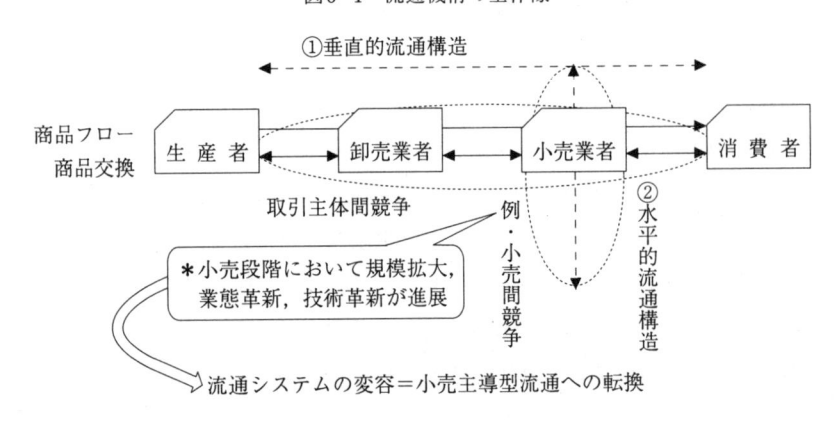

図6-1 流通機構の全体像

の最大の価値提供という目標を共有しサプライチェーンに参加することを契機に，それら主体間の関係性が対立から提携へと変質していく，というのである．

このように小売業のパワーと主導性の強化が組織間関係の変化や消費者主権の実現とのかかわりで，いかなる意義をもつのかについては，まったく相反する評価がみられる．過度なパワーの集中化がもたらす弊害を強調する見解は，ある意味でオーソドックスなものといってよいが，一方，これに対し，機能面に注目する後者の見解は，パワーから主導性へ，そしてパワーの否定へという弁証法的な論理をそのうちに含む点で興味深いものである．とはいえ，実際に小売主導型流通システムがそのような展開を辿るのかどうかについて，理論的にも実証的にも十分明らかになってはいない．とりわけ，最近，日本では，食品の安全性や表示をめぐる事件が多発し，食品流通システムの果たす機能への根本的な疑念が生じることとなった．消費者の安全・安心ニーズに先駆的に対応してきた生協の提携的な流通方式さえもが，消費者の信頼を裏切ってきた事実が明らかになったことは，事態がいかに深刻なものであったかを物語っている．流通機構全体に対する消費者の信頼が大きく揺らぐなかで，現段階における小売主導型流通システムの意義は一体，何であるのかが改めて問われているといわねばならない[5]．

本来，この問題を扱うとき，次のような指摘がありうる．それは，小売業者へのパワー・シフトは明らかであるとしても，小売主導型流通システムが実際にどの程度，進展しているのかというパワー関係の詳細な検証が必要であり，そのうえで，小売主導型流通システムがもたらす成果についての検討がなされるべきではないかということである．しかし，ここではその用意がないことから，その前段的作業として今日にいたる小売主導型流通システムの形成過程について概括的整理をするとともに，若干の論点提示をすることにしたい．その場合，次のような分析視角に立つことが有効であろう．

まず，小売主導型流通の進化を戦後というやや長期的なスパンのなかに位置づけることである．それは，現在の小売業の対応方向が多様性をもち，過渡的な様相を呈するからであるが，より積極的には，戦後のスーパー・チェーン化

にはじまる小売革新がおのおのの社会経済状況との関連性において生まれ受容されてきたと考えられるからである．それぞれの経済社会の発展段階において，小売業において生じた革新が消費者の新しい社会的要求との関連でどのような位置づけと評価が与えられるものであったのかを確認することが課題となる．他方，あわせて，実際に，それぞれの小売革新が垂直的な組織間の機能分担関係に対しいかなるインパクトを及ぼし，そのことの結果として，流通システムが果たす機能をいかに変化させてきたのかを具体的に検証することが必要になる．このような複眼的な視角に立つことにより，具体的な機能視点に乏しい独占弊害論の不十分さとマクロの視点を欠く機能賛美論のもつ弱点を克服しながら，小売主導型流通システムの社会経済的意義をその具体性において捉えることが可能になるであろう．

本稿では，第1に，小売主導型流通システム，およびそこでの関係性の変化に関する既存の理論的・実証的な研究を概括的に紹介したうえで，第2に，戦後日本における食品流通の展開過程について，それぞれの消費社会段階に生じた小売革新の意義を一般的に整理しながら，他方で，流通システムの垂直的な機能分担関係に及ぼしたインパクトと，その結果として生じた機能変化についてより具体的に検討する．最後に，小売主導型流通の進化がもたらすであろう帰結と今後の流通システムの展望について，仮説的な整理を試みたい．

1．既存研究からみた若干の論点

現代流通の解明を試みるときの1つの代表的な分析視角は，流通機構を構成する取引主体間のパワー関係の変化に注目する立場である．現代の流通機構を編成する原理が自由競争下での市場メカニズムの作用よりも，むしろ独占化した経済主体のパワーと戦略に依存する傾向を強めつつあるかぎり，こうした接近方法が採られてきたのは当然のことである[6]．

流通システムを組織化するパワー主体として，従来，基本的には，大規模化を先行的に実現し巨大な生産力をもつにいたった製造業者が念頭におかれてき

た．独占的製造業者は，自己の意思に即して市場を制御することを目的に強力なマーケティング活動を展開し，チャネル面では中間商業の排除を志向することになる．しかしながら，流通の垂直的統合が投下資本の過大さから負担となるばかりか，不確実性リスクの吸収という面からも決して合理的とはいえない．そのため，現実にはみずから垂直的な流通組織を構築するのではなく，他の組織の制御を通して所期の目的を達成しようとすることがより一般的となる．

　日本においては，戦後，巨大化・寡占化を実現した製造業者がマーケティング戦略を活発化させるのにともない，卸主導型流通からメーカー主導型流通への転換が進展していった．製造業者の市場行動に関する研究は，マーケティングないしマーケティング・チャネル，あるいは産業組織論の研究者などによって進められることになる．しかし，1980年代以降になると小売業者へのパワー・シフトが生じているとの現状認識が広がり，巨大小売業者の市場行動への社会的関心が徐々に高まっていったのである．

　小売業者のパワー問題は，端緒的には，大規模化した百貨店と中小零細小売店あるいは供給業者との対立・衝突にはじまるが，その後に成立した巨大スーパーチェーンがバイング・パワーを発揮する事態にいたって，より本格的に取り上げられることとなった．世界的にみると，小売業者のパワー基盤の1つである小売市場の集中度は国別に大きく異なるものの，小売業の発展過程が百貨店，チェーンストア，スーパーマーケットなどの新業態の成立と成長という道筋をたどりながら，小売資本の集積・集中が進展してきたことは，先進国にほぼ共通の傾向であった．加えて，最近では，ウォルマート・ストアーズに代表される巨大小売業者が店舗展開や商品調達において国際化戦略を推し進めることにより，小売業者の強大なパワー形成とそれにともない川上の生産・流通システムが変容を迫られる事態は，世界同時的な現象としての性格を強めつつある．

　もっとも，小売主導型流通の展開を強調しすぎることについて，やや慎重な見解がないわけではない．たとえば，パワー・シフトについて，より実証的な検証の必要性がしばしば指摘されている[7]．日本においても，自動車流通で典型的といってよいメーカー主導型流通が崩壊したわけでは決してないし，その

ほかの家電製品でも,再販売価格維持制度を主軸とするメーカーの流通支配が完全に消滅したとは一概にいえないように思われる.さらに,前述のように,食品流通においてスーパーチェーンが成長したことにより小売主導性が強まる傾向にあることは明らかであるとしても,寡占的メーカーが存在する加工食品分野と零細生産者から供給される生鮮食品の分野では,流通におけるパワーランスが当然,異ならざるをえないことは容易に想像できよう.したがって,流通におけるパワー・バランスは,小売業者や製造業者さらには卸売業者の規模や集中度が国や産業ごとにかなりの程度,異ることから,国別・産業別の詳細な実証研究が求められるものなのである.

とはいえ,最近における研究上の関心は,流通におけるパワー概念よりも,むしろ関係性概念へとその比重を移しつつある.QR(Quick Response)やECR(Efficient Consumer Response),あるいはSCM(Supply Chain Management)が小売業者や製造業者などの主体によって取り組まれるなかで,支配-従属関係からそれら相互の協働的な関係への転換が主張されていることは,すでに述べたとおりである.ここでの小売主導型という用語は,小売業者が卸売業者やメーカー・生産者を支配する場合だけでなく,小売業者のコーディネーションの下,効率的な分業編成を構築し,それら主体間における互酬的な利益分配に基づく協働的な関係性が成立する場合をも含むものである.

製造業者と小売業者との協働関係を信頼に基づいて実現することの重要性を先んじて強調した代表的研究者がクマール(Kumar)である[8].製造業者と小売業者とがパートナーとして一緒に活動するとき,消費者に対して最小の費用で最大の価値を提供することが可能になるのであり,そこでは,信頼こそが双方に彼らの有するあらゆる潜在的能力を認識させ発揮させることになる,と指摘した.最近,食品流通を事例とする実証研究を通してスーパー主導型流通における協働関係の深化を主張しているのは,ダフィー(Duffy)とファーン(Fearne)である.「われわれの結論は,近年のスーパーマーケットに対する批判の多くは誤ったものであり,1980年代半ばや90年代初期におけるマーケット・パワーの濫用による好ましくない行動は取り除かれつつある.それは,スーパーマー

ケットが持続的な競争優位を追求するための戦略的な武器として，それらのサプライチェーンの関係性を発展させるよう，ゆっくりと，しかし着実に前進しているからである.」[9]と．

これに対し，ECRの一環として導入されるカテゴリー・マネジメントの成果について検証したデロッシャー（Desroshers）らによる最近の研究成果は，小売業者によってカテゴリー・キャプテンに選ばれた大手製造業者の果たす役割がいかに重要であるかを明らかにしている[10].そこでは，小売業者と製造業者との協働関係を前提に分析を進めているが，小売業者側からカテゴリー・キャプテンに対し，同一カテゴリーの他社の商品をも含めた小売マーケティング戦略の策定が委ねられる一方，それ以外のすべてのマイナー・ブランドの中小製造業者はその策定に参加できず，不利な立場におかれるとする.この研究結果からは，次のような極めて重要な論点を導き出すことができる.

1つに，製造業者と小売業者とのパワー関係を一概に結論づけることはできず，それはリーディング・ブランドの製造業者とそれ以外のマイナー・ブランドの製造業者とでは，小売業者とのパワー関係は決定的に異なるからであり，したがって，小売業者と供給業者の関係性は決して単一のものではなく，重層的なものだということである.いま1つには，小売業者が小売マーケティングの策定をカテゴリー・キャプテンに委譲することの意味についてである.近年，メーカー・マーケティングの限界がしばしば指摘される一方で，小売ないし店頭マーケティングの重要性が強調されつつある.とくに食品分野では消費者の最終的な購買の意思決定が小売店舗内においてかなりの程度，衝動的に行われる傾向が強く，そのため，棚割りや新商品導入などを含めた品揃え，価格決定，店頭プロモーションなど小売マーケティング戦略の影響力が相対的に大きくなる.そうした状況下で，ECRの一環としてカテゴリー・マネジメントを導入し，小売業者が小売マーケティングの策定の多くを実質的に製造業者に委譲することは，結局のところ，小売業者みずからがそのノウハウを蓄積し発揮する領域を狭めていることになりかねない.そうであるならば，小売業者のパワーの高まりは，小売業者の機能強化に帰結するのではなく，逆にその小売機能を後退

させる可能性が高いということができるのである．

2．高成長経済下におけるスーパーチェーンの発展と大量流通システムの形成

(1) スーパーチェーンの発展と大量小売システムの形成

　日本において，消費生活の高度化に結びつく消費財部門の生産力の高まりが本格的に生じたのは戦後のことであった．たとえば，食品製造業では，生産過程における技術革新や海外原料の大量調達によって生産力が飛躍的に高まり，資本の集積・集中が進行していった．流通面では，食品メーカーは，大量の生産物の販路を確保するために，4P全般にわたるマーケティング戦略を展開していった．もっとも，乳製品，食肉などの一部の品目を除くと，食品流通では，メーカーみずからが中間商業を排除したり専売店を系列化するといったチャネル戦略の展開は微弱なものにとどまった[11]．それは，食品において品揃えの総合性が重要であることと同時に，食品が日々反復的に購買される最寄り品であることから，広告宣伝などを通じたプリセリングによる消費者需要の創造が重視されたからであった．つまり，この時期の食品メーカー主導による流通システムの再編は，中間流通で大きな地位を占める卸売商と末端での多数の中小零細小売商の存立を前提に，それらに対する影響力を確保・強化しつつ，チャネル・リーダーとしてのパワーを強化するかたちで進展していったのである．

　しかし，生産力の高まりと消費市場の拡大が併進するなか，当時，中小零細性を強く残していた小売段階において，徐々に，新たな流通革新が展開しはじめていた．1950年代には日本で最初のスーパーマーケットが生まれ，60年代に入るとセルフサービス方式を採用した総合スーパーが急成長を遂げていった．57年に1店舗で創業したダイエーは，表6-1，表6-2に示すように，総合スーパー業態として急速な多店舗化を実現し，72年には店舗数が90店を数え，売上高では百貨店・三越を上回り日本最大の小売販売額を達成した．スーパー業態全体でみても，同年にスーパー小売販売額シェアが百貨店のそれを上回り，

日本の小売市場において最大の地位を占めることとなった[12]．

　日本における小売業態革新は，その後発性ゆえに，チェーンストアが成立したのちにスーパーマーケット業態が成長したアメリカとは異なり，スーパー化というセルフ方式の導入とチェーン化による多店舗展開が同時に進行したことが特徴的であった[13]．本来，この2つの流通革新はそれぞれその意味が異なるものであるが，一般的には次のような共通の作用を及ぼすものであった．

　スーパー化は，セルフ方式よる店舗運営コストの節減を基本に，低価格訴求のための大量陳列，ロス・リーダーの設定やマージン・ミックスなどの小売マーケティングを採用することを通して，店舗レベルでの効率的な大量販売を可能にする．また，チェーン化は，販売と購買とを分離し，各店舗における販売の分散化と本部における購買の集中化を図り，企業レベルでの効率的な大量販売を実現ならしめる．したがって，これら2つの要素を統合したスーパーチェーン業態は，図6-2に示すように，店舗レベルと企業レベルの大量効率販売方式を統合し，これらのことを通して，消費者に対し大量の商品を効率的に販売する小売業態として成立したのである[14]．

　スーパーチェーンは，このような特質を基礎に，対面販売を基本とする在来型の中小零細小売店に対して，小売市場において競争上，隔絶した優位性を発

表6-1　高度経済成長におけるダイエーの成長

年度	売上高（億円）	店舗数	従業員（人）
1957	－	1	13
1958	2	2	13
1959	14	3	55
1960	33	4	310
1965	320	25	2,663
1970	1,429	58	－
1972	3,052	90	－
1975	7,059	129	－

表6-2　売上首位小売業者の変遷（1968,72年）

- 1968年
  - ①三越　　1,229億円
  - ⑤ダイエー　750億円
- 1972年
  - ①ダイエー　3,052億円
  - ②三越　　2,924億円

出所）吉田時雄『スーパーダイエーの秘密』及び『ランキング流通革命』日本経済新聞社，1987年．

揮することとなった．あわせて，高度成長期にスーパーチェーンが面的な広がりをもって急成長を実現し，小売市場においてもっとも中心的な業態としての地位を獲得していったのは，大衆消費社会の実現に向けてもっとも適合的な小売業態であった点が重要である．当時の流通政策の立場も，中小商業の保護を謳いながらも，基本的には，流通の近代化を最重要課題と位置づけ，その役割の一端をスーパーに期待するものであった[15]．それは，スーパーの大量小売機能が，消費者における食料をはじめとする基本的消費財の量的充足を実現するという点で，いわば経済民主主義の実現に適うものとして位置づけられたからである．

(2) スーパーチェーンの調達行動と食品流通システムへのインパクト

小売市場における巨大スーパーチェーンの成立が垂直的な流通機構全体に対して与えた最大のインパクトは，いうまでもなく，パワー・バランスのメーカー側からスーパー側へのシフトである．スーパーチェーンが多数の店舗を通じて巨大な売上高を実現し，あわせて商品調達をチェーン本部に集約するとき，小売側は仕入の大量性を基礎に供給側に対する強大な価格交渉力を獲得することになる．スーパーによるこのようなバイング・パワーの発揮が，肯定的な含

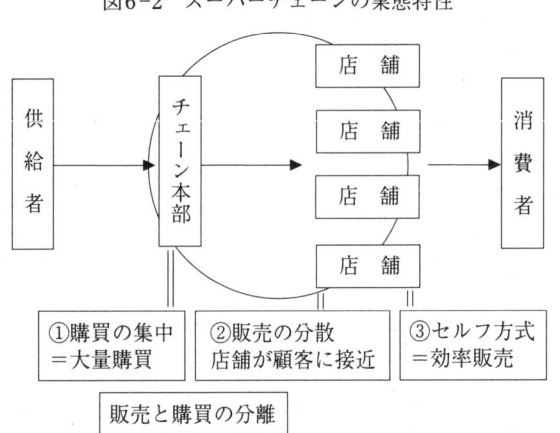

図6-2 スーパーチェーンの業態特性

意をもって「価格破壊」と表現されたのは、寡占メーカーの独占的な価格設定を阻止する拮抗力として、消費者の利益に即した進歩性をもつものとして位置づけられたからである．

とはいえ、実際には、スーパーのバイング・パワーが対抗力としての作用を十分に発揮したとはいいがたい．1970年当時を対象にスーパーと一般小売店との価格比較を行った阿部の分析からは、当時、スーパーにおける価格の低位性は中小メーカーの商品に限定され、寡占メーカー商品の価格を引き下げるほどのパワーには成長していなかったことが明らかにされている[16]．この事実からやや敷衍していうならば、スーパーチェーンの成長は、それが寡占メーカーに対する対抗力を十分に発揮しえない一方で、中小メーカーには低価格での商品供給を要求することを通して、寡占メーカーと中小メーカーの利潤率格差を固定ないし拡大することで、結果的に、生産寡占への対抗力としてではなく、むしろ生産の独占化を促進する作用をもった、ということができる．

次に、スーパーチェーンの成長が垂直的流通システムの機能分担に及ぼした影響をみるために、日本のスーパーチェーンの商品調達行動が具体的にどのようであったのかをみてみよう．第1に指摘できるのは、中間排除への取組みが微弱であったことである．一般に、スーパーの調達行動はその大量性を基礎に生産者・製造業者との直接取引の拡大に向かうことが想定され、事実、欧米のスーパーにおいては、バイヤー組織と物流センターの整備を基礎に卸売業者を排除する動きが進展した[17]．これに対し、日本のスーパーは、急成長による人材やノウハウの不足、あるいは物流施設の未整備という事情に加え、他方で、みずからが在庫調整機能や価格リスク負担機能を果たすことを回避しようとしたために、商品調達を卸売業者に依存することが一般的であった[18]．こうして日本型流通の多段階性は、その後、長期にわたって維持されることとなった．

第2に、小売業者による垂直統合の一形態であるプライベート・ブランド（以下、PBと表記）商品開発への取組みが量的にも質的にも停滞的なものにとどまったことである．もちろん、大手スーパーではナショナル・ブランド（以下、NBと表記）メーカーに対抗する手段として、PB開発への積極的な取組みがみ

られたが，巨大メーカーの強力なマーケティングと日本の消費者の強いNB志向のために，大きな成功を収めるにはいたらなかった．売上に占めるPB商品比率の低さ，そしてPB商品の多くがいわゆる「安かろう悪かろう」の低価格訴求型にとどまった事実は，小売主導性の観点からみると，スーパーチェーンにおけるマーチャンダイジング力の未熟さの証左にほかならなかったのである．

　日本では高度成長期にスーパーチェーン業態の成立により小売業者の大規模化が進展し，大量販売を前提とした大量調達によりバイング・パワーの形成と小売業者側へのパワー・シフトが生じた．とはいえ，少なくともこの段階では，スーパーのバイング・パワーは，ブランド力の強いNB商品分野ではなく，中小食品メーカーの製品分野で発揮され，本来の対抗力としての役割を十分に果たすものではなかった．また，卸排除によるメーカーからの大量一括調達や生産過程への関与といった垂直統合に向けての本格的な取組みが広汎に進行することはなく，必ずしも小売機能の外延的拡充・質的高度化が生じるにはいたらなかったということができる．こうしてスーパーチェーンは，企業規模の拡大と購買の大量性を基礎に，流通システムにおけるパワーを発揮する基盤を拡大したものの，基本的にはメーカーの大量標準品の効率的大量販売システムの末端としての役割を担うことにとどまり，従来からの生産者主導による流通システムの機能を大きく転換させるまでにはいたらなかったのである．

(3) 卸売市場整備と生鮮食品における大量流通の進展

　加工食品における流通の変化はおよそ以上のようなものであったが，生鮮食品流通では，どのような変化がみられたのであろうか．生鮮小売段階においても，スーパーチェーンが成長することにより，零細小売店のシェアは徐々に侵食され，スーパーのシェアが高まっていった．問題は，スーパーチェーンが小規模・分散・季節性を特徴とする生鮮食品の大量調達をどのように解決していったのかである．

　一般に，大量購買は規模の利益をもたらすのであるが，そのこと自体，供給が潤沢なことを前提としてのみ妥当する．生産主体が小規模・分散的であった

り，供給の不安定性や限定性が不可避な場合には，小売業者による購買の大量性が数量割引などの利益をもたらすとはかぎらず，むしろ大量性を実現するための調達によって市場への負荷が過大になることが少なくない．つまり，天候変動などにより供給が量的，質的に不安定で，そのため価格変動リスクも不可避な生鮮食品については，そもそも加工食品と同様の大量生産・大量流通・大量消費の関連を想定しえないのである．このような条件の下では，卸売業者の果たす需給調整機能に対し不可欠の重要性が与えられるのは当然のことであった．

一方，消費者の食生活の側からみると，生鮮食品の安定供給に対しては不可欠の重要性が与えられる．世界的にみても，都市の形成とともに，都市住民に対し生鮮食品を大量かつ安定的に供給するために卸売市場の整備が政策的に進められていったことが確認できる．日本では，卸売市場は，1960年代後半以降，人口20万人以上の都市を中心にほぼ全国的に整備がなされていった．生産の零細性と不安定性を前提にそれらの供給を農協の大型共販に結集し，卸売市場へ出荷することを通して，従来，域内・少量流通を基本としていた生鮮食品流通は広域・大量流通へと転換していくこととなった．

こうして生鮮食品の流通システムにおいては，卸売市場が効率的な大量流通と合理的な需給の接合にかかわって基幹的な役割を果たすこととなった．その結果として，スーパーチェーンが部分的には産直に取り組みながらも，長期にわたって，卸売市場調達に依存することとなったのである[19]．

ところで，こうして生鮮・加工食品を問わず形成された大量流通システムは，消費者に大量の商品を供給する積極面をもちながらも，他方で，以下のような負の側面を生み出す場合があることが明らかになっていった．大量生産にともなう添加物の多用，あるいは農薬・化学肥料の多投をはじめとする生産力構造の奇形性，大量流通による迂回流通の増加にともなう冗費的な流通費の膨張などがそれである．こうした食品の安全・安心問題や社会的ロスの増加に加えて，食生活の画一性やその浪費性も問題視されはじめた[20]．1960年代後半からの共同購入を柱とする日本型生協産直の展開は，商品の安全性確保と健全な農業の

維持・確保を目的に産地と提携することにより，大量生産・大量流通・大量消費の矛盾を解決することを目指す動きの1つだったことはまちがいない[21]．

3．低成長経済下における流通情報化と小売主導型流通システムの進化

(1) 消費市場の多様化と小売業における情報化の進展

　1970年代の2度にわたるオイル・ショックを契機に，日本の高度成長は終焉した．モノに対する消費は低迷し，多くの消費財市場において供給過剰が顕在化するようになる．大量消費から多品種少量消費への転換，すなわち消費の多様化が生じたとの見解が提起され，製造業者にとっては画一的なマーケティング手法が有効性を失い，小売業者にとっては品揃えをめぐる困難性が増し，総じて販売の不確実性が増大した．

　政策面の変化をみると，消費市場が低迷するなかで，スーパーを含めた大型店の出店を規制する大規模小売店舗法（以下，大店法と表記）が1974年に施行された．71年に発表された「70年代における流通」では，流通システム化による市場構造の高度化，有効競争の維持・促進とともに，消費者利益の増進，かつ中小商業との共存の重要性が謳われた．これに対する旧通産省の立場は，流通近代化にとって大型店への過度な規制が競争の減退を招くとして，否定的なものであった．しかしながら，当時，巨大スーパーの出店が地域の中小零細小売商にとって深刻な脅威となりつつあり，あわせて擬似百貨店を規制する必要性が強く主張されていたため，73年に中小小売商業振興法とともに大店法の成立をみることとなった．

　大店法では，旧百貨店法での届出制から許可制へ移行し，大型店の出店規制が緩和された面があるが，他方で，企業主義から建物主義への移行が盛り込まれ，その後の運用や78年改正により，実際上，スーパーの出店を規制する作用を果たしていくことになる[22]．大型店の出店規制が既存大型店の商圏を守り，地域小売市場の競争を抑制したとする議論があることは周知の通りである．とはいえ，明らかなことは，大店法の成立が巨大化した総合スーパーに対するそ

れまでのやや一面的ともいうべき積極的評価の見直しだったことである[23]．

　この時期，巨大化する総合スーパーに対し，もう一方で，地域ごとに食品販売を主体とする小型店を出店する食品スーパーが成長しはじめ，中小企業規模ながらも，地域小売市場におけるドミナントな存在としての地位を高めていった．そのことを支えた要因として，第1に生鮮食品のイン・ストア加工という技術により，生鮮食品についても効率的なセルフ販売を実現する条件がもたらされたこと[24]，第2に，前述のような卸売市場整備がほぼ一巡し，各地域のスーパーにとって卸売市場を活用した生鮮食品の大量調達が容易になったこと，をあげることができる．

　モノ消費の低迷と多様化により市場の不確実性が強まるなか，巨大小売業者が採用した戦略は，1つは，物販以外の多様なサービス部門へ進出する，いわゆる総合生活産業化への路線であった．外食事業はその一分野として位置づけられ，チェーン化やサービスのマニュアル化などスーパーチェーンと共通する業態革新を導入することで，低価格での食サービス供給が追求されていった[25]．1969年当時，約2兆円と推計されていた外食市場規模は，97年のピーク時には29兆円にまで拡大し，食品産業の重要な一分岐を占めるまでに成長したのであった．

　いま1つの戦略は，小売市場の競争激化と消費者ニーズの多様化に対処するための小売業態の多様化であった．総合スーパー業態を機軸としつつも，百貨店をはじめさまざまな業態開発が取り組まれたが，そのなかで数少ない成功事例がコンビニエンスストア業態であった．たとえば，イトーヨーカドー・グループのセブン-イレブン・ジャパン（当時，ヨークセブン）は，1973年に1号店を開店し，在来の家族経営を主体とする零細小売店をフランチャイズ方式により組織化することで多店舗化を実現していった．その約30年後，このコンビニエンスストア・チェーンの総合計売上高は，日本最大の規模を誇るまでに成長を遂げるのであるが，その急成長を支えたもっとも重要な技術基盤が情報システム化だったのである．

　小売業における情報システム化が本格的に進展するのは，1980年代に入って

からのことであった．70年代からの情報システム基盤の整備を受けて，メーカーにおいてはJANコード取得と製品へのソースマーキングが進展し，小売店ではPOS（Point of Sales）レジスターの導入が図られた．当初，POSレジスターの導入は，代金決済業務の省力化や迅速化を目指すものであったが，徐々に，そこで得られた情報を小売業務全般にわたって活用していくことになる．

POS情報の活用が小売販売活動に及ぼした効果は，第1に取扱い商品の見直しによる効率的品揃えの追求である．具体的には，死に筋と呼ばれる低回転率商品を排除し売れ筋である高回転率商品を拡充することを通して，全体としてアイテム数の絞り込みと商品回転率の改善がもたらされた[26]．第2に，消費者の購買ニーズが時間軸で変化するなか，POSシステムは，曜日別や時間帯別の緻密な品揃えの変更を可能にする[27]．第3に，POSデータの分析を通して，消費者の「値ごろ感」を踏まえた価格設定が追求される．

こうしてPOSが提供するリアルタイムの膨大な消費者の購買情報は，品揃えや価格決定，プロモーション，新製品導入などの小売マーケティングを精緻化する条件をもたらすことになった．本来，スーパー業態にとって大量販売を実現する手段としての小売マーケティング・ミックスには不可欠の重要性が与えられるものである．しかしながら，小売業者が実際に有効なマーケティング計画を策定するためには，正確な市場情報の把握と分析がその前提条件となることはいうまでもない．要するに，小売業者は，ITの活用によってはじめて，勘と経験に頼らない，精緻で科学的な小売マーケティングの実行可能性を獲得したのであった．消費市場との関連でいえば，POSを柱とする情報システムは，小売業者が多様化する消費者ニーズに適合的な品揃え形成を追求する手段として，その有効性を発揮していくことになる．全体的にみた食品の供給過剰基調，消費需要の多様化，これにともなう販売の不確実性の高まりという新たな状況の下では，従来の大量性を基盤とする低価格訴求のみによるマーケティング戦略の限界が明らかになり，小売業者の果たす情報処理能力が決定的な意味をもつようになっていたのである．

(2) 情報化による小売主導型流通システムの進化

　小売業におけるIT活用は当初，こうして小売販売活動の改善からはじまった．しかしながら，小売情報化は，徐々に供給・調達活動に対しても革新的な影響をもたらし，その結果，小売主導型流通システムを深化させる作用を及ぼしていくことになる．IT活用が取引関係あるいは供給・調達面に与えていったインパクトとは，次のようなものであった．

　1つに，前述したように，店頭段階でPOSデータ分析に基づく消費者の「値ごろ感」を踏まえた価格設定が志向されるとき，当然のこととして，利益確保のためには，その小売価格を前提にそこから小売マージンを差し引いた調達価格が要求されることになる．本来，価格交渉力の発揮は，商品の供給過剰と巨大な小売販売額を基礎とする小売業者側のパワーを前提にはじめて実現可能になるものである．要求すべき価格を知っていることと，それを実現できることとは別問題だからである．とはいえ，市場の狭隘性と多様性そして不確実性が顕在化するなか，需要動向や消費者ニーズに関する情報収集とその処理能力自体が有力なパワー基盤となりうる．こうして小売業者における情報力の強化は，小売価格を基点に卸，メーカー・生産者価格が決定される派生的な価格形成の関連性を強める作用を及ぼすこととなった[28]．

　2つに，販売動向に即した品揃え形成の追求がもった意味は，一面で，消費者の購買に適合的な品揃えの実現であると同時に，他面で，メーカー側からの押し込み販売からの脱却ということにほかならず，いわば，品揃えにおける小売業者の主体性の獲得ということであった．過剰な生産力をもつ巨大加工食品メーカーが膨大な数の新商品を強力な営業とプロモーションを通して小売市場に投入してくるとき，小売の品揃え形成が自立的なものであったとはいいがたい．そうした状況下で，小売業者が正確な販売動向情報を容易かつリアル・タイムで入手するにいたったことは，品揃え・調達の合理的意思決定を行ううえで，より一般的にいえば，市場の不確実性へ対処するうえで，極めて大きな意義をもつものだったのである[29]．

　さらにITは，商品フローにかかわるロジスティクス面で大きな変化をもたら

す基盤となった．ITを活用したEOSやEDIでの受発注により，小売業者から供給業者に向かっての販売情報フィードバックの加速化が生じた．また，高度成長期のように大幅な売上増が期待できないことから，小売業者は販売機会ロスの最少化と在庫の最少化の同時達成を目指し，販売状況に応じた多頻度の小口発注を志向していった．その結果供給主体は，小売の要求する供給サービス水準を満たすために，適切な在庫管理とジャスト・イン・タイムあるいは定時の多頻度小口配送など高度な物流サービスの提供を迫られることとなった．

　このことを，小売業者による市場への投機的対応から延期的対応へのシフトとして簡潔に例示すると図6-3のようになる．延期的な行動を重要視する小売業者により主導される流通システムは、メーカーを出発点とする「作ったものを売りさばく」という投機的な仕組みから，消費者の購買状況に応じて「売れる分だけ供給する」という延期的な仕組みへの移行を指向するものである．同時に，製造業者や卸売業者，物流業者を巻き込んだ機能分担関係の再編成を通して，消費者の購買にリアルタイムで同期化するサプライチェーンを構築する可能性が生じ，長期的には，消費者主権を実現する流通システムへの転換をも展望しうることになる[30]．

図6-3　小売業者による投機的・延期的対応モデル比較

モデル	発注具体例	週取引量	1回取引量	予測リスク	在庫コスト	取引コスト	欠品リスク
投機的	週1回発注 平均7c/s	7c/s	7c/s 大量	大 ×	大 ×	小 ○	小 ○
延期的	毎日発注 平均1c/s	7c/s	1c/s 少量	小 ○	小 ○	大 × →○	大 × →○

消費の不確実性の高まり

キャッシュフロー改善要求

ITによる受発注

物流改善 JIT

消費・購買に同期化する延期的対応が強まる一方で，いま１つ注目すべきは新商品開発という投機的な活動が小売主導の下で積極的に取り組まれるようになっていったことである．品揃えの決定自体，結局のところ，製造業者から与えられるものからの選択でしかないのに対し，商品開発への参加は製品政策への主体的関与として小売機能の外延的拡大の究極的な形態にほかならない．もちろん，生産技術とそれに関連する知識を有するのは製造業者であることにかわりはないが，図6-4の事例にみるように商品の基本コンセプトや商品仕様の決定から最終的な商品化の決定にいたるすべての過程に小売業者が関与し，その主導性を発揮することになる．商品の仕様決定に全面的に参画し，製造業者や物流業者との協働により，全体としてのサプライチェーンを効率的かつ効果的に構築するコンビニエンスストアの取組みが，その先進事例であったことは，すでにいくつかの研究によって明らかにされている[31]．

　機能分担のこのような変化を基礎に流通システムの関係性は，大きく変容を遂げることになる．サプライチェーンの構成要素となる情報化や物流，生産設

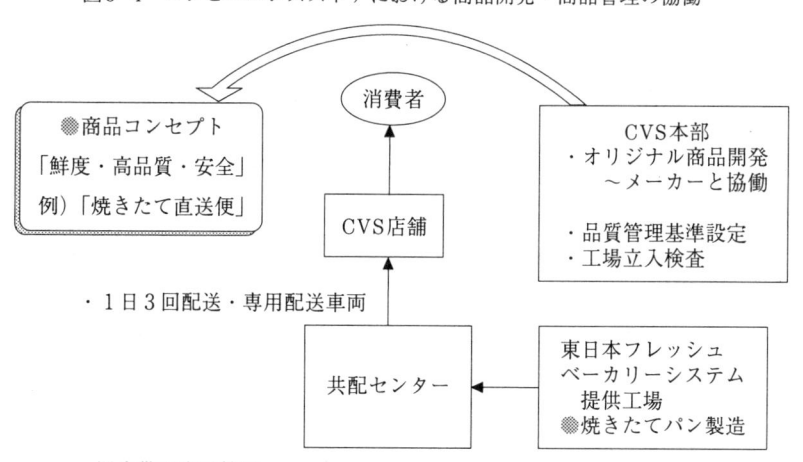

図6-4　コンビニエンスストアにおける商品開発・商品管理の協働

出所）セブン-イレブン・ジャパンのホームページ資料より作成．一部，修正．
http://www.sej.co.jp/torikumi/houkoku/2000/pdf/env_repo4.pdf

備への投資が一旦なされると，サンクコストの発生と退出の困難性から，当初，スポット的であった取引関係は，契約的・継続的な性格を帯びていくことが不可避となる．大手コンビニエンスストアの事例をみると，まず最初に，物流の専用化や共同化が取り組まれ，さらに発展すると，生産側と小売側がお互いもつ情報の共有化を基礎に，食品の品質管理の徹底や商品開発における協働的な取組みが進展していった．

(3) 流通情報システム化の本来的限界と問題点

以上みたように，小売業者が情報システムとそこから得られる情報を有効に活用することを契機に，品揃えにおける消費者の購買との接合度を高め，かつ消費者ニーズに応じたかたちで川上の供給業者と協働しながら，効率的で効果的な商品供給体制を構築することで，全体としての需給斉合の緻密化と実物フローの効率化が図られていった[32]．この結果，小売側の消費者情報と生産者側の技術との相互補完性，そして取引関係の継続性とサンクコストの発生から，組織間の関係性は従来型の支配・従属関係から互酬的な提携関係へと転化する可能性が生じることとなった．こうして，情報化を基礎とする小売主導型流通システムは，消費者情報に即して商品のフローを効率化し，さらには生産過程への関与を強めることにより，新たなサプライチェーン・システムとしての内実を備えつつあるということができる．もっとも，そこには，いくつかの限界なり問題点があることも指摘しておかねばならない．

第1に，店頭での消費者の購買が限られた品揃えからの選択である以上，POS情報が消費者ニーズを必ずしも反映するとはかぎらないし，そもそも，ABC分析に基づく品揃えの絞り込み自体，小売業者の利益基準で決定されざるをえないことである[33]．さしあたり消費者主権が実現される契機は，それらシステム間の競争関係を媒介にしてしか見出すことはできないのであり，小売業者の情報力の強化から直接的に企業経営の論理の転換を主張することは安易すぎるであろう．

第2に，サプライチェーンの構成主体の関係性が従来型の支配関係から信頼

に基づく提携関係に転化するとの理解にかかわる点である．たとえば，効率的消費者対応のモデルケースの1つとされるウォルマートとP＆Gとの取引関係は，すでに当初のパートナー関係からライバルとしての新たな局面に移行しているとの指摘がある[34]．このことからは，サプライチェーン主体間で利潤分配にコンフリクトがなく，提携的な関係が継続しうるのは，それらが供給する商品の市場規模が拡大している場合や業態が成長段階にある場合に限られるということが示唆される．また，小売業者と大手生産者との関係性はともかく中小零細生産者との関係性は決して提携的なものではないことは，すでにみた海外の研究においても指摘されている．こうした事態は，次節で述べるようにデフレ経済下でより一層強まることになる．

政策面から小売主導型流通の問題点を確認しておこう．1970年代後半からの流通政策が出店規制の強化，大型店と中小店との共存・共栄，都市政策との連携強化を打ち出すことになった背景の1つに大型店のバイング・パワーへの批判の高まりがあった．79年には大手小売業者による派遣店員，リベート，返品などの商行為が問題視され，日本チェーンストア協会みずからの手により「納入業者との取引公正化に関する自主規制基準」が定められた．81年からの食品産業政策協議会産業部会では，食品流通におけるバイング・パワー問題が大きく取り上げられ，84年の最終報告で，食品メーカーにおける生産過剰による供給圧力の存在と，もう一方での食品小売業者における優越的地位の濫用が問題点として指摘された[35]．80年代後半以降，ITの活用によりロジスティクス力が強化されるのにともなって，ジャスト・イン・タイム物流や多頻度小口配送，センターフィーなど新しい物流導入にともなう負担増の問題が浮上していった[36]．食品流通における提携関係の萌芽がみられる一方で，IT活用により垂直的な流通のシステム化・統合化が一層進展することで，優越的地位の濫用や不公正取引といったパワーの弊害ともいうべき問題がクローズアップされていったのである．

4. デフレ経済下での食品市場の成熟化と小売サプライチェーン構築への模索

(1) 食品市場の成熟化と小売業における多様な対応

　1990年代から2000年代前半にかけての日本経済を特徴づける3つのキーワードは，規制緩和，グローバル化，デフレ化である．

　1980年代半ば以降，見かけ上の好景気を謳歌していた日本経済は，92年のバブル崩壊を契機に，その後，長期にわたる不況局面に入る．所得の低迷が消費市場を直撃し，消費者の買い控えや低価格志向が強まった．加えて長期トレンドとしてみると，少子高齢化社会の到来により，今後，消費需要の大幅な量的拡大は期待できず，市場の成熟化が指摘されている．小売市場がかつてのように大きく成長する基盤は，基本的には喪失したということができる．

　1989年にはじまった日米構造協議で，日本の流通市場の閉鎖性が問題視され，その最終報告を踏まえた規制緩和策の一環として，流通政策は大きく転換した．91年には独禁法の運用強化と取引慣行についてのガイドラインが公表される一方で[37]，大店法規制の大幅緩和がなされた．その後98年には，大規模小売店舗立地法（以下，大店立地法と表記）が成立し，2000年6月に施行された．

　大店立地法では，中小小売商保護のために大型店の出店を抑制するという競争制限的な経済規制が撤廃され，それに代わって，交通渋滞，騒音，ゴミ問題など周辺地域の生活環境への影響という観点から出店を審査する社会的規制が導入された[38]．流通の役割を都市や環境とのかかわりで位置づけたことは注目されるが，反面，環境規制の要件を満たすかぎり，大型店の出店は原則自由となった．食品流通関係では，1989年の行革審の答申を受けた酒類販売免許の大型店への交付，米の流通規制を大幅に緩和する95年新食糧法の施行，せり原則の撤廃など取引の自由化を図る99年および2004年卸売市場法改正など，大幅な規制緩和が進められつつある．あわせて，80年代後半からの貿易自由化の流れも，輸入食品の増加を通して，国内の食品流通に大きなインパクトを与えていった．

小売業の動向をみると，1991年の大店法改正による出店規制の緩和を契機に，大型店の出店が加速化し，その動きはバブル経済崩壊後も持続した．それは，チェーン小売業者が既存店の対前年売上減を糊塗する方策として出店を加速化させたためであり，このことが小売市場における店舗過剰を一層，促進するという悪循環を生み出す要因となった．こうしてデフレによる消費者購買単価の下落傾向に店舗間競争の激化が加わることで，食品小売市場における価格競争は熾烈さを極めたのである．四半世紀にわたって日本の小売業首位の座を占めてきたダイエーの経営破綻も，日本の小売市場が抱える構造問題の調整過程を象徴する出来事にほかならなかった．他方，情報化を梃子に着実な成長を遂げてきたセブン-イレブン・ジャパンは，2004年に組織小売業としてみれば約1万店を擁する日本最大の食品小売チェーンに成長を遂げた．とはいえ，コンビニエンスストア業態も，企業間さらにはチェーン内部の店舗間競合が激化し，さらには，24時間営業を開始するスーパーマーケットとの競争もあり，業態として飽和化の様相を呈する．

　既存の主力業態がおしなべて衰退局面に呻吟する状況下で，消費者の低価格志向に対応した食品ディカウンターが生まれる一方，高価格訴求の高級食品スーパー業態やあるいは惣菜や差別化商品を扱う食品専門店が都市部を中心に成長をみせている．さらに，2000年以降，カルフールやコストコ，ウォルマート・ストアーズ，そしてテスコなど，食品を含め総合的な品揃えをする外資系小売業者がハイパーマーケットやスーパーセンターなどの新業態を持ち込むかたちで日本市場に参入した[39]．さらには，インターネットの普及を契機に電子商取引（EC）が市場規模を拡大しており，食品分野でも生協におけるインターネット受注などさまざまな形態でのECが展開しつつある．

　このように日本の小売業者はそれぞれが標的市場との適合性を高める方向でみずからの差別化を目指し，独自の業態革新に取り組んでいる．とはいえ，それらいずれの業態も，小売市場において大きなシェアを占めるにはいたっていないし，そもそも，新業態とはいえ，ECを除くと，必ずしも小売販売活動上の決定的な差異性を有するものとはいえない．このことは，たとえば，イギリ

スの小売市場問題が大手小売業者への寡占化の進展とそのもとでの多業態化に問題がほぼ集約されることと比較すると，日本の食品小売市場の現段階が異なった業態をもつ企業間の熾烈な競争裏にあり，極めて過渡的で多様な様相を呈しているという意味で興味深い．

　しかしながら，小売業者の小売販売活動ではなく，その後方にある供給・調達活動に焦点を当てるならば，世界的にみて次のような共通する基軸的な取組みが浮かび上がってくる．第1に，1980年代からのIT活用の延長上に位置づけられるものとして，流通の効率性と有効性を高めるためのSCMの全面的な導入へ向けての動きである．第2に，これとも関連するが，商品調達におけるグローバル化の取組みであり，そして最後に，高付加価値化・差別化を目指す商品の品質改善，鮮度維持，安全性確保を目指す取組みである．

(2)　食品SCM構築に向けての取組みの本格化とその可能性

　1980年代後半にQRがアパレル産業の活性化手法として導入され，90年代前半には同様の内容をもつECRが加工食品や日用雑貨品を念頭に提唱され，欧米の小売業者は，情報と物流を連動させたロジスティクスの強化に取り組んでいった．90年代後半からは，QRやECRとならんで，SCMという用語が頻繁に用いられるようになってきた．その後も，さまざまな新語がコンサルティング上の差別化というやや恣意的な意図をもって名付けられているため，用語の多様性が無用の混乱を招いている．ここでは，やや大雑把ではあるが，それらを一括りにしてSCMという用語を用いることとする．

　SCMの目的は，簡潔にいえば，無駄な流通コストの節約と流通時間の削減により，供給サービスの効率化と高度化を図りつつ，収益性を改善することにある．つまり，POS情報や中間在庫などに関する情報の共有を基礎に，それらの情報を活用して生産から店頭にいたる商品のフローを効率化し，その結果として，消費者の満足を最大化しつつ，生産者・メーカー，中間業者，そして小売業者のすべての主体にとってロスの削減と収益の改善，すなわち全体最適を実現する手法として定義されている[40]．

日本におけるSCM型の先進的導入事例としては，既述のコンビニエンスストアの1980年代後半以降の取組みがあげられる．しかし，コンビニエンスストアの場合，品揃えアイテム数は3千アイテム程度にとどまり，生鮮食品の品揃えも最近まで行われていなかった．これに対し，アイテム数が膨大な数に上り，食品のフルラインの品揃えを行う総合スーパーや食品スーパーなどの小売業態ではSCMの導入は困難が大きいとみられていた．しかし，2000年以降，低価格を実現するための流通効率化やより高度な供給サービスの実現が至上命令として認識され，さらには，中間流通を排除しメーカーとの直接取引を行い高度なロジスティクス機能をもつ外資系小売業者が参入したことのインパクトもあって，総合スーパーや食品スーパー，さらには従来，産直の理念的側面を重視してきた生協においてさえも，SCMの導入へ向けての関心が急速に高まってきている[41]．また，卸売業者においても同様の取組みが本格化しつつある[42]．こうして，あらゆる流通主体において，それも加工，生鮮を問わず，すべての食品分野においてSCMの導入が目指されるようになっていることが今日的状況であるといってよい．

最近では，SCMの一環としてカテゴリー・マネジメントの導入が提唱されている．カテゴリー・マネジメントについて，いまだ共有しうる定義があるわけではないが，一般には，最終消費者のニーズを理解することに前提に，カテゴリー毎に店頭品揃え，販促，新製品導入や製品補充などについてサプライチェーンの構成主体が共同で戦略を策定し，製品カテゴリー全体の利益を極大化することを目指すものと規定されている．カテゴリー・マネジメントの具体的な取組みを通して，小売業者と供給業者との関係性は敵対的なものから協働的なものへと転化していくとされる[43]．

それでは，SCMの延長上の戦略としてカテゴリー・マネジメントが導入されることの意味は，どう理解できるのであろうか．カテゴリー・マネジメントは，商品管理を単品ベースではなく，カテゴリーベースで行うというある種の発想の転換を含むものであるが，他面で，マーケティング戦略の策定や店頭にいたる商品管理を小売業者みずからが行うのではなく，実際上，製造業者に委譲す

ることを含んでいる．その基礎は，小売販売情報が広く情報サービス業を通じて提供される状況がいったん生じると，「カテゴリーについてよく知っているのはカテゴリー・キャプテンの役割を与えられる製造業者である」[44]と指摘されるように，自社の販売情報のみを有する小売業者よりも商品知識をはじめ格段に深く幅広い知識をもつ製造業者こそがそのカテゴリーについて，より詳細なマーケット分析と適切な戦略策定を行うことができるようになるという事情がある．また，3千アイテムの品揃えのコンビニエンスストアと比較し，数万あるいは数十万のアイテムを品揃えする食品スーパーや総合スーパーにとっては，それらすべての商品について戦略策定をすることが決して容易ではないからでもある．今後，日本でもカテゴリー・マネジメントの導入が進むと，小売業者が棚割りをはじめとする主要な小売マーケティング戦略の策定を実質的に製造業者に依存することになり，その結果として，みずからの小売機能を低下させる可能性がある．

　また，SCMやカテゴリー・マネジメントの取組みがサプライチェーン構成主体間の関係性を対立から提携へと転換させるとの主張については，実際には，互酬性の確保といった全体最適化が達成される状況を一般化することはできない．カテゴリー・マネジメントの取組みにおいて小売業者に商品供給を行うサプライヤーのなかで大手と中小とにより権限や取引条件に格差が存在する事実は，提携関係が成立しうるとしても，それは大手小売業者と大手サプライヤーとのそれにとどまることを示している．サプライチェーンが大手同士の製販同盟として形成されるならば，双方寡占のパワー構造となることの帰結として，「両者の間で協調関係が表面化して，両者の間で結合利潤の最大化」が目指され，「流通革命の利益は有力寡占メーカーと量販店の協調グループ内に留保され消費者に分配されることはない」[45]との田村の指摘が妥当することになる．

　もっとも，SCMが個別産業レベルや地域・国の範囲に拡張しうるとの見解に立てば[46]，サプライチェーンが大企業の閉鎖的なシステムではなく，中小食品メーカー・零細生産者あるいは中小小売商とのネットワークとして展開する可能性を想定しうる．1990年代後半のインターネットの普及は，そうした条件を

提供しつつあるようにもみえる[47]．この点に関しては，大手製造業者との提携のみならず，中小零細業者を取り込んだ多様なネットワーク型のサプライチェーンが，展開しうる技術基盤以外の経営経済的条件が明らかにされねばならない．

　もう1つの重要な論点は，SCMの手法が生鮮食品の供給主体である農業部面にまで適用可能なのか否かという点である．消費者が欲しいとき，欲しいだけ，欠品なく供給することが実現できるのかどうかは，実は，流通システムだけの問題ではなく，生産期間の長さや生産過程の非分割性など生産のあり方から規定されざるをえない．サプライチェーンを需要起点で構築しようとしても，現実の農業生産は供給のタイミングや数量変動，品質特性を完全にコントロールできるわけではない．当面，図6-5に示すように，サプライチェーンの内部に過不足処理の仕組みをどうビルトインしうるのかが最大の課題となる．このような特質をもつ生鮮食品サプライチェーンに対し，SCM手法を無条件に適用するとき，パワー劣位の主体に対する過度な強制として作用しサプライチェーンのゆがみと脆弱化が生じることが考えられる．

図6-5　生鮮SCM型供給体制の構築

目的　◉商品フローの効率化　◉品質管理　◉トレーサビリティ確保

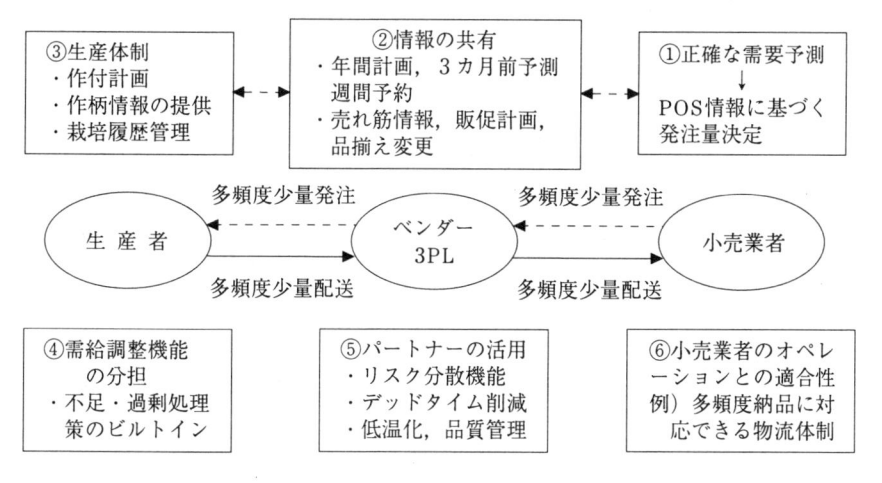

③生産体制
・作付計画
・作柄情報の提供
・栽培履歴管理

②情報の共有
・年間計画，3カ月前予測　週間予約
・売れ筋情報，販促計画，品揃え変更

①正確な需要予測
↓
POS情報に基づく発注量決定

生産者　←多頻度少量発注─　ベンダー 3PL　─多頻度少量発注→　小売業者
　　　　─多頻度少量配送→　　　　　　　　　─多頻度少量配送→

④需給調整機能の分担
・不足・過剰処理策のビルトイン

⑤パートナーの活用
・リスク分散機能
・デッドタイム削減
・低温化，品質管理

⑥小売業者のオペレーションとの適合性
例）多頻度納品に対応できる物流体制

(3) 小売主導のグローバル・サプライチェーン構築への取組み

　小売業の国際化自体，世界的にみると，小売構造の転換と垂直的な流通関係にとって極めて重要な画期をなすものである．だが，日本の小売市場にとっては，そのインパクトは，あくまで間接的なものにとどまっている．それは，日系小売業における国際化の進展が，店舗展開面についてみると例外的なものでしかないからである．しかし，日本の小売業においても調達面での国際化は着実に進展しつつある[48]．

　今日，スーパーチェーンに代表される巨大小売業者がグローバルな商品調達に取り組む要因は，商品の大量性，低価格，差別性などの利益の獲得にある．デフレ経済化と消費者の低価格志向が強まるなか，とくに低価格商品確保の手段としてグローバル・ソーシングの有効性は一層高まりつつあり，中国をはじめとするアジア市場からの商品調達が急激に増加している．たとえば，世界最大の小売業者であるウォルマート・ストアーズは，中国で店舗網を44カ所に拡大すると同時に，世界55カ国からの商品調達のうち約3分の2を同国から調達し，中国を安価な商品の重要な供給基地として位置づけている[49]．

　日本のスーパーによる食品のグローバル・ソーシングの代表的な取組みとしては，原料をブラジルから調達することで劇的な低価格を実現したバレンシアオレンジ濃縮還元果汁飲料の事例がよく知られる[50]．しかし，最近では，加工食品のみにとどまらず，生鮮食品についても国際的な調達が取り組まれるようになった．さらに，大規模のみならず中小規模層を含めて，スーパーみずからがかなりの程度，主導的な役割を果たしながら，食品の国際的な調達を本格化させつつある．中国からの生鮮野菜を例に，その実態とそれが可能になった条件を整理してみよう．

　第1に，大手スーパーでは開発輸入方式が採用されることが多く，それは現地駐在事務所の開設やときには現地店舗での商品調達の経験から，国外の情報収集力を飛躍的に高めてきたことの結果である．一方，中小スーパーでは，そうした条件に欠けることから，商社などサードパーティへの依存が不可避となる．第2に，通常，国外からの商品調達は空間的・時間的懸隔からの制約条件

が大きくなるが，これについては，ロジスティクス基盤の飛躍的な改善により急速に解消されつつある．たとえば，図6-6にみるように，中国から生鮮野菜を調達するとき，中国沿岸部での高速道路網の整備，冷凍・冷蔵車の導入，海上輸送では品温管理の可能なリーファ・コンテナの普及がみられ，国内到着後は低温倉庫で保管されることで，商品の鮮度保持を可能にするコールドチェーンが完結している．野菜の生鮮性という物的特性は，すでにグローバルな調達を制約する要因とはなっていない．第3に注目すべきは，小売業者が取引を開始するのに先立って，種子の供給，栽培方法の指定と指導など，生産過程への全面的な関与を行っていることである．こうして，現地情報力，サードパーティ活用を含めた高度なロジスティクス力，生産過程への積極的関与を通して，小売主導による生鮮食品のグローバル・サプライチェーンが構築されつつある[51]．

だが，最近の暫定セーフガードの発令や2002年に多発した中国野菜の残留農薬問題は，中国野菜に対する消費者の原産国イメージを大幅に悪化させ，こうした消費者の反応が小売業者の中国野菜調達に歯止めをかけることとなった．明らかなことは，1つに，当然のことながら，小売業者は品揃えにあたって消

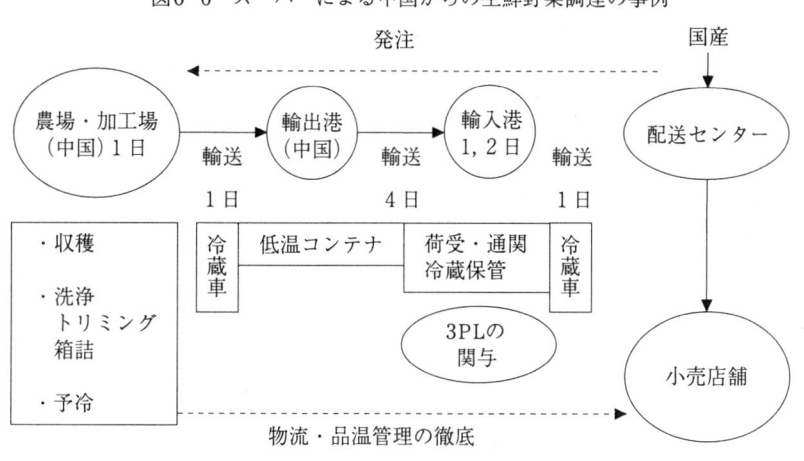

図6-6 スーパーによる中国からの生鮮野菜調達の事例

出所) スーパーA社聞き取り調査．

費者の国産志向，安全性志向を無視しえないということである．さらに，より重要な側面として，小売業者が消費者に対し自社の輸入野菜の安全性を保証する段階にいたっていないこと，より具体的にいえば，海外から店頭にいたる空間的に拡張されたサプライチェーンをコントロールすることの相対的な困難さや，海外産地との提携において信頼関係を構築することの困難さが伏在しているということにほかならない．

この事件が契機となり，スーパーは輸入野菜の調達について，海外産地管理の徹底など，より高い安全性を確保しうるサプライチェーンの再構築を目指すこととなった．だが，あわせて注目すべきは，もとよりスーパーが輸入野菜依存にのみ傾斜しているわけではないという点である．残留農薬問題が発生する以前から，輸入対応とならんで，もう一方で，地場野菜や品質指定の産直野菜など国内調達の強化が着実に取り組まれてきたことが大手スーパーの事例からもわかる（図6-7）．ローカル調達は，新しい価値視点での小売マーチャンダイ

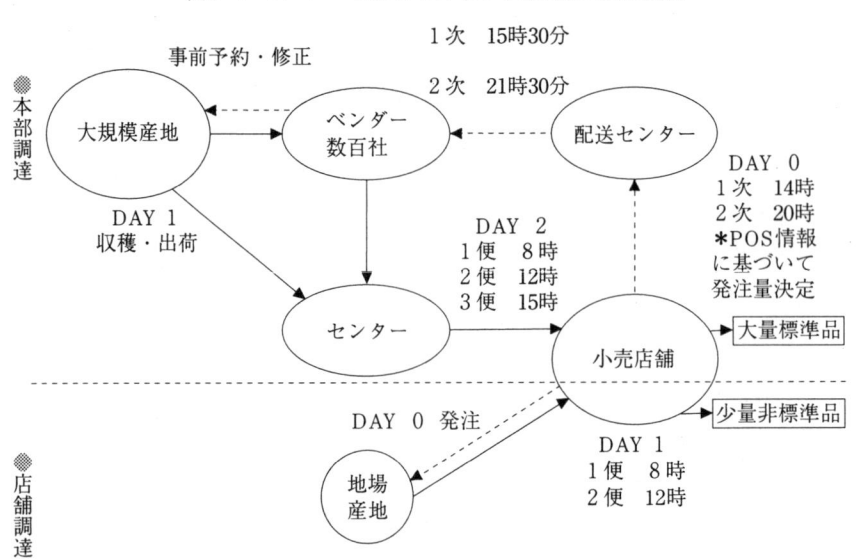

図6-7 スーパーにおける野菜の本部調達と店舗調達

出所）スーパーB社聞き取り調査．

ジングの展開という意味を内包している．グローバル調達では大量性や標準性，低価格などの価値が重視されるのに対し，ローカル調達では少量性・希少性や季節性，非標準性の価値が重視され，店舗別ないしエリア別のいわば「売り切り御免」型のサプライチェーン構築が志向されているからである．

　極めて限られた事実からではあるが，小売業者における食品調達戦略は，国内か国外かを問わず，グローバルとローカルの両面で生産過程にまで深く関与するかたちで，単なる流通システムにとどまらず，生産者・製造業者を含めたより密接な提携関係に基づくサプライチェーンの構築に向けて小売機能の外延的拡大とその深化が追求されている．興味深いのは，グローバル調達とローカル調達の比重の違いが，小売業者がチェーン・オペレーションに忠実であればあるほど前者への指向性が強まる一方で，個店戦略を重視する場合には後者が重視されるという販売戦略の差異性から説明しうる点にある．ローカルなサプライチェーン構築は，個店重視志向という点で従来のチェーンストアオペレーションの修正という意味をもつものである．したがって，スーパーチェーンが標準的な品揃え戦略を見直し，1つのカテゴリーのなかで大手サプライヤーとともに，中小零細サプライヤーを不可欠の供給主体として位置づけるとき，小売主導型サプライチェーンが，標準商品の大量供給機能とともに，非標準商品の少量供給機能を果たす可能性を見出しうることになる．

(4) 消費者の安全性ニーズの高まりと流通における信頼の再評価

　1990年代以降，デフレ経済の下で食品小売業者の戦略が全体的にみると低価格訴求へと傾斜していったことは否定できない．だが，消費が成熟化傾向を示す長期トレンドのなかで，消費者が食品の低価格性のみならず，多様性や簡便性，そして高品質・安全性への要求をより強めてきたこともまた明らかである．食に対するこうした消費者ニーズの強まりは，少子高齢化社会の到来もあって，先進国にほぼ共通する傾向といってよい[52]．長期のトレンドとして，高品質や簡便性などの高付加価値，あるいは安全性訴求を重視する小売業者は着実に増えつつある．

とはいえ，1990年代末から2000年初頭にかけて食中毒や食品偽装あるいは残留農薬問題が多発し，とりわけ安全・安心の提供をその理念に掲げてきた生協産直までもが偽装食品を供給していた事実が明らかになった．こうした事件の意味するところは，小売主導型流通システムが大量性や効率性を優先する一方で，消費者の代理購買者として品質・安全性確保のためのシステム構築や相互のコミュニケーションを必ずしも十分には展開してこなかったことの1つの証左にほかならない．

本来，製品政策はメーカーや生産者の意思決定領域であり，そのかぎりで商品に由来する事故の責任は生産者・製造業者にある．しかしながら，PBなど自主企画商品が開発され，あるいはサプライチェーン全体が小売業者のコーディネーションの下で構築されるようになると，すでにイギリスで食品安全法に基づいて小売業者の販売責任が法的に問われるように，基本的に小売業者がその製品についての全責任を負わねばならないこととなる．現在のところ，日本のスーパーのPB開発への取組みは依然として緩慢であり，大手スーパーでも売上比率で2割未満と低水準にとどまっている．しかし，1990年代からは，先進的小売業者において，品質，安全・安心，環境をキーワードにPB戦略の見直しが図られ，今後，プレミアムPBをはじめPBライン内部でのサブ・ブランド化が図られることで，その比重が急速に高まることが予測される[53]．

かつて一部の消費者の拘りニーズであった安全・安心要求は，すでに一般消費者の要求として大衆化・一般化している．欧州に比べ大きく遅れをとっていた食品安全規制が，食品安全基本法や牛肉トレーサビリティ法，あるいは食品表示違反への罰則規定を強化する食品衛生法改正などにより，日本でも徐々に整備されつつある．今後，生産段階から中間流通業者，小売店の店頭にいたるサプライチェーン全体を通じた品質や安全性にかかわるリスク管理，トレーサビリティ確保などのシステムを構築することが要請される．それは，安全性確保の仕組みをもたない供給業者は食のサプライチェーンのメンバーから脱落せざるをえないという，安全・安心をめぐる新たな競争へのパラダイムシフトにほかならない．こうした状況下で，サプライチェーンのなかで安全性を確保す

る仕組みは，一方でITのシステム的な要素を必要とするが，同時に，情報の信憑性などを確保するには組織間の提携・信頼関係こそが必須となることが認識されつつある[54]．

5．流通に期待される社会的機能と流通システムの展開方向

　流通システムにおける小売主導性を強めてきたパワー基盤は，第1にスーパーチェーン業態の成立とその発展にともなう購買の大量性であり，第2にIT活用による情報力の強化，第3にその延長上にあるSCMの導入とグローバルな拡張，に求めることができる．特徴的な点は，これまで長期間にわたって，1960年以降成長を遂げていったスーパーチェーン業態の革新性を機軸に，その基本原理を強化するかたちで，新たな流通革新が取り込まれてきたということにある．それゆえ，今日にいたる小売主導型流通システムは，小売業者のパワーと主導性がより一層強化されることにともない，基本的にはほぼ一貫して，効率的な大量流通を実現する方向で進化してきたのであった．

　他方で，小売主導型流通システムは，一部の論者が主張するように，直接的に流通における関係性を対立から提携に変化させたり，消費者主権に即した流通成果を実現する論理をその内にもつものとはいいがたい．それは，最近の食品をめぐる事故・事件において，食品の基本的前提条件である安全性さえもが十分確保されてはいなかった事実からも例示される．

　しかしながら，この経験を契機に，食の安全性確保がサプライチェーン全体としてしか解決しえない課題であり，これを確保するには，システム機能の強化とならんで信頼関係の構築が不可欠であることが強く認識されるにいたったことは重要である．それは，ITの活用により食品のトレーサビリティ確保をいかに徹底したとしても，蓄積される情報の信憑性を究極的には担保することはできないことに象徴される．

　食品の安全性は，本来，食品に必須の要件であり，その絶対性と公共性はほぼ自明といってよい．その意味で，食の安全性確保を競争に全面的に委ねるこ

とは適切ではない．食品安全基本法をはじめとする一連の食品安全規制が整備されつつあることを高く評価しなければならないし[55]，今後，食品流通に求められる機能がより一層，多面化することで，市場原理以外のきめ細かな社会的調整が要請されるであろう．しかし，政府による食品安全規制や支援の範囲は，あくまで社会的合意の得られるミニマム・スタンダードに限定されるという限界がある．結局のところ，パワーや規制とともにもう1つの調整原理として食品サプライチェーンにおける提携ないし信頼関係を構築する課題が浮かび上がってこざるをえない．

　より長期的にみると，現代の流通システムは，成熟化する消費の側から大きな転換を迫られている．食品流通システムにとっては，効率化，さらには安全性確保に加えて，高品質・高付加価値化を含めた多様化への対応が必須となっている．問題は，これからの食の成熟化に対応しうる食品流通システムをどのようなモデルを通して実現するのかということである．

　信頼の再評価とならんで，現段階の小売主導型流通のいま1つの特徴は，グローバルなサプライチェーンの構築が積極的に取り組まれる一方で，ローカルなサプライチェーンの位置づけが見直されつつあることであった．ローカルな調達は，グローバルな調達が提供する大量性や標準性とは異なった季節性や希少性などの価値を提供することで，スーパーチェーンにおける個店重視の品揃え形成と連動している．いい古された言葉ではあるが，標準店に適合的な消費者は存在しない．その意味で，チェーンストアオペレーションの見直しは，消費者主権へ向けての転換や地域との共存や循環の重視という新たな小売形態の模索にもつながっていく動きとして高く評価しうる．

　より広く流通システム全体の方向性としてみると，その展望はどうか．イギリスやアメリカをモデルにすれば，小売主導型流通の進化を通してより一層のシステム化を図る単線的な展開が考えられる．しかし，小売主導型流通が主流になりつつも，卸主導型や生産者主導型などの多様な流通形態が並存する日本の実態からは，より多面的な流通形態の展開が想定される．そもそも，小売主導性の強化の帰結について，海外の事例からは次の問題点を指摘することがで

きる．

　1つは，小売寡占化がもたらす消費者の購買選択の制約である．すでにイギリスでは上位3社への寡占化が顕著であり，地域の消費者にとって，フード・デザート（Food Desert）[56]と表現されるような，特定小売業者以外に食品の購入先を見出しえない状況が生じている．小売寡占度の低い日本においても，バブル崩壊後，一方で出店が加速化されるなか，収益性の悪化や倒産による閉店・撤退問題がみられ，局地的ながらフード・デザート的な状況が生じている．衣類などの買回り品の購入先である商店街の歯抜け問題よりも，食品という最寄り品の購入先である近隣の中小スーパーの閉店問題が，より深刻な生活上の問題であることはいうまでもない．スーパーの店舗閉鎖を契機に，小売店舗の社会インフラとしての重要性が地域住民に再認識されつつある[57]．

　いま1つには，小売業者と供給業者との機能分担と関係性の変化についてである．欧米では小売業者が供給業者に対してスロッティングフィーや販促費などを要求したり，マーチャンダイジング機能の遂行を求めることがあり，日本でもセンターフィーや販促支援などの取引慣行がみられる．これらの取引条件を小売業者が要求する根拠は，本来，生産者・製造業者が行うべき活動を小売業者が代行しているとの理解に基づいている．このことは，小売業者が基本的には生産者の販売代理人としてみずからを位置づけ，「棚貸業者」化しつつあることを意味し，そうであるならば，小売主導性の強まりが結果的に小売業者の小売ないし流通機能の脆弱化を招き，小売段階における流通革新を停滞させる可能性が高いといわねばならない．

　小売業の多様性とそれを基礎とする流通システムの多元性は，多様な食品生産と消費を前提としつつ，同時にそれらの多様性を保証することになる．まさに，多様な小売業態の存立は，そのための前提条件の1つなのである．そして何よりも，消費者の代理購買機能を重視する小売主導型システムだけではなく，生産者直売店など生産者の代理販売機能を果たす多様なシステムが並存するなかで，マクロ的には，生産と消費とのバランスをとる流通本来の機能が保持され，その結果としてミクロ的には，信頼関係に基づく提携的な生産・流通・消

費のネットワーク像が具体化していくように思われる.

1) 本稿は，木立真直「食品流通の転換と政策課題」日本農業経済学会『農業経済研究』，第75巻第2号，岩波書店，2003年，をベースに，大幅に加筆修正したものである.
2) 小売主導型流通の形成については，古典的な業績としては，佐藤肇『日本の流通機構』，有斐閣，1974年，があるが，その後の流通に関する学術研究ではこの用語はあまり用いられなくなった．他方，食品流通研究では，1990年初頭に，豊田隆『果樹農業の展望』，農林統計協会，1990年，田村馨「食料品小売業の現状と課題」農林漁業金融公庫『食品流通の現状と課題　長期金融70』，1990年，高橋正郎「食品スーパーの展開と食品流通」加藤譲編著『食品産業経済論』，農林統計協会，1990年，などで用いられ，その後，一般的な論調となり，今日も多用される用語である．一般流通研究と食品流通研究における，こうした用語法の違いは，欧米でも同様にみられる.
3) 流通システムの共通性は，一方で，小売業者側の仕入販売政策の一貫性によってもたらされると同時に，政府の規制緩和の進展によって後押しされつつある.
4) ここで，流通システムという用語ではなく，サプライチェーン・システムという用語を用いることがより適切との主張があろう．それは，本稿で後述するように，最近の実態が，サプライチェーン視点の取組みが増えるなかで，生産過程と流通過程を分けて捉えることが不適切になりつつあり，いわば生産と流通を統合するかたちで分業体制の再編成が進行してきているからである．しかし，本稿では，現実には小売業者が生産まで完全に統合している場合はむしろ例外的であり，小売業者主導のサプライチェーンは流通上のコントロールにとどまっていることが一般的であるとの理解から，さしあたり，ここでは流通システムという表現を用いる.
5) 生協産直をめぐる問題の発覚とそれへの対策については，中島紀一「生協青果物事業の基本はSCMではなく産直（生産者・消費者の協働事業）―SCM視点だけでは本質的には何も解決しない―」，生協総合研究所『生活協同組合研究』，第325号，2003年，を参照.
6) 現代流通分析の基本的枠組みを提示した代表的研究の1つが阿部真也『現代流通経済論』有斐閣，1985年，である．流通におけるパワー問題を本格的に取り上げた業績としては，石井淳蔵『流通におけるパワーと対立』，千倉書房，1983年がある．また，市場経済の視点からは，菅原陽心「大企業の出現と市場経済の転換」山口重克編『新版　市場経済―歴史・思想・現在―』，名古屋大学出版会，2004年，がある.
7) 例えば，ヒングリーが，「パワーが存在することは永続的なものであることが認

識されているにもかかわらず，企業と企業との関係性に関する研究はパワーの重要性を見過ごしてきた.」と述べているように，パートナーシップやトラストを強調する傾向がみられるなかで，パワーの実証的な研究が少なくなっていることは事実である．Martin Hingley, "Power Imbalanced Relationships: Cases From UK Fresh Food Supply", *International Journal of Retail & Distribution Management*, Vol. 33 No. 8, 2005, p. 563.

8) Nirmaly Kumar, "The Power of Trust in Manufacturer-Retailer Relationships", *Harvard Business Review*, 74, November/December, (6), 1996, pp. 92-106.

9) Rachel Dufty and Andrew Fearne, "Partnerships and Alliances in UK Supermarket Supply Networks", Michael Bourkis and Paul Weightman, ed., *Food Supply Chain Management*, Blackwell Publishing, 2004, pp. 136-152.

10) Debora Desroshers, Gregory Gundlach and Albert Goer, "Analysis of Antitrust Challenges to Category Captain Arrangements", *Journal of Public Policy & Marketing*, Vol. 22 (2), 2003, pp. 201-215.

11) 例えば，矢作は「日本では，特定メーカーの製品をおもに扱う系列店が国内販売市場の4割を掌握しており，系列化を軸としたメーカーのチャネル管理は依然として市場を貫徹している.」と述べている（清成忠男・矢作敏行編『改正大店法時代の流通』，日本経済新聞社，1991年，35ページ）．食品流通でも，例えば，食肉メーカーでは小売段階まで含めた強力なチャネル管理が追求されたのであった（曽我信孝「一般消費財独占のマーケティング（B. 加工食品）」『講座 現代日本の流通経済2 現代日本独占のマーケティング』，大月書店，1983年，193-195ページ）．しかし，食品流通の系列化は，一部に特約店制度が形成されたとしても，全体としてみると微弱なものであったとみるべきであろう.

12) この時期の小売革新については，小山周三「小売業態の進化」日経流通新聞編『流通現代史』，日本経済新聞社，1993年，22ページ，および矢作敏行「総合スーパーの成立」嶋口光輝・他編『マーケティング革新の時代4 営業・流通革新』，有斐閣，1998年，127ページ，に詳しい.

13) 中野安「スーパーの急成長と流通機構」森下不二也監『現代日本の流通機構』，大月書店，1983年，36ページ，および中野安「現代日本資本主義と流通機構」，同上書，1983年，37ページ.

14) 店舗と消費者との近接性を維持しながら全体としての売場面積を拡大していくチェーン化は，従来の代表的大規模小売業であった百貨店の立地産業的限界を克服することとなった（近藤文男「小売業における競争と独占」橋本勲・阿部真也編『現代の流通経済』，有斐閣，1978年，180ページ）．

15) 戦後初期，公正競争の維持を目指し，かつ中小商業者の保護を基調としていた流通政策は，1960年代に入ると，「流通物価責任論」の批判を受けて流通近代化政策

へと大きく転換していった．

16) 価格分散の観点からスーパーチェーンの拮抗力を分析した研究として阿部真也「現代流通機構と物価騰貴」橋本・阿部編，前掲書，がある．

17) アメリカにおけるスーパーによる生鮮食品調達について考察している論稿に，木立真直「海外卸売市場の特徴とわが国卸売市場制度との比較」日本農業市場学会編『現代卸売市場論』，筑波書房，1999年，がある．

18) 糸園辰雄「加工食品卸売業」糸園辰雄・他編『転換期の流通経済2　卸売業』，大月書店，1989年，を参照のこと．

19) スーパーチェーンが卸売市場に対し取引制度の改変を迫ったこと自体，生鮮食品流通における卸売介在の合理性を物語っている．もちろん，公正競争の観点から，小規模零細な生産者に対しスーパーがバイング・パワーを発揮することは容認しえないことはいうまでもない．「価格破壊」の社会性は，独占価格の打破にかぎっていえることだからである．

20) 田中は，「1960年代後半以降の日本の市民生協運動を，消費社会化を背景とした＜消費者の生協運動＞であり，そこでの生活課題は，物価問題や商品の安全性，あるいは都市型の生活諸条件の整備であった.」と指摘している（田中秀樹『消費者の生協からの転換』，日本経済評論社，1998年，46ページ）．

21) 吉田忠『農産物の流通』，家の光協会，1978年，竹中久二雄「農産物流通政策と卸売市場法」竹中久二雄・西山久徳『農業政策と農業法制』，学陽書房，1985年，などを参照．大量消費の基調とする日本の食生活の変容について，アメリカ型食生活の広がりという観点から分析した論稿が，木立真直「アメリカ型食生活の広がりと食のグローバル化」中野一新・杉山道雄編『グローバリゼーションと国際農業市場』，筑波書房，2001年，である．

22) 大店法成立以前も総合スーパーの出店に対する介入は行われており，1968年の通産省通達以降，百貨店法の適用逃れを意図した，いわゆる擬似百貨店が行政指導の対象となった（加藤義忠「大型店規制政策の展開」保田芳昭編『現代流通論2　日本と欧米の流通政策』，大月書店，1995年．または鈴木安昭『日本の商業問題』，有斐閣，2001年）．こうした動きが大店法成立の前史となったのである．

23) 野口智雄「大店立地法，中心市街地活性化をどう変わるか」久保村隆祐・編『中小流通業革新への挑戦』，日本経済新聞社，1999年，328ページ．

24) 石原は，食品スーパーの製造業的特殊性について興味深い分析を行っている（石原武政「新業態としての食品スーパーの確立」嶋口・他編，前掲書，1998年）．

25) 外食業における業態革新の特質は，第1に多店舗化・チェーン化，第2にパート労働力の活用とマニュアルによる給食サービスの標準化，第3に仕様書発注あるいはカミサリーやセントラル・キッチンを通じた食材の安定仕入，保管や調理の集中化，である．これら後二者は，いずれもチェーン経営を支える仕組みとして不可欠

第 6 章　小売主導型流通システムの進化と展開方向　171

のものであった（木立真直「食品関連産業の進展と流通再編―小売，外食部門からのアプローチ―」農産物市場研究会『農産物市場研究』，第 33 号，筑波書房，1991 年，木立真直「食品産業の構造変動と食品流通システムの転換」土井時久・斉藤修編『フードシステム学全集第 6 巻　フードシステムの構造変化と農漁業』，農林統計協会，2001 年）．

26)　陶山計介「現代流通における技術革新」保田芳昭・加藤義忠編『現代流通論入門（新版）』，有斐閣，1994 年．『食品商業』，2 月号，4 月号，商業界，1991 年，ではアイテム数絞り込みの実態が紹介されている．木立真直「IT 革命と流通の転換」阿部真也・他編『流通経済論からみる現代』，ミネルヴァ書房，2003 年，を参照．

27)　もちろん，ここでの「適合的」とは，消費者による商品の購買が消費者ニーズを反映するかぎり，このような購買に即した品揃えが消費者ニーズに適合的である，という意味においてである．

28)　より包括的にみれば，「チャネル・システムを情報処理の 1 つの単位としてとらえるという視点にしたがう」ならば「環境から負荷される不確実性に対処することができなければ，チャネル・リーダーの地位を確保できない」石井，前掲書，102 ページ）のであり，販売情報の収集・分析はもっとも重要な不確実性に対処する手段なのである．「…環境不確実性の増大とともに，その情報処理能力をベースとして他の組織の行動を統制することが可能になる…」（260 ページ）は，そのためである．

29)　矢作敏行・小川孔輔・吉田健二『生・販統合マーケティング・システム』，白桃書房，1993 年，60 ページ．

30)　こうした動きが店頭在庫能力の小さいコンビニエンスストアで先駆的にみられたことは周知の通りである（矢作・小川・吉田，前掲書，62 ページ）．もっとも，情報流に即して効率的な品揃えや管理運営を行うには，少なくとも各店舗の販売情報がリアルタイムで本部に伝達されなければならない．実際には，先進的なコンビニエンスストアの本部が店頭情報を即日のうちに入手可能になったのは 1991 年に統合デジタル通信網（ISDN）が利用されてからのことであり，それ以前には小売業者の店舗，本部，供給業者のあいだでリアルタイムでの情報交換が効率的に行われていたわけではない．

31)　矢作敏行『コンビニエンス・ストア・システムの革新性』，日本経済新聞社，1994 年．もっとも，田村のように，惣菜や弁当が主な取扱い商品である点に CVS の特殊性を求め，そのシステムが生鮮食品まで一般化できない限定性を主張する見解もある（田村馨『日本型流通革新の経済分析』，九州大学出版会，1998 年）．

32)　矢作敏行「食品の生産・流通の調整と統合」日本フードシステム学会『フードシステム研究』，第 3 巻，第 2 号，1996 年，6-7 ページ，および矢作・小川・吉田，前掲書，21 ページ．

33) 木立真直「小売機能の展開と産直機能の評価」阿部真也編『現代の消費と流通』, ミネルヴァ書房, 1993年.
34) 佐藤善信「大手メーカーと量販店間の〈製販連携〉の展開」嶋口・他編, 前掲書, 1998年, を参照. とくに価格競争圧力が強まるなかでの効率化によるローコスト化の手法としてのSCMには, 一定の有効性とともに限定性が大きいことは明らかである. パートナーシップや提携的取引関係が構築されるには, 短期の売上・価格・利潤などの経済的利益を超えた, 長期的で社会的な共通の理念・目標が必要であることを示唆している.
35) 食品産業政策研究会編『食品市場にみる競争の現状と課題』, 地球社, 1984年, 2-10ページ.
36) 外川洋子「ジャスト・イン・タイム物流の功罪」日本経済新聞社編『これからどうなる商慣行』, 日本経済新聞社, 1991年.
37) その間の議論は, 流通・取引慣行等と競争政策に関する検討委員会『流通・取引慣行とこれからの競争政策―開かれた競争と消費者利益のために―』, 公正取引協会, 1990年, を参照.
38) 渡辺達朗『現代流通政策』, 中央経済社, 1999年, 186-198ページ, あるいは野口, 前掲書, 247ページ.
39) 外資系小売の日本市場参入のインパクトについては, 木立真直「小売業のグローバル化と日本的流通システム」同志社大学商学会『同志社商学』, 第53巻, 第5・6号, 2002年, を参照.
40) Handfield, R. and Nichols, E., *Introduction to Supply Chain Management*, A Simon & Shester Company, 1999 (ロバート・B・ハンドフィールド&アーネスト・L・ニコルス『サプライチェーンマネジメント概論』, プレスティスホール出版, 1999年), またAndrew Fearne and David Hughes, *Success Factors in the UK Fresh Produce Supply Chain: Some Examples from the UK*, Wye College, 1998, は, イギリスでの新たな生鮮食品における動向を論じている.
41) 木立真直「食品流通におけるサプライチェーン・マネジメントの意義と展望」生協総合研究所, 前掲書. 日本でのSCMの取組みが比較的最近のことである事実は, 例えば大手食品メーカーのSCMへの取組みもそれほど古いことではないからもわかる. 味の素でも1996年から計画し, 99年から本格稼動させている (鎌田利弘「サプライチェーン・マネジメントシステムの展開」, 生協総合研究所, 同上書, 19ページ). SCMに関連するものして, 三村優美子「製配販連携と新しい取引関係の構築―日本におけるECR・サプライチェーンの可能性と課題―」流通問題研究協会『これからの流通への着眼・三題』, 1998年, あるいは, 村雲稔弘・Lohtia, R.「ECR流通革新の方向」日本マーケティング協会『マーケティング・ジャーナル』, 第60号, 1996年, などがある.

第6章　小売主導型流通システムの進化と展開方向　173

42) 東京都中央卸売市場『新市場コンセプト懇談会報告書』，2002年，では，SCMを生鮮食品流通に導入することを前提に卸売市場の方向を提言している．また，SCMの導入は小売業者だけではなく，卸売業者においてもみられ，菱食，国分，雪印アクセス（現，日本アクセス）などの有力卸一括物流やIT活用，センター運営などの優れたノウハウと機能を活用する事例がみられる（田島義博監『卸売業のロジスティクス戦略—サプライチェーン時代の新たな中間流通の方向性—』，同友館，2001年）．

43) Peter Dapiran & Sandra Hogarth-Scott, "Are Co-operation and Trust Being Confused with Power? An Analysis of Food Retailing in Australia and the UK, *International Journal of Retail & Distribution Management*, Vol. 31 No. 5, 2003, pp. 257-8.

44) Blattberg & Fox, *Category Management; Getting Started, Guide 1*, Research Department, Food Marketing Institute, 1995.（Desroshers, op.cit., p. 205, より引用）

45) 田村正紀「流通のパワー・シフト」，日本経済新聞社編，前掲書，1991年，219ページ．SCMに否定的な見解をより広い視点から論じた論稿が中島，前掲論文，である．

46) 矢坂雅充「フード・サプライチェーン・マネジメントへの胎動」生協総合研究所，前掲書．一般経営学の研究者は，SCMを産業レベルで適用することに否定的であるが，産業レベルでSCMを導入しようとする試みが中小零細生産者の分野ではみられないわけではない．

47) ITそのものの幅広い社会経済的インパクトについては，福田豊「デジタル経済とは何か」『経済セミナー』，7月号，日本評論社，1999年，など同氏の一連の業績を参照．

48) ここで述べている小売業の国際調達のより詳しい分析については，木立真直「小売業におけるグローバル調達の意義とその実像」徳重昌志・日高克平編『グローバリゼーションと多国籍企業』，中央大学出版部，2003年，および木立真直「食品小売・外食業におけるグローバル調達戦略」日本農業市場学会『農業市場研究』，第11巻，第2号，2002年，を参照．小売業の国際的SCM構築については，John Fernie, "The Internationalization of the Supply Chain", John Fernie and Leigh Sparks ed., *Logistics and Retail Management*, Kogan Pages, 1997, p. 49, を参照．

49) 『日経流通新聞』，2003年1月28日号．

50) 鈴木安昭・関根孝・矢作敏行編『マテリアル流通と商業』，有斐閣，1994年，167ページ．食品の開発輸入については，木綿良行「わが国大手小売業による食料品の直接輸入・開発輸入の現状と課題」流通問題研究協会，前掲書，を参照のこと．

51) 向山は，調達の高度化を空間軸と生産への関与度という2つの軸のマトリックス

で整理している（向山雅夫『ピュアグローバルの着地』，千倉書房，1996年，177ページ）．また，向山は，国際調達において，情報力とロジスティクス力が必要であり，効率的な最適商品供給システムを構築・運営することが課題になる，と指摘している（向山雅夫「市場の異質性を超越するグローバル小売業」，流通科学大学『流通科学研究所モノグラフ』，No.008，2002年，19ページ）．

52) アメリカにおける安全性重視の動きについては，Leyle Schertz, and Lynn Daft, *Food and Agricultural Markets: The Quiet Revolution*, ERS / USDA, 1994（シュルツ，L. P. / ダフト，L. M. 編・小西孝蔵・中嶋康博監訳『アメリカのフードシステム』，日本経済評論社，1996年，に詳しい．

53) イオンでは，現在，PB比率は15.9％にすぎないが，これを今後，25％にまで高めるとの方針を掲げている（『日経流通新聞』，4月17日号，2003年）．

54)「…この取引は人間のある種の合理的良識にたいする信頼を前提にして成立しているようなところがあり，しかしこの前提には何ら確実な根拠はないのである．」山口重克「商業の時代」山口編，前掲書，46ページ．

55) 中嶋は，「安全対策の利益は，究極的に消費者へ帰着するから，安全対策の費用が，価格上昇を通じて，すべて消費者に転化されることもあり得る．しかしその結果，所得の高い階層しか安全性の高い商品を購入できなくなる事態も起こりうるということに配慮が必要であろう．」と指摘している（中嶋康博「食の安全性とフードシステム」日本フードシステム学会『フードシステム研究』，第6巻，第2号，1999年，93ページ）．

56) Competition Commission, *Supermarkets: A Report on the Supply of Groceries from Multiple Stores in the United Kingdom*, 2000, p. 312.

57) 細川は，地域経済と全国的総合スーパーと出店・撤退行動との矛盾を指摘している（細川允史「流通再編と食料・農産物市場変革の展望」滝澤昭義・細川允史編『講座　今日の食糧・農業市場』流通再編と食料・農産物市場』，筑波書房，247ページ）．地域密着であった食品スーパーが倒産することにより，地方都市の郊外団地地区においてスーパー無店舗状態が発生することがきわめて深刻な問題となる．

第7章 共同商品開発におけるコンビニエンス・ストアと製造企業との関係性

1. 問題の所在

わが国におけるコンビニエンス・ストア (Convenience Store：以下，CVSと略記) 業態は，その概念が日本に導入されてからの歴史はおよそ30年あまりしか経過していないにもかかわらず，今日まで，社会的・経済的状況の変化を背景として急速に成長・発展を遂げてきた小売業態の典型的事例として挙げられる．こうした発展を支えてきた基盤には，CVS業態独自の24時間営業・年中無休という時間的利便性の提供を重視した営業形態を採用してきたからにほかならない．しかし，近年，高度に進展する業態の多様化のなかで時間的利便性の提供というCVS業態が独自に展開してきた経営手法のみを業態の差別化戦略として営業活動を行うだけでは，CVS業態としての差別的優位性を確保し，維持することがきわめて困難な状況になってきた．その理由は，競合するCVS業態も同様の模倣的戦略を実施しているうえに，スーパーマーケット (Supermarket：以下，SMと略記) や総合量販店 (General Merchandising Store：以下，GMSと略記)，専門店などといったCVS業態と競合関係に位置する他の小売業態も，営業時間および営業日数を延長するなどの対抗措置を講じるようになってきたことにより，従来獲得できていた差別的優位性を時間的利便性の提供からだけでは享受できなくなってきたからである．

このことは，現在，CVS業態の最大手企業であるセブン-イレブン・ジャパン (以下，セブン-イレブンと略記) の鈴木敏文会長が次のように述べていることからも明らかであろう．「コンビニエンスという言葉に要求される意味も時代とと

もに変わってきた．創業のころは『長時間営業』だったが，徐々におにぎりや弁当の『手ごろな価格』に移り，いまは『おいしさ』が求められる」[1]と．創業当時，もっとも斬新と考えられてきた24時間・年中無休という営業形態による差別的優位性の確保という観点から出発したCVS業態の成長戦略もおおよそ限界に達し，取扱商品に関する品質や手頃な価格といった商品自体の差別化へと戦略の方向性を転換していかなければ今後の持続的成長は考えられないことを鈴木会長自身も感じ取っていたことがうかがえる．つまり，消費者のニーズやウォンツが多様化した現代の消費傾向にCVS業態が対応していくためには，24時間営業・年中無休という営業形態は所与の前提条件として，新たにマーチャンダイジング力の重要性が認識され始めるようになってきたのである．

　実際，CVS業態はこうした課題を克服するために取扱商品の精選へと戦略の重点を徐々に移行させてきた．おにぎりや弁当，惣菜など調理加工済み食品はCVS業態にとって最も販売の期待される主力商品群であり，当該商品群では競合他社との明確な差別化が進展している．CVSがマーケティング戦略の一環として展開する差別化商品としての当該商品群は，その多くの商品を自社が企画・製造段階にまで関与して開発を行うプライベート・ブランド（以下，PBと略記）商品で構成しており，CVSと製造企業が，卸売企業を介すことなく直接的に商品を調達する商品供給システムを構築している．いまやPB商品開発は，CVSにとってマーケティング戦略の中核をなし，取扱商品のうち，およそ30％の商品がPB商品であるという事実がその重要性を裏付けている[2]．

　近年，差別化志向に立脚するCVS業態が挙って展開するPB商品開発のなかで，大手製造企業との「コラボレーション」と銘打つ共同商品開発が両者の間で積極的に行われるようになってきている．たとえば，セブン-イレブン・ジャパンとアサヒ飲料による共同開発商品「凍頂烏龍茶」，ローソンと明治製菓の「チェルシーバタータルト」，ファミリーマートと江崎グリコの「グリコアーモンドチョコレートコーヒー」など，CVSと大手製造企業による共同商品開発の事例には枚挙に暇がない．「コラボレーション」と呼ばれるような複数組織間における協調的な関係を示す用語が，CVS主導型の商品開発という枠組み

の中で多数みられるようになってきた．こうした小売企業と製造企業あるいは供給業者との協調的な企業行動は流通チャネル内における，いわゆる「Win-Win」関係を前提とするものとして，パートナーシップ論として流通論やマーケティング論などの領域でアカデミックな研究も数多く展開されはじめている[3]．わが国において，このような協調的行動を基軸とするパートナーシップ論が注目されるようになってきたのは，1980年代以降の流通系列化に代表されるような製造企業主導によるチャネル管理が行き詰まりを見せはじめたことと，グローバル化による資本の流入がボーダーレスとなり，それにともなう流通企業の資本力の高まりにより交渉力を強めてきたことを背景として，製造企業による支配・強制的な関係から逸脱するような関係，つまり，小売企業と協調関係を重要視する新たなパラダイムとして注目される契機となったのである．

本章は，CVSが展開するPB商品開発という枠組みのなかで共同商品開発という協調的な取組みが進展している理由について整理し，共同商品開発という協調的な取組みを前提としたCVSと製造企業との相互関係性について検討を試みることを課題とする．

2．小売主導型流通チャネルの形成とCVS業態の現代的位相

(1) 現代流通のチャネル関係を捉える視座

1980年代以降，小売企業の購買支配力の高まりを背景とした大規模小売企業への成長と上位集中化傾向という構造的変化がもたらしたものは，製造企業から小売企業のもとへのチャネル主導権の移転であった．これにより，小売企業はかつて製造企業が行ってきたようなチャネル管理，あるいは系列化といった一方向的な統制を小売の側から推進する契機を獲得した．それは小売企業によって卸売機能を内部化しようとする動きや生産部門に対する関与の度合いを強める動き，あるいは生産機能自体を自らの事業活動に取り込もうとする一連の動きとなって現実世界に現れはじめている．こうした動きはチャネル主導権を獲得した中心的主体がチャネル全体に半ば強制的な行動によって影響を与えよ

うとする，いわゆるパワーゲーム型のチャネル関係として捉えられる[4]．

しかし，1989年以降，アメリカのウォルマートとP&Gとの間で行われたEDI（電子データ交換）取引の開始やMMI（Manufacturer Managed Inventory）システムの構築[5]，EFT（電子決済）の導入[6]といった一連の製販提携に向けての動きを受けて，1990年代以降，わが国においても従来のパワーゲーム型のチャネル関係では説明できない企業間行動が現れていることが指摘されはじめた．これにより従来，支配的であったパワーゲーム型のチャネル関係概念に対する再考が実務的にも学術的にも求められるようになった．そうした要請に応えるように現れたのが，パートナーシップ論，つまり「製販提携」や「戦略同盟」，「製販同盟」[7]などの諸概念であり，こうした諸概念は，流通チャネル内における製造企業と小売企業との垂直的取引関係のなかで双方向的な協調的取組みを重要視する新たなパラダイムとして現れてきたのである．パートナーシップ論に対する基本認識は，流通チャネル構成員である製造企業と小売企業（あるいは卸売企業）がそれぞれに有する資源を相互補完的に有効活用しようとする協調的な企業間行動を重視することであり，チャネル構成員間の信頼に基づく長期的取引関係の構築に主眼が置かれ，パワー関係から生じるコンフリクトの可能性を削減する有効な取引関係として注目された．つまり，対立から生まれる負の影響を克服するための構成員間相互の長期的友好関係の構築である．

「対立」関係から「協調」関係へというフレームワークの確立以降，協調的取引関係に焦点をあてたパートナーシップ論やリレーションシップ論が製造企業と小売企業とのチャネル関係を分析する際の新たなフレームワークとして潮流を促すこととなる．現実世界に現れる現象は多種多様であり，従来のパワーゲーム型のチャネル関係では説明できない事象の出現によって，トラストゲーム（協調ゲーム）型のチャネル関係を内包するようなチャネル関係認識へのパラダイム転換が，現実に起こる現象を捉える視座として有効的な概念であることが広く受け入れられたことは間違いないだろう．しかし，パートナーシップ論やリレーションシップ論では，総じて現実世界に現れる取引関係すべてが製造企業と小売企業との協調関係を基軸としたチャネル関係へと進むとの論調を提

示するものが多いように思われる．こうした論調に対しては少なからず疑問を持たざるをえない．本当にそうなのだろうか．

　たとえば，パートナーシップ論やリレーションシップ論などでよく用いられる「Win-Win」関係と呼ばれるような取引企業間相互の互恵的な関係性を示す用語は，真の意味で相互「Win-Win」の関係になっているのだろうか，という問題がある．取引関係を締結しようとする企業は，自社にとって最大限の利益をもたらすであろう相手との取引を熱望し，そうした欲望を満たしうる取引相手を選択する，といういわば自律的な意思決定に基づいて取引相手の選択を行う．他方で，自社の持続的な成長に欠かすことのできない取引相手としか取引関係を締結することができない，といういわば他律的な取引関係しか構築することができない．前者は，自社の利潤極大化のための取引相手の選択という積極的な行動側面を表したものであり，後者は，自社の存立のためには特定の取引相手しか選択できないという消極的な行動側面を表したものである．これら両者のいずれの選択肢を重視した取引相手の選択を行うかは自社のポジショニング，すなわち自社が産業内，あるいは業界内でどれだけ影響力を有しているかの度合いによって，前者を重視した選択行動を採用するのか，あるいは後者を重視した選択行動を採用するのか，いずれかの選択をすることになるのである．

　「Win-Win」関係に話を戻せば，チャネル構成員間の取引は資本主義の市場原理からすれば，当然，利潤獲得という目的のもとに締結される取引関係であり，その意味において利潤獲得の程度の問題に解消されるにすぎず，実質的な経済的関係は言い表せていない．つまり，「Win-Win」という関係は取引企業間相互の利潤獲得における満足度を表した概念であり，取引を締結する以上，両者は相互に利潤獲得を前提としているわけで，「Win-Win」の関係にならないような取引は行われえないと考えることが通常である．利潤獲得の程度の問題ではなく誰がこうした関係を締結させているのか．また取引関係を結ぶ企業間のどちらが主導的に取引関係を先導しているのかということこそが問われなければならないだろう．

私が考えるのは「Win-Win」関係と呼ばれるような協調関係は，支配的な影響力を持つ企業のみが選択することのできる優越的特権としての関係性であり，そうした支配的な企業と取引関係を締結する多くの中小零細の企業にとっては，自社の存立基盤を求めて半ば強制的な関係として受容せざるをえない関係性ということになるであろう．

　現実世界で起こる現象は，極めて多様で複雑な様相をもって進展しているといわねばならず，製造企業と小売企業とが新たな協調的関係を模索する動きと小売企業が購買支配力を背景に半ば強引な行動をとる動きとの「交錯」である[8]と，渡辺（1997）の指摘するように現代のチャネル関係を分析するフレームワークとして，パワーゲーム型のチャネル関係からトラストゲーム（協調ゲーム）型のチャネル関係への移行と捉える論調には慎重にならざるえないだろう．

(2) CVS業態の現代的位置

　現代の流通チャネル内の主導権は小売企業のもとにあるとの指摘が示すように，世界的規模での多数の大規模小売資本の登場を背景として巨大小売資本が小売市場における地位を高めている．このような大規模小売資本が小売市場において強力なチャネルリーダーシップを発揮しているということは先進資本主義諸国において趨勢となっていると言っても過言ではないだろう．近年では，国内の大規模小売企業のみならず海外からの大規模小売資本も多数，日本国内の小売市場に参入しており，小売段階での競争は国内・国外の小売企業を問わず熾烈なものとなっている．

　そうしたなか，わが国の小売市場において海外からの大規模小売資本の参入が行われていない，とりわけ国内企業による寡占化の進行が顕著な業態としてCVS業態がある．経済産業省が調査を行っている商業統計の業態分類表に示されたCVSの定義では，「飲食料品を扱い，売り場面積30㎡以上250㎡未満，営業時間が1日で14時間以上のセルフサービス販売店を指す」とある．つまり，生鮮食料品，加工食品，雑貨，軽衣料品などの最寄品や生活必需品といった非耐久消費財を中心とした物販を主として取り扱い，さらにサービス商品として，

公共料金代金の収納サービスや銀行ATM（現金自動預け払い機），コンサートチケットの予約販売や各種チケットの購入，カメラのプリントサービス（DPE），宅配便，自賠責保険など物販以外のサービスの提供も多岐にわたり，SMや百貨店などの大型店舗を構える小売企業が提供していない，あるいはできていない分野のサービスを多様に取り扱っており，その名のとおり時間的・空間的なコンビニエンス（convenience；利便性）を最終消費者に提供することを最大の強みとして経営活動を行う小売業態である．CVS業態は小売市場において年間総売上高6兆7,136億円を販売する小売業態である[9]．また，セブン-イレブン，ローソン，ファミリーマートの上位3社でCVS業態総売上高の66.2％の市場を占有している極めて上位集中化の進んだ小売業態であり，CVS業態内において寡占化の進行度合いのきわめて高い小売業態である．図7-1は小売市場における業態別の販売額に基づく比率を示したものである．個々の店舗における販売額は百貨店やSMなどの販売額には及ばないものの，効率的なチェーン・オペレーションにより，その市場占有率は百貨店とほぼ同等の位置にある．さらに，表7-1と表7-2では，過去10年間のCVSの売上高推移及び店舗数の推移

図7-1　小売市場における業態別販売額（2002年）

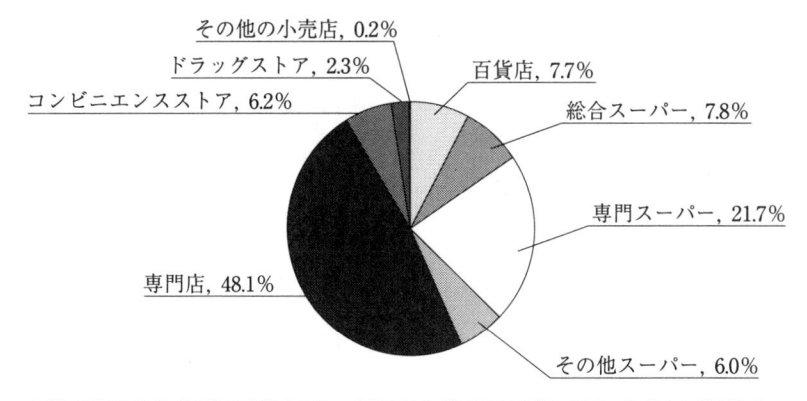

- その他の小売店, 0.2%
- ドラッグストア, 2.3%
- コンビニエンスストア, 6.2%
- 百貨店, 7.7%
- 総合スーパー, 7.8%
- 専門スーパー, 21.7%
- その他スーパー, 6.0%
- 専門店, 48.1%

出所）経済産業省「商業統計調査」第5表業態別年間商品販売額，平成14年度より筆者作成．
　　経済産業省インターネットサイト http://www.meti.go.jp/statistics/ より2004年1月24日検索．

表7-1 コンビニエンス・ストアの売上高推移

(単位:百万円)

店名	1993年	1994年	1995年	1996年	1997年	1998年	1999年	2000年	2001年	2002年	2003年
セブン-イレブン	1,281,931	1,392,312	1,477,126	1,609,007	1,740,960	1,848,147	1,963,972	2,046,640	2,114,013	2,218,298	2,343,177
ローソン	732,800	821,400	885,400	985,000	1,093,760	1,157,181	1,221,205	1,275,400	1,282,369	1,291,030	1,285,018
ファミリーマート	446,394	486,250	543,018	634,546	710,095	758,222	783,090	843,413	898,651	931,808	954,445
サークルK	269,900	257,116	293,940	342,778	380,504	406,769	—	447,744	467,330	485,670	480,458
サンクス	221,096	185,908	214,453	253,106	282,303	310,605	342,270	497,018	393,110	406,219	403,441
デイリーヤマザキ	391,038	353,203	362,038	375,665	380,504	381,127	361,036	337,291	317,620	293,190	261,957

注) ※すべてエリアFCを含まない数値で計上。
※1991年度から1997年度までのデイリーヤマザキの数値はサンエブリーとの合算値で計上。
※デイリーヤマザキの値はエリアFCを含むベースでのみ回答。
出所) 流通経済研究所『流通統計資料集』1995年版-2003年版、『日経流通新聞』2003年7月24日・2004年7月22日、より筆者作成。

表7-2 コンビニエンス・ストアの店舗数の推移

(単位:店)

店名	1993年	1994年	1995年	1996年	1997年	1998年	1999年	2000年	2001年	2002年	2003年
セブン-イレブン	5,475	5,905	6,373	6,875	7,314	7,732	8,153	8,661	9,116	9,743	10,303
ローソン	4,836	5,139	5,683	6,252	6,649	7,016	7,378	7,683	7,734	7,625	7,821
ファミリーマート	2,512	2,749	3,402	3,816	4,242	4,398	4,555	5,275	5,287	5,593	5,770
サークルK	1,851	1,622	1,806	1,993	2,168	2,289	—	2,472	2,583	2,710	2,651
サンクス	1,466	1,093	1,273	1,441	1,588	1,739	1,895	2,017	2,138	2,257	2,200
デイリーヤマザキ	2,481	2,616	2,724	2,826	2,918	2,782	2,616	2,285	2,159	2,041	1,985

注) ※すべてエリアFCを含まない数値で計上。
※1991年度から1997年度までのデイリーヤマザキの数値はサンエブリーとの合算値で計上。
※デイリーヤマザキの数値はエリアFCを含むベースでのみ回答。
出所) 流通経済研究所『流通統計資料集』1995年版-2003年版、『日経流通新聞』2003年7月24日・2004年7月22日、より筆者作成。

を示している．上位3社に限ってみると，1993年から2003年までの期間に売上高及び店舗数は共におよそ2倍の増加傾向を示していることがわかる．この期間，不採算店舗の改廃や新規出店を繰り返しながら持続的に規模を拡大してきていることがわかるだろう．

　CVSの優位性を説明するときに，最終消費者に対する時間的あるいは空間的利便性の提供であることに加えて，取扱商品のなかに自主企画商品であるPB商品を積極的に展開していることを挙げることができるだろう．主要なCVSの取扱商品のうち，弁当，惣菜，調理パン等のほぼ100％が小売企業自らが企画・製造段階にまで関与して開発を行うPB商品である．すべての取扱商品でみた場合であっても30％超える商品がPB商品である．セブン-イレブンに限ってみれば，店頭で品揃え物として陳列される商品のうちPB商品の比率は約52％であるという．一般的に，PB商品を積極的に展開しているのは欧州諸国であるといわれ，わが国のPB商品の展開が欧州諸国とは異なり，さほど積極的な展開が行われているとは言い難い状況であることは周知の事実である．ことにイギリスやスイスなどの国々と比較した場合には明確な差異が確認されるところである．たとえば，イギリスでは小売総販売高に占めるPB商品の比率は約29.7％，スイスにいたっては約41.8％という数値となっている．それと比較して日本のPB商品の比率は約1.4％と極めて低い数値を示しており，数字の上でも欧州諸国の水準とはきわめて異質であるといわざるをえない．しかしながら，PB商品の展開は小売企業が行うマーケティング活動の一環であるから，その小売企業がおかれた市場環境や競争環境などといった諸条件によって規定される性質のものであるために，一概に比較することにはやや無理があるが，短絡的に考慮すれば欧州諸国との比較においてわが国のPB商品の展開の後進性が指摘できるであろう[10]．つまり，PB商品の比率が極めて低いわが国の小売市場にあって，取扱商品に占めるPB商品の比率が30％を占めるCVS業態の商品戦略はわが国の小売業態において特殊な状況であるといえるだろう．

3. 小売主導型商品開発の論理と実際

(1) PB商品発生の伝統的理解

本節では,小売企業がPB商品開発に着手するメカニズムを概観し,どのような効果を期待されて用いられるものなのかを考察しよう.

小売企業自らが商品の企画段階から生産段階にまで直接的に関与し,その価格決定権と所有権を保有して販売するPB商品が展開されるようになるのは,独占的製造企業がチャネル主導権を握っていた時代に遡る[11].大規模化する製造企業は繰り返す集中と集積によって寡占体制を作り出し,市場支配力を強化しようと積極的なマーケティングを展開してNB商品の販売を量的にも質的にも高めていった.さらに,流通業者をチャネル政策によって管理・統制しようと独占的製造企業によるチャネル支配が強まり,そうした行動を牽制するために小売企業,とりわけ当時の大規模小売企業がとった行動が,ガルブレイスの指摘したところのいわゆるカウンターベイリングパワー (Countervailing Power; 拮抗力)[12]の行使であり,つまり,NB商品への対抗という意味でのPB商品開発への着手であった.

こうして,小売企業がPB商品開発の着手にいたる論理は,流通チャネル内における製造企業と小売企業とのパワー関係がもたらすコンフリクトからPB商品開発が行われる契機となる,と説明されてきたように,製造企業と小売企業との対立的な関係が伝統的に想定されてきたのである.

一般的に小売企業がPB商品開発に着手するのは,次のような4つの役割を期待して行われていると考えられる.第1に競争の差別化手段としての役割,第2に商品の品揃え調整機能としての役割,第3にストア・ロイヤルティ向上の手段としての役割,第4に流通チャネル内における支配力の強化としての役割である.これら4つの役割について敷衍しよう.

第1の競争の差別化手段としての役割である.これには製造企業が展開するNB商品とPB商品を比較した場合,PB商品は平均約30％のコスト上の優位性を有しており,NB商品よりも低価格で最終消費者に商品を提供できることか

らコスト面での差別化を図ることができる．同時に，ＰＢ商品はそれを展開する小売企業に対して排他的に供給される商品であるために他の競合する企業との品揃え物との差別化を図ることを可能にするのである．さらに，価格面での差別化のみならず品質面での差別化も行っている．従来，ＰＢ商品はＮＢ商品の安価な形態と認識されてきたが，小売企業のマーチャンダイジング力の向上にともない，近年，プレミアムＰＢ商品と呼ばれるような高品質なＰＢ商品が開発され展開されるようになってきた．また，ＰＢ商品の展開において統一的なブランド名で展開するのではなく，数種類のブランド名を商品カテゴリー別に分けて展開し，他の競合する小売企業の商品との差別化を図っているのである．

　第２に，ＰＢ商品の商品品揃え調整機能としての役割である．最終消費者の嗜好の変化によって需要が多様化してくると小売企業はその最終消費者の多様な需要に適合するような品揃えを行わなければならない．そこで，ＮＢ商品だけでは充足させることのできない最終消費者の需要をＰＢ商品の展開によってその品揃えを調整していく品揃え調整機能としての役割が想定されるのである．

　第３に，ＰＢ商品の開発によってストア・ロイヤルティ向上の手段としての役割が期待される．ＰＢ商品が導入される以前において，小売企業がその品揃え物として取り扱う商品はすべてＮＢ商品であり，自店のみで排他的に取り扱う商品ではないためにどこの店舗でも同質的な商品が販売され小売企業ごとの品揃え物は差別化されていなかった．しかし，小売企業がＰＢ商品を開発して店頭に導入することにより商品の差別化が可能となり，それにつれて最終消費者のＰＢ商品へのロイヤルティが高まるようになる．ひいてはストア・ロイヤルティを次第に高めることになっていく．

　第４に，ＰＢ商品開発によって小売企業の流通チャネル内における支配力の強化という役割があげられる．これまでＰＢ商品を開発する際に小売企業が行う供給先の選定は多くの場合，大規模製造企業以外の中小規模製造企業に生産を委託することが多かった．中小規模製造企業は自らの生産における規模の経済性を維持するため，また生産設備の遊休を免れるために小売企業からのＰＢ商品開発の要請に応えざるを得ない状況が生み出されていたことが考えられる．

こうした状況の中で，中小規模製造企業と小売企業によるPB商品供給関係が成立し，さらに中小規模製造企業の小売企業に対する売上依存度，つまり中小規模製造企業の総売上高に占めるPB商品販売高が次第に高まるにつれて，小売企業による一方的な契約解除によって存立自体が危うくなるという状況が生まれ，小売企業による中小規模製造企業の支配という関係が顕在化してくる．そうすると，小売企業による中小規模製造企業への支配関係は小売企業の寡占化の進行によってその主導権は小売企業のもとへと次第に強化され，PB商品の供給は小売企業の流通チャネル内における支配力の強化を一層推進する要因ともなりうる[13]．

(2) CVS業態における商品開発

CVSが店頭で取り扱う商品の総アイテム数はおよそ2,500から3,000品目程度であり，商品構成の内訳はNB商品が約70％，PB商品が約30％である．SMやGMSなどの小売企業のPB商品の占める比率はわずか数パーセントということを考えると，30％という数値はきわめて高く，このPB商品比率の高さがCVSの商品戦略の特徴として挙げられる．

上述したように，PB商品に期待される4つの主要な役割は，小売業一般のPB商品開発におけるメリットとして展開されるけれども，以下では，実際のCVSにおけるPB商品開発に即して，PB商品開発着手の論理を検証していこう．

従来，PB商品はNB商品の安価な形態と認識されてきたが，小売企業のマーチャンダイジング力の向上にともない，近年，プレミアムPBと呼ばれるような従来よりも高品質で高価格なPB商品が開発され展開されるようになってきた．たとえば，セブン-イレブンでは通常100円前後で販売していたおにぎりに加え，新規生産設備を導入し，さらに素材の品質にこだわった，通常の約2倍の販売価格のおにぎりを開発して販売を行っている．さらに同社では，NB商品が通常140円前後で販売しているカップ麺に対して250円のカップ麺を新商品として導入している．

CVSではSMやGMS業態等の大型店舗とは異なり店舗空間がきわめて制限されているため，取扱商品数も限定的にならざるを得ない．限定的な商品構成が要求されることから，販売の見込めない，あるいは販売実績の悪い商品のために長期間に亘って陳列棚を確保しておくことはできない．そこで，CVSでは情報端末であるPOSシステムを利用して，いわゆる売れ筋商品や死に筋商品を迅速に把握して新たな品揃え形成を行うという方策が採られる．そこで1週間に約200品目程度の商品の入れ替えが行われ，商品の改廃速度は他の小売業態と比べても極めて速いことが特徴である．商品の入れ替えによって行われる商品の改廃には，NB商品もPB商品もあるわけだが，PB商品に限定してみた場合，弁当やおにぎり，惣菜などの調理加工済み食品の多くは毎週火曜日に新商品が陳列棚に並び，販売の伸びなかった商品や季節限定的に販売される商品などは売れ行きや季節の移行などに応じて随時撤去され，そうした商品に代わって新商品が空いたスペースを埋めることになる[14]．こうした調理加工済み食品の商品群の多くは，CVSのPB商品として展開されるものであるから，必然的に他のCVSでは取り扱われていない差別化商品ということで，上述した1つめの差別化の手段としての役割を果たしている．また，季節限定的な商品として展開される商品は季節によって変化する顧客のニーズを反映あるいは先取りするかたちで展開される商品であるために，そうした商品をもって品揃えの調整を行う役割を果たしており，2つめの商品品揃え調整機能としての役割を果たしている．さらに，新たな新規商品開発によって展開される商品が顧客からの愛顧を獲得できるようになれば，その商品への愛顧とともに店舗への愛顧の獲得ということにも繋がることから3つめのストア・ロイヤルティ向上の役割も果たしている．

最後に，CVSでは調理加工済み食品の商品供給において，複数の中小規模の製造企業を組織化して協同組合や分科会をつくり，原料調達の一元化によって費用を削減することで効率性を高め，各店舗で求められる発注数量に対応できるよう生産をコントロールしようとするのがCVSのPB商品開発着手の論理として展開される．このことは，PB商品の果たす主要な役割として掲げた4つ目

の流通チャネル内における支配力を強化する役割として展開されることになる．このことに関する詳しい考察は次節で検討を加えることにする．

4．共同商品開発におけるCVSと製造企業の関係性

(1) 共同商品開発の進展

　ローソンと明治製菓の「チェルシーバタータルト」，ファミリーマートと江崎グリコの「グリコアーモンドチョコレートコーヒー」，サンクスとワコールの「さわやかキャミソール」，セブン-イレブンとエポック社の「ガチャボックス」など，近年，CVSと製造企業間における協調的な取り組みの一環として小売企業と製造企業とによる共同商品開発が行われるようになってきた．

　こうした状況は，小売企業と製造企業との間の協調的な関係を重要視しようとする流れの具現化であるといえるだろう．流通チャネルを形成している企業間関係あるいは組織間関係は主体間が密接に結び付いたタテの関係，つまり垂直的関係である．そこには組織間の対立的な関係や競争的な関係を前提とすることは必然であった．いまや市場には商品が溢れ，その中で消費者に選択される商品を開発することこそが製造企業あるいは流通企業にとっての至上命題となり，対立的な関係から生み出されるコンフリクトの解消に努力するよりも相互の持つ資源の相互補完的な有効活用こそが不確定な市場に対して柔軟に対応できる方策であると各主体が認識しはじめたことが，こうした関係構築への動きの端緒である．とはいってもコンフリクトが完全に解消されるわけではないから，PB商品開発における小売企業と製造企業との関係の中には，敵対的な関係として行われる行動としての「対立行動的側面」と，協調的な関係として行われる行動としての「協調行動的側面」とが，両者の関係の中で同時的に存在することになる．

　小売企業と製造企業が共同商品開発を行う場合，商品の所有権と価格設定の権限，あるいは販路の限定性・排他性といった特定条件を小売企業側が主導権を握るかたちで行われる商品開発であるときに当該商品はPB商品となる．

このような特定の製造企業との共同商品開発は，差別化された品揃え形成と高利潤の獲得によって小売企業の経営に多大な貢献をもたらすものであるが，一方で，その遂行には多くの困難も伴うのである．

(2) 共同商品開発に着手する製造企業のメリットとデメリット

CVS業態にとって，競合するCVSや他の小売業態との差別化をはかり自社の差別的優位を確保するための手段として展開されるPB商品開発は，同時に，他方でPB商品の供給側となる製造企業にとって魅力的な要請となることにより供給契約が締結されることとなる．ここでは製造企業がCVSのPB商品の供給要請に受諾する要因についてみていこう．

第1に，PB商品開発による当該商品の優先的陳列が挙げられる．CVSでは店舗面積が30 ㎡から250 ㎡未満ときわめて制限された空間のなかで，約2,500から3,000品目程度の商品が陳列されている．多くのCVSでは週に一度，新商品と旧商品との商品の入れ替えが行われ，その都度，約200品目の新商品が店頭に投入され，同数程度の商品が撤去される．こうして周期的に繰り返される商品の改廃のなかで，1年間を通じて店頭の陳列棚に残る商品は約3,000品目のうち30％にも満たない．

また，CVSは弁当・惣菜・加工食品・軽衣料など様々な商品カテゴリーでPB商品の展開を行い，取扱い全商品のうち30％をPB商品が占拠している．それゆえNB商品が販売スペースを獲得することはCVSのPB商品と他の競合する製造企業のNB商品との競争上容易なことではない．製造企業にとって大規模な販路となっているCVSの店頭に商品を陳列してもらわなくては，いくら新商品を開発しようとも販売量の増加は期待できない．そうした状況において，新商品の導入にともないCVSの店頭に商品の陳列スペースを獲得しようと，NB商品の製造企業は販売促進競争や納入時の値引き競争などを行い，利益率の低下も厭わない販売行動を選択するのである．たとえば，CVSにおいて総売上高の約12％を占めるといわれる飲料を例にしてみよう．CVSの標準的な飲料陳列棚は冷蔵庫三面でおよそ190本のペットボトルや缶飲料が陳列されてい

る．1週間で20本以上販売することができなければいわゆる「棚落ち」，つまり，その商品は店頭から撤去されることとなる．定番商品となるのは一千種類程度ある商品のうちで2つ，あるいは3つ位の商品のみである．しかし，例外的に，消費者に対するブランド認知度の高い商品であっても，あるいはCVSでの店頭販売量の多い商品であっても，そのような商品が陳列棚を埋める商品ではないこともあるという．たとえば，缶コーヒーの商品カテゴリーでは，コカ・コーラやサントリーなど大手製造企業の商品と多少ブランド力では劣るキリンビバレッジやJT（日本たばこ産業）が同水準の陳列スペースを獲得して商品の展開を行っているというケースがある．これは，CVSに対する販売促進費の提供や値引き交渉などの結果によって製造企業がCVSの陳列棚を獲得したという理由によるものである．

さらに，アイスクリームの商品カテゴリーでは陳列スペースを獲得するために熾烈な値引き競争が行われている．1994年以降，アイスクリーム市場は8年間で販売額が1,000億円縮小している．しかし，アイスクリーム製造企業のCVSへの販売依存度はこれとは逆にその比率を高める傾向にあり，CVS向けに決定される納入価格は定価の4割で納品されるというケースもめずらしくない．一部の大手製造企業を除けば販売量の増加に応じて赤字を計上するという状況もあるほど製造企業にとってCVS業態は見逃すことのできない魅力的な販路になっている[15]．

こうしてCVS店頭への熾烈な売場獲得のための販売促進費の提供や納入価格の値引き競争は，CVSと製造企業との取引関係においてCVS優位の関係を表すものである．そうしたなかでCVSから持ちかけられるPB商品開発の要請は製造企業にとってはいわば「渡りに船」なのである．CVSによるPB商品開発の要請は，製造企業にとっては他の製造企業とのNB商品での陳列棚の獲得競争を回避し，優先的に開発した商品の陳列を可能にするという点において製造企業にとってPB商品開発着手への決定的な動機付けとなるのである．

第2に，CVSの持つ情報力を反映させた商品開発を可能にするということである．CVSは製造企業が普段直接的に入手することのできない店頭販売情報を

日常の業務を通じて入手できる位置にある．CVSはPOSシステムを含む高度なデジタル情報システムを構築しており，製造企業よりも正確かつ迅速な実売データの収集・分析が可能であり，大手のCVSは当該商品の顧客層，最も購買実績のあった陳列棚位置・店頭露出量・購買時間，天候・気候，近隣地域のイベントといった情報を保有している[16]．こうした，実需に近い最終消費者の情報は製造企業には届きにくい情報である．PB商品開発は，こうした小売企業が持つ情報を商品開発に有効的に活用できるという点においてPB商品開発着手への動機付けとなるのである．

第3に，SMやGMSなどの小売業態とは異なり基本的にはディスカウント販売を行わない[17]．CVSで扱われる当該商品は値崩れを起こさないということも安定的な利鞘の確保を可能にするという点でPB商品開発着手への動機付けとなっている．

最後に，製造企業の遊休設備の有効的活用や規模の経済性の追求などといった点がPB商品開発着手への動機付けとなっていることが考えられる．

しかし，CVSとのPB商品開発には上述したようなメリットのほかに，当然，リスクが付き纏うことになる．第1に，PB商品開発による商品供給契約の締結は，その後の商品供給の長期安定的・継続的発注を保証するものではないということである．このことは，販売動向如何によっては契約が解除される可能性を有するということを意味する．第2に，PB商品開発により展開される当該商品の販売動向如何によって，もともと製造企業が有していた従前のブランド・イメージを損なう可能性があるということである．CVSとの商品開発に失敗すれば，発注契約は解除されるうえに，自らが構築してきたブランド・イメージにさえも影響を及ぼしかねない．そして，第3に，PB商品開発を行うことにより，競合するCVSや他の小売業態からの発注を打ち切られる可能性があるということである．特定CVSのPB商品生産の受注によって他の小売企業からの発注を見合わされる可能性があるということである．

このように考えられうるメリットとデメリットとのバランスを考慮した上で製造企業はPB商品開発に取り組むことになるのである．

(3) 共同商品開発にみる小売企業と製造企業の2つの関係性

　CVSが主導的におこなうPB商品開発は，代表的なPB商品として知られる米飯・惣菜等の調理加工済み食品から，菓子，軽衣料，化粧品等まで多岐に亘る．このようなPB商品開発の中で，生産される商品カテゴリーによってCVSと製造企業との間に異なる2つの関係性を混在させている．はじめに，米飯・惣菜等の調理済み食品を中心とするPB商品開発からみていこう．この商品カテゴリーにおける製造企業の規模的特徴は，商品供給先となる製造企業が中小零細規模の製造企業を中心として商品生産が行われているという点である．中小零細規模の製造企業にとって，セブン-イレブンのような日本全国に10,000店を超える店舗網を敷く大規模なチェーン店に商品供給を行う際，自社の生産設備で生産できる商品量の限界や配送拠点の分散性といった面で制約が現れる．そこで，セブン-イレブン指導のもと，複数の中小零細規模の製造企業を組織化させた「日本デリカフーズ協同組合（NDF）」という協同組合方式を用いた同社専用の生産体制が構築され，地理的制約を克服し大規模な店舗網への商品供給を可能にしている．中小零細規模の製造企業を組織化させることにより，これまで個々の製造企業ごとに行われていた仕入れ活動がもたらす品質のばらつきも，原料調達の一元化によって解消され，加盟組織全体では一定の品質水準の維持を可能にし，費用低下にも貢献している．さらに組織内での品質・衛生管理に関する情報交換や生産技術水準の均一化，共同配送なども行われ組織化による効率化が推進されている．セブン-イレブンに端を発する協同組合方式による組織化された自社生産体制の構築は，その後，追随するローソン，ファミリーマート，サークルKサンクスといった大手CVSも模倣的な生産体制を次々と構築し，複数の中小零細規模製造企業を協同組合（あるいは分科会）というかたちで組織化し，自社専用の商品調達体制を構築している．ローソンでは1999年6月に「フレッシュフーズサプライ（FFS）」を設立，ファミリーマートでは1994年12月に「日本フレッシュフーズ協同組合（NFF）」，サークルKサンクスでは1993年7月に「フード流通システム協同組合（FRS）」を設立している．

複数の中小零細規模の製造企業は自らの販売額の大半の部分を商品供給するCVSへの取引に依存する関係になっている．矢作氏によると，1993年2月時点でセブン-イレブンに商品供給を行っていた全95工場のうち73工場はセブン-イレブンへの販売依存率が90％以上であったと指摘しているように[18]，供給組織に加盟する製造企業の多くはセブン-イレブンの専用工場として機能している．中小零細規模の製造企業を中心とした加盟企業にとってセブン-イレブンをはじめとするCVSチェーンへの商品供給は販路の確保とともに安定的な取引を可能にすることから販売依存率が高まっているのだろう．こうして，一度供給組織に組み込まれた中小零細規模の製造企業はCVSへの販売依存へと傾斜し，供給組織からの離脱は自らの販路を断ち切り存立基盤の喪失に直結するため，もはや独立企業としての自立性も喪失することから，CVSに対する製造企業の関係は従属的関係にあるといえる．組織の構成員の中にはCVSへの商品供給以外にも自らが構える小売店舗を保有し，過度な販売依存を分散する製造企業も少数ではあるが存在するけれども，多くの場合，主たる販売をCVSへの商品供給を主として行っている製造企業が多いことから，CVSからの契約解除がない限りにおいて取引の継続性は長期的な関係を前提としている．

　米飯・惣菜等の商品カテゴリーにおけるPB商品開発では，CVSと製造企業との関係性は取引の継続性と取引依存度から鑑みて，一度，供給企業として組織に組み込まれると，CVSへの取引依存度が漸次高まり，独立した製造企業としての自立性も喪失することから，米飯・惣菜等の加工調理済み食品におけるPB商品開発は，その関係をCVSの中小零細規模製造企業の支配関係へと導くものとなることがCVSと製造企業との関係として現れてくるものと考えられる．

　次に加工食品等の商品カテゴリーにおけるPB商品開発の特徴についてみると，米飯・惣菜のPB商品開発とはCVSと製造企業間で異なる関係性を内包していることがわかる．それはCVSのPB商品として商品供給を行う製造企業には中小零細規模製造企業のほかに，すでに市場において相当程度のブランド認知を獲得している商品を有する大規模製造企業が商品供給を行っているということである．

PB商品のなかで規模の大小異なる製造企業が同じ商品カテゴリーのなかで商品展開を行っている事例としては，CVSの多くが取り組んでいるカテゴリー横断的な菓子ブランドが想起される．これらの商品は100円〜200円前後の価格帯で販売されている．セブン-イレブンでは「まちのお菓子屋さん」という統一的なブランド名で販売され，このPB商品のなかには，東ハト，ブルボン，ヤマザキ・ナビスコなどといった大手の製造企業が商品の供給企業として参加している．同様に，ファミリーマートでは「おやつ探検隊」というブランド名で販売され，そのなかには江崎グリコ，不二家などが商品の供給に参加している．これらのブランド商品は価格設定やパッケージングを統一化して販売され，大規模製造企業に限ってみれば共同商品開発である証としてロゴや企業名をパッケージの表面に記載し共同商品開発であることを強調している．

このように1つの商品カテゴリーの中で中小零細規模製造企業と大規模製造企業とが商品の供給を行っている事例の他に，商品の供給先となる製造企業の決定に際して複数の大規模製造企業に試作品を作らせ，そのうちの1社のみ生産を受託できるという競争の場を設定して商品供給先を決定するという方法を採用している事例がある．これはカップ容器の即席味噌汁の場合にみられる．セブン-イレブンがPB商品として展開するカップ味噌汁は6種類程度あり，これらの商品の供給にはハナマルキ，マルコメ，宮坂醸造などが生産を行っている．同社は生産を委託する際に具材の中身や量，価格設定にまで関与し，同社の加工食品チームが試食を繰り返し，そのなかで選び出された1つの製造企業

表7-3　CVSのPB商品開発における製造企業との関係性

	取引先となる製造企業の規模	取引の継続性	製造企業のCVSへの取引依存度
米飯・惣菜等のPB商品	中小零細規模製造企業	長期	高い
加工食品等のPB商品	中小零細規模製造企業 大規模製造企業	長期 短期（長期）	高い 低い

筆者作成．

がその商品の供給先として選定されている．1つの商品が選出され供給先として生産委託されると同時に他のすべての商品について生産を受託できるわけではなく，それぞれの商品について同様のプロセスが繰り返し行われる．こうした，大規模製造企業による競争行動が行われるのは，CVS業態でもトップ企業であるセブン-イレブンへの商品供給が行えるということは全国に10,000店ある店舗への商品陳列を可能にするということから，その販路の確保が非常に魅力の高いものであることを表している．

　取引関係の継続性は，中小零細規模の製造企業の場合は長期的な関係を結ぶ．大規模製造企業の場合，テストマーケティングや販路の確保などの動機から失敗した際のリスク回避を想定して最初は短期的な位置づけで導入されるけれども，顧客からの愛顧が定着し安定的に売り上げが確保されるようになれば長期的な取組みへの転化もある．取引依存度は，中小零細規模の製造企業の場合，米飯惣菜等のPB商品と同様高く，大規模製造企業の場合，取引先には他の小売業態も多数あり，取引依存度は中小零細規模製造企業に比べて低くなっている．

まとめにかえて

　本章における現代流通のチャネル関係認識は，対立的なパワーゲーム型のチャネル関係と協調的なトラストゲーム型のチャネル関係という2つの関係性の「交錯」と捉え，パートナーシップ論で展開されるような対立関係から協調関係への移行と捉える認識とは一線を画するものである．こうした認識に立ち，CVSと製造企業との間で締結される共同商品開発における両者の関係性を考察してきた．

　CVSが商品の価格設定権や所有権を保有し，自己の流通チャネル以外の排他性を主張して開発される共同開発商品は，いわゆるPB商品である．このPB商品を分析の対象として，CVSと製造企業との関係性について検討した結果，CVSと取引関係にある中小零細規模の製造企業は，取引関係の継続性と取引依

存度の観点から，自らが取引相手としてのCVSを選択して取引関係を結ぶという自立的な選択権を行使しての取引関係とは言えず，特定のCVSとの取引関係を結ばなければ今後の持続的な存立基盤の確保が困難な状況にある製造企業であり，取引依存度も取引関係にあるCVSに販売依存度が傾斜している．つまり，中小零細規模の製造企業のCVSへの従属関係が成立しているといえる．また，CVSは中小零細規模の製造企業を組織化して，漸次，取引依存度を高めさせた結果，独立企業としての自立性をも奪い取り，実質的には支配関係にあるといっていいだろう．

他方，大規模製造企業とのPB商品開発の場合には，短期的な取組みとして商品開発を行い，顧客からの満足と安定的な販売を確保できるような商品の場合は長期的な取引関係へと移行させることが可能であり，流動的な取引関係を構築していることが言えるだろう．

1) 『日本経済新聞』2003年8月29日付．
2) 多くのCVS業態はおにぎりや弁当，惣菜，調理パンなどの加工調理済み食品においてPB商品開発を行っており，平均的に全商品のうち30％をPB商品が占拠している．しかし，例外的にセブン-イレブンでは，全商品に占めるPB商品の比率は50％を超え，他のCVS業態との比較において高度な進展状況を示している．
3) 近年の流通分野におけるパートナーシップ論の展開においては尾崎（1998）に詳しい．
4) Kumar, N. "The Power of Trust in Manufacturer-Retailer Relationships," Harvard Business Reviews, November-December, pp. 92–106.
5) 商品の発注から納品，販売までのサイクルを短縮化するために，EDIから得られる情報に基づいて棚割りや仕入れ量を決定し，自動的に発注する権限を委譲したシステムである．
6) 商品の発注から支払いまでのペーパーレス化を実現するための電子的な請求・支払システムとしての代金回収システムである．
7) 流通における垂直的な企業間提携に関しては多数の論者により研究が行われている．そのため使用方法や概念は論者により様々で統一的な枠組みは規定されていないのが現状である．
8) 渡辺（1997）は，パワーゲーム型のチャネル関係から信頼ゲーム（協調ゲーム）

型のチャネル関係への転換に対する期待の高まりを示唆しているが，完全な移行とは捉えていない．現代流通のチャネル関係は，パワーゲーム型のチャネル関係と信頼ゲーム（協調ゲーム）型のチャネル関係という2つチャネル関係の「交錯」であると指摘している．

9) 数値は2002年（平成14年度）商業統計によるものである．
10) 詳しくは，堂野崎衛「イギリス食品小売業によるプライベート・ブランド商品戦略」『中央大学大学院研究年報』，商学研究科篇，Vol. 33, 2004年，13-28ページを参照されたい．
11) 詳しくは，向山（2001）34-50ページを参照されたい．
12) Galbraith『AMERICAN CAPITALISM-The Concept of Countervailing Power-』1952年．
13) 堂野崎（2004），13-28ページ．
14) 『週刊ダイヤモンド』ダイヤモンド社，2004年2月14日号，32ページ．
15) これらの記述は前掲書，ダイヤモンド社，2004年2月14日，34ページに基づいている．
16) 小川進「商品開発体制に与えたコンビニ台頭のインパクト」『国民経済雑誌』神戸大学経済経営学会，第188巻，第6号，42ページ．
17) キャンペーン（開店セール等）時，あるいは賞味期限や消費期限等が迫った売れ残り品に関して（弁当や惣菜等の加工済み調理食品に関しては基本的には廃棄処分を行う）は，ディスカウント販売を行う場合がある．セブン-イレブンは飲料に関して一部値引きを開始する動きが出ている．
18) 矢作敏行『コンビニエンス・ストア・システムの革新性』日本経済新聞社，254ページ．

参 考 文 献

Burt, S. & Sparks, L., "Structural change in grocery retailing in Great Britain : a discount reorientation", *The International Review of Retail, Distribution and Consumer Research*, Vol. 4, No. 2, 1994.

Burt, S., "Retailer brands in British grocery retailing : A review", *Research papers in retailing*, working paper 9204, 1995.

Burt, S., "The strategic role of retail brands in Britain grocery retailing", *European Journal of Marketing*, Vol. 34, No. 8, 2000, pp. 875-890.

de Chernatony, L., "The impact of the changed balance of power from manufacturer to retailer in the UK packaged groceries market", 1988.

Laaksonen, H. & Reynolds, J., "Own brands in food retailing across Europe",

Journal of Brand Management, Vol. 2, No. 1, 1994, pp. 37-46.

Martell, D., "Own labels : Problem child or infant prodigy", *The Quarterly Review of Marketing*, Summer, 1986.

Martenson, R., "The role of brands in European Marketing", *Journal of Brand Management*, Vol. 2, No. 4, 1995, pp. 243-251.

McGoldrick, P. J., "Grocery generics – An extension of the private label concept", *European Journal of Marketing*, Vol. 18, No. 1, 1984, pp. 5-24.

McEnally, M. R. & Hawes, J. M., "The market for generic brand grocery products ; a review and extension", *Journal of Marketing*, Vol. 48, Winter, 1984, pp. 75-83.

Moore, C. M. and Fernie, J. and Burt, S., "Brands without boundaries—The internationalisation of the designer retailer's brand—", *European Journal of Marketing*, Vol. 34, No. 8, 2000, pp. 919-937.

Quelch, J. A. & D. Harding, "Brands versus private labels : fighting to win", *Harvard Business Review*, January-February, 1996, pp. 99-109.

Samways, A., "Private label in Europe : prospects and opportunities for fmcg retailers", *A Financial Times Management Report*, Pearson Professional, 1995.

Salmon, W. J. & Cmar, K. A., "Private labels are back in fashion", *Harvard Business Review*, 57 (May-June), 1987, pp. 99-106.

Shaw, S. A. and Dawson, J. A. and Blair, L. M. A., "The sourcing of retailer brands food products by a UK retailer", *Journal of marketing management*, Vol. 8, 1992, pp. 127-146.

浅井慶三郎『マクロ・リテイリング―小売業の進歩と革新』, 税務経理協会, 1977年.

伊部泰弘「消費構造の変化に対応したブランド戦略に関する一考察―ナショナル・ブランドとプライベート・ブランドの「マルチ・ブランド」化について」,『龍谷大学経営論集』, 龍谷大学経営学会, 第38巻第4号, 1999年, 1-13ページ.

伊部泰弘「プライベート・ブランドの概念規定及び分類に関する再検討―ナショナル・ブランドとの比較において」,『龍谷ビジネスレビュー』, 龍谷大学大学院経営学研究科紀要, 第1号, 2000年, 14-24ページ.

伊部泰弘「小売業の環境変化に対応した商品政策」,『東Asia企業経営研究』, 日本企業経営学会, 第2号, 2001年, 43-52ページ.

伊部泰弘「プライベート・ブランドの発展プロセスに関する研究―英国と日本の2国間比較において―」,『企業経営研究』, 日本企業経営学会, 第4号, 2001年, 45-55ページ.

伊部泰弘「戦略提携の進展がもたらすブランド政策の影響」,『企業経営研究』, 日本企業経営学会, 第5号, 2002年, 61-70ページ.

大野尚弘「プライベート・ブランド商品の歴史的発生の経緯」,『経済情報学論集』,姫路獨協大学経済情報学会,第13号,1999年,193-217ページ.

大野尚弘「地域市場における小売店舗間の競争とPB開発」,『経済情報学論集』,姫路獨協大学経済情報学会,第14号,2000年,131-152ページ.

小川進「商品開発体制に与えたコンビニ台頭のインパクト」,『国民経済雑誌』,神戸大学経済経営学会,第188巻第6号,2003年,39-51ページ.

米谷雅之「流通業の商品戦略—小売企業の商品戦略を中心に—」,白石善章・田中道雄編著『現代日本の流通と社会』,ミネルヴァ書房,2004年,71-82ページ.

関根孝「プライベート・ブランドと小売市場」,『専修商学論集』,専修大学学会,第69号,1999年,159-177ページ.

土井教之「プライベート・ブランド,競争および公共政策」,『経済学論究』,関西学院大学経済学研究会,第48巻第3号,1994年,245-274ページ.

堂野崎衛「プライベート・ブランドの発展と動因」,『中央大学大学院論究』,経済学・商学研究科篇,Vol.35,No.1,2003年,157-178ページ.

堂野崎衛「イギリス食品小売業によるプライベート・ブランド商品戦略」,『中央大学大学院研究年報』,商学研究科篇,Vol.33,2004年,13-28ページ.

新田都志子「小売業者ブランドの発展段階と戦略課題」,『マーケティング・ジャーナル』,日本マーケティング協会,77号,2000年,63-74ページ.

根本重之『プライベート・ブランド:NBとPBの競争戦略』,中央経済社,1995年.

二神康郎『欧州小売業の世界戦略』,商業界,2000年.

向山雅夫「プライベートブランド開発の新構図と商業者機能」,『同志社商学』,同志社大学商学会,第53巻第1号,2001年,34-50ページ.

矢作敏行・小川孔輔・吉田健二『生・販統合マーケティング・システム』,白桃書房,1993年.

矢作敏行「英国プライベート・ブランドの発展過程(上)」,『経営志林』,法政大学経営学会,第36巻第3号,1999年,33-43ページ.

矢作敏行「英国プライベート・ブランドの発展過程(下)」,『経営志林』,法政大学経営学会,第36巻第4号,2000年,21-32ページ.

矢作敏行編著『欧州の小売りイノベーション』,白桃書房,2000年.

流通問題研究協会編『流通業のブランド戦略』,日本経済新聞社,1979年.

渡辺達朗『流通チャネル関係の動態分析』,千倉書房,1997年.

第8章　航空産業における流通チャネルの垂直的支配と不公正競争
―― 情報化の進展とCRSおよびGDSをめぐる問題を中心として ――

はじめに

　航空サービスに関する流通過程は，通常の消費者市場あるいは生産財市場のそれとは異なっている．流通の対象は，場所的移転を内容とする無形財のサービスであり，ストックがきかない即時財である．物質的な財を対象とする消費者市場や生産者市場のように，モノの流れに即して，流通過程が突出して存在するわけではない．この財の性質から，流通過程は，生産者や消費者の行動からの直接の影響を受けやすい．航空券の予約取引をめぐる流通チャネルも，この影響を受ける傾向が強いといえる．

　航空券の予約取引をめぐる流通チャネルには，直接流通から供給の長い間接的流通まで多様な形態がみられる．航空券の販売方法は，時代とともに大きく変貌している．航空産業が典型的に発展した米国についてみると，1960年代以前には航空会社が自社の支店で販売する直接流通の形態が主流であった．1960年代末以降には，機材のジェット化と大型化を背景に，中間業者が介在する間接的流通が支配的になった．中間業者には，旅行業者やツアーオペレーターなどが含まれるが，このなかでも，旅行代理店に委託した代理店制による大量販売が主流になった．中間業者の役割としては，価格，利用可能性について顧客に情報の提供を行うほか，追加施設や包括的で付随的なサービスを提供し，市場状況に対して迅速な対応を可能にすることにある．そのほか，とくに長距離の利用に関しては，多様なサービスの組合せとルート設定により顧客に便宜を

与えることなどが指摘される．そのうちで，中心的役割を果たしているのが，旅行代理店である．

　旅行代理店は，小売の旅行代理店とビジネス旅行代理店に分けられる．小売の旅行代理店は，主として，潜在顧客と既存顧客に観光や航空サービスの情報を提供し販売を取り扱う．旅行代理店は，この情報と販売手続きとひきかえに，旅行チケットや航空チケットの一定割合にあたる手数料を受け取る．ビジネス旅行代理店は，一般消費者を基本対象とする旅行代理店と異なり，ビジネス旅行に専門化してサービスの情報と販売を行うものである．これらのビジネス旅行代理店の取引は，特定のクライアントの集団的・組織的購買行動に依存している．

　米国では，1978年に規制緩和の本格的実施によって，航空業界での競争が激化し，航空市場は大きく変化した．市場の大きな変化は，刻々と変化する運賃，サービス条件についての情報取得に関し，航空サービスの大半の利用者に対し，旅行代理店への依存を促した．

　企業行動に関しては，80年代後半以降，大手航空企業は，CRS (Computer Reservation System) を中心とする予約システムの高度利用やインフォメーション・テクノロジー利用による戦略を展開させるようになった．この過程で，大手航空企業はCRSの高度利用を促進させ，CRSの端末機を各旅行代理店に配属させた．CRSを中心とする戦略的展開は，航空企業の旅行代理店との関係をも大きく変えることになった．大手航空企業は，CRSの占有的利用，インセンティブ手数料支払いなどによって垂直的支配の傾向を強めている．その取引慣行は，参入障壁にあたるものとして，競争規制当局などによって問題として取りあげられ，これに対し，米国では一定の対策が講じられるようになっている．

　90年代には，CRSは，グローバルな流通システム間の相互連結が進み，GDS (Global Distribution System) と称されるようになっている．現在，GDSは，ITの進展とともに，航空便の空席の検索・予約だけでなく，収益管理と顧客管理，運賃設定にまで高度利用されており，さらに，ホテルや劇場，プロスポーツ，

その他のイベントの予約まで処理できるようになっており利用範囲を拡大している．情報化の進展の別の面は，インターネット利用促進に示される．90年代以降には，インターネットによる予約が普及し航空券のネット販売が開始され，近年では，ネット販売を通しての航空企業による販売方式が次第に浸透している．これに伴い，流通チャネルは，従来の旅行代理店との関係を維持しつつ，直接的な流通の比重を次第に高めるようになっている．

　本章は，米国航空産業における，規制緩和の進展とITの利用促進のもとで変貌する航空の流通取引関係について，CRS，GDSをめぐる航空企業と旅行代理店との垂直的取引関係に焦点をあてて，考察を行う．とくに，規制撤廃ともいえるドラスティックな規制緩和が敢行され，IT化が急速に進む米国の航空産業を取りあげ，競争政策の観点から，取引関係の変化，政策の推移と問題点について検討を行うものである．

1．CRSの初期展開と流通取引関係

　CRSの初期利用は，1960年代後半に始まる．当時は，自社内での業務用として，その使用範囲が限定された．1970年代になると，それは，航空座席の販売，運航の追跡，スケジュール情報をコンピュータの本体と端末，スクリーンによって自動的に処理するものとして，使途が広がった．規制緩和以前には，ライン型のネットワークが主流であったことから，利用者は，目的地に到達するまでに1社以上の乗り継ぎ利用をすることが一般的であった．このために，旅行代理店は，顧客に対し，限られた範囲でそれぞれの旅行日程で多くの航空企業についての情報を提供するためにCRSを利用した．

　規制緩和後の70年代末以降には，CRSはさらに多様な戦略的目的のために高度化され多くの旅行代理店に提供されるようになる．CRSの高度化は，規制緩和後における設定運賃の複雑化と，路線とスケジュールの頻繁な変更，これに対処するデータベースの効率的処理が背景となっている．開発により改善されたシステムは，従来のマニュアルの予約システムにとって代わり，航空会社に

大量の取引を正確かつ迅速に処理する能力と戦略的利用の機会を与えた．CRSのオーナーの航空会社は，このシステムの所有を通して，旅行代理店との間で垂直的統合の関係を構築するようになった．

　1980年代初めには，CRSは，アメリカン航空とIBMの共同開発によるセーバー，ユナイテッドのアポロ，TWAのパース，デルタのデータワン，イースタンのシステムワンから構成されるようになった．これらのシステムは基本的に大手航空企業の所有であったが，なかにはシステムワンのような子会社形態によるものもあった[1]．1980年代半ばには，これらのシステムは全国の広範囲にわたる旅行代理店に設置されるようになった．1986年には，24,693箇所の旅行代理店に設置されるようになり，端末数は115,749件にのぼった[2]．

　CRSの所有をもとにした取引慣行は，次第に他の航空会社に不利益を与え，消費者には航空会社と価格を選択する利用可能性に制約をもたらすようになった．CRS所有企業は，自らのCRS利用においてコミッション（予約手数料）の支払いを要せず，自社のフライト利用に有利になるように，フライト情報についてディスプレイのスクリーン上に優先的に先出しを行うバイアスの表示の操作を行った[3]．

　バイアスは2種に分類される．通常は，スクリーン上での情報の優先的先出しを行う操作を意味するが，このほか旅行代理店がホストの情報を他の企業情報より得やすいようにするプログラム設計上のバイアスが存在した[4]．CRS所有企業は，すべての航空会社を平等に取り扱わなかった．旅行代理店に対して，CRSを通して，多くの都市で自社の運航便数の選定を優先させ自社に有利なマーケティングの展開ができるよう仕向けた．

　CRSは，以上のほか所有航空企業に対し，広範な情報上の優位性を獲得し，有利な市場戦略を展開する機会を与えた．具体的には，価格変動の影響・効果と，路線間の全体需要の推移と市場セグメントの個別需要の変化を効果的に追跡し，ライバル企業の座席在庫が一定の割引運賃区間にどれくらい割り当てられているかを確認したうえで，効果的な戦略的運賃の設定を行うことが可能になった．さらに，旅行代理店に対し，行動監視を通して自らの立場に有利に誘

導することができた．これに関して，レービン（Levine, M.E.）は，情報上の優位性について，市場情報を取得し市場シグナルを処理する能力を獲得できるようになった点と，他のプリンシパルにあたる航空企業との関係の利用を通して，自らのエージェントである旅行代理店をモニターできるようになった点を指摘している[5]．

　CRSは，以上の関連で，オーナー航空企業に対し，予約のシェアを拡大させるハロー効果（Halo Effect）を生み出した[6]．個々の旅行代理店オフィスは，従来の複数年有効な契約などから，典型的には一つで，このほか極めて限られた数のシステムに依存していた[7]．CRSは，旅行代理店にとって，航空会社によってどのような競争的選択が提供されているかを知る唯一の経路であり，航空会社にとって，旅行代理店を通して販売する唯一の経路であるだけに，独占力を発揮する手段となる．この関係は，航空企業にとっては，CRS予約コストを抑える競争圧力が働かないことから，支配力を維持するためには，各CRSシステムに参加する以外に選択の道がないことを意味した．

　これらCRS所有企業は，旅行代理店での自社のCRSの利用シェアを拡大するために，従来の自社を中心とするサービスの使用範囲から拡大し，自社のサービスを提供していないターゲット都市で他の航空企業を取り込み，これらの企業との間で共同のホストプログラムを展開させた．コ・ホスト関係を取り結んだ航空企業は，CRS利用のコミッションの割引を条件に，自らのフライトの情報がスクリーン上に目立つようバイアスの操作の便宜が与えられ，CRS所有企業が自らのエリアに属する旅行代理店に対し有利にマーケティグ展開ができるよう仕向けられた[8]．コ・ホスト関係をもたない他の航空企業は，高いコミッション支払いと以上のバイアスでの不利益を余儀なくされた．

　さらに，適切な手数料の内容等が外形に表れず，それらのコストが全体コストに反映され最終的に運賃に転嫁される仕組みになっていたことから，旅客にとって不合理な影響を受ける可能性が生じた．情報の点で非対称性が生じる不透明な構造であったといえる．以上の関係による流通の経路と手続きのプロセスは，図8-1のように表される．

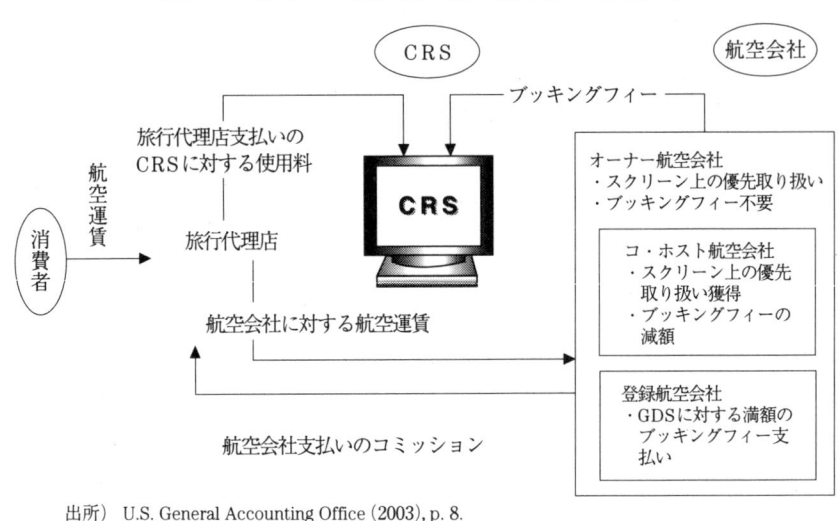

図8-1　CRSルール以前の航空券予約に関する流通関係

出所）U.S. General Accounting Office (2003), p. 8.

2．インセンティブ手数料の支払いと「オーバーライド」

　CRS所有航空企業は，ディスプレイ画面上におけるバイアス以外にも，旅行代理店に自社便の優先的予約を仕向ける手段をとるようになった．自社の予約シェアを高めるために，大手を中心対象としてできるだけ多くの旅行代理店を取り込み，それら旅行代理店に支払うコミッションにインセンティブを導入した．旅行代理店への手数料支払いは，予約の販売額などを基礎に計算される．航空会社は，旅行代理店に対し，指定された以上の売り上げ実績について，通常の手数料の水準より高い「オーバーライド」（上乗せ）と称されるボーナス（付加金）をつけて過剰にコミッションの割戻しを行った．

　「オーバーライド」には，チケット販売実績や取り扱いシェアなどが反映された．このことから，「オーバーライド」による支払い手数料は，一種のインセンティブ手数料に該当する[9]．これによって，航空会社は旅行代理店の囲い込みをはかり，旅行代理店に対し，自社への追加的な予約の促進と優先的斡旋

の誘導を行った．80年代以降には，多くの旅行代理店がその対象となったが，なかでも，オーバーライドは，上位の旅行代理店にとって，大きな収入の源泉となった[10]．

80年代以降における特定航空企業による旅行代理店の多くの取り込みは，規模の経済性の発揮によるコスト削減と，旅客量とコミッションの増加に伴う収益の増加にも目的があった．旅行代理店は，物財商品を取り扱い生産者と消費者間での取引の仲立ちをする中間商業者と異なり，在庫調整の決定的なバッファーの役割がなく，生産者の不確実性を吸収する危険プールの効果をもたない．中間商業者は，その数が限定され，生産者，消費者の数が多ければ，一般に支配力が強くなるが，旅行代理店の場合，その数が圧倒的に多く，生産者である航空会社が大規模化し相対的に少数であるがゆえに，取引上の影響力は低い．取引コストの観点からも，総取引数を集約し，取引コストを削減する役割を大きく発揮できない．このことから，CRSを所有する航空会社の市場支配力は強く，旅行代理店のそれへの従属関係は強いといえる．

大手の殆どの航空企業が旅行代理店を利用するのであるが，既存の大手企業は，資金力と情報ネットワークを生かし，巧妙な手口で旅行代理店を囲い込む．既存の大手企業は，旅行代理店がフライトを予約するのに，CRSの利用によって，顧客データを分析しマーケティングに有利に活用することができる．その結果，旅行代理店の予約のパターンをよりたやすくモニターし，それに従って，自らの手数料のプログラムを効果的に作り上げることができる．

「オーバーライド」は，これが顕著に行われている市場では，新規参入にとっては参入障壁となった．競争条件の平等をそぐものであり，まともに参入を果たそうとする企業にとって，参入の意欲をそぐ潜在的な壁となった[11]．GAOの報告によると，多くの新規企業から，これらの不公正行動に対する不平と苦情が出されている[12]．さらに，既存企業が新規市場に参入をする際にもそれを制限する潜在的影響力を与えたことが指摘されている[13]．また，消費者の観点からは，価格とコストに明示されない不透明な取引であり，旅行代理店に特定フライトの代替的サービスの情報提供を回避させるインセンティブを与えるな

ど，便益を損なうなどの点で，一部問題が指摘される．

しかしながら，「オーバーライド」については，以上のように反競争的効果が懸念されるのであるが，追加的コミッションである割戻し手数料の額が一般に公開されないことから，この効果について実証的に検証することは困難になっている．司法省は，1990年代に入って，潜在的な反競争的効果を懸念し，これについて不適切な取引制約にあたる協定かどうか，関連市場の独占化について反トラスト違反をなすかどうかの判定を行うための調査を実施し，予約データとオーバーライド支配額に関するデータを可及的に集め分析を行った．しかし，分析からは，支配的企業が小企業から国内航空市場への参入を妨げるのに使用したことを証明することができずに終わり，調査は1996年にクローズされた[14]．一方，その競争制限的な効果は，他の戦略的ツールに比較して相対的に低い見方も示されている．CRSやFFPに比べると，その制限効果はそれほど大きなものではないとしている[15]．

1990年代後半以降，「オーバーライド」は，反競争的効果についての懸念とはよそに，航空企業にとって，その営業政策上の意義は高まっている．それは，1995年に，殆どの航空企業が，旅行代理店に支払う基本コミッションにキャップをつけ，基本のコミッションを10％から8％に引き下げるイニシアティブを行った結果である．1997年に52％の旅行代理店がオーバーライド支払いの対象になっている[16]．旅行代理店にとっても，安定的収入の確保の観点から，インセンティブの「オーバーライド」は，欠かさざるものになっている．

3．CRSルールの導入と効果

以上でみたように，CRSの支配的所有を背景に，一連の不公正な行動が生じていた．これには，先に述べた情報の優先的表示と先出しを意味するスクリーン・バイアスのほか，旅行代理店との長期的排他的契約，各CRSを通した販売についての航空会社に対するオーバーチャージなどが含まれる[17]．CRS所有航空企業は，旅行代理店との関係を失う恐れがないこともあって，ディスプレイ

のバイアスを継続的に行っていた．旅行代理店は，他のシステムへスイッチすることは，禁止的な高価な代償を払うことから，自ら与えられた情報を受け入れていた．CRS所有航空企業は旅行代理店に対し，過度の長期（5-10年）契約をとりかわし，契約解除を行い他のシステムに移行する際には過度の違約金を課すなど契約上の拘束条件を課していた．旅行代理店はコミッションについてCRS所有企業と交渉する能力をもたず，CRS所有企業が要求する額の支払いを余儀なくされていた．

1984年に，CAB (Civil Aeronautics Board) は，以上の弊害を回避し，消費者を保護し企業間の公平競争を確保する観点から，CRSルールを制定した．これは，航空企業とそれが所有するCRSの独占力によってもたらされる不公正行動をなくすことを目的としており，このために，「スクリーン・バイアス排除のルール」と「価格無差別のルール」が取り決められた[18]．前者は，排他的に特定の航空企業に利益を与え優遇するような運航情報を，スクリーンに表示させることを禁止するものである．後者は，すべての航空会社の同一のサービスについて，コミッションを同じくするもので，これには，オーナー航空企業の不要支払い，コ・ホスト航空企業とその他の一般航空企業との差別取り扱いの禁止が含まれる．これらのルールの実施は，スクリーン・バイアスの制約についてかなりの成果を収めた．しかし，旅行代理店を不当な制限的なCRS契約から保護し，法外なCRS予約手数料支払いの抑制に影響を与えることにつながらなかった[19]．そのルールは，この面では，指し止め効果を殆どもちえなかったといえる．

1992年に，CAB廃止後，業務を引き継いだDOT（交通省）は，従前のルールの正当性を再確認し，そのルールに「強制的参加のルール」を追加した．これは，CRSに5％もしくはそれ以上の所有権を有する航空企業に対し，そのシステムに参加すると同じ程度だけ他のCRSシステムへの参加を求めることを要件としていた[20]．この基底となる考え方は，WTOで適用される特恵国待遇の考え方である．この「強制的参加のルール」の適用によって，航空会社はすべてのCRSを通して販売することを余儀なくされるに至った．しかし，このル

ールは，導入当初は規制要件によって，不公正行動を抑制したが，CRSによる独占的支配の可能性を排除したわけでなかった．1992年のCRSルールの改定時には，CRSの追加的改定についての検討に着手した．CRSの一連のルールの制定後，航空券の予約取引をめぐる流通の経路とプロセスは，図8-2のように変わった．

CRSは法人実体として発展していくにつれ，その機能も拡大していった．本来の航空チケット予約機能に加え，ホテル，レンタカー，列車，ツアー，クルーズの予約の機能が加わった．さらに，人員と機材のスケジュールや手荷物取り扱いについてのソフトウエアと情報技術サービスのような他の専門的サービスの航空会社への販売，航空企業のための外部委託としての社内予約システムの提供などが加わっていった．国際的な多様な旅行形態の広がりを反映するものとなり，機能が拡張するにつれ，これらのシステムは，前述したようにGDSと総称されるようになった．

「強制参加のルール」が導入された1990年代半ば以降には，オーナーの航空

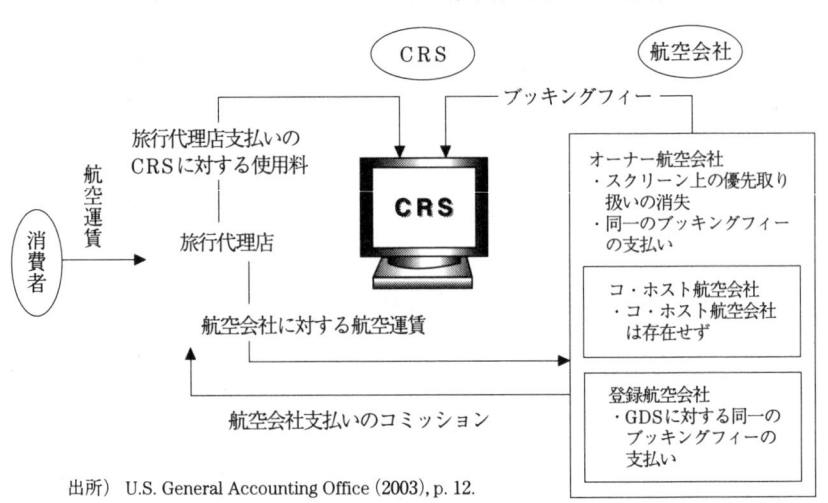

図8-2 CRSルール下での航空券予約に関する流通関係

出所）U.S. General Accounting Office (2003), p. 12.

企業が，自ら所有するGDSビジネスの所有権を手放し株式を売却するプロセスが進行した[21]．セーバー，ガリレオ，ワールドスパンの構成をとっていたGDSは，全米の旅行代理店市場を支配するまでに発展していたが，それぞれ所有形態が大幅に変更した，．セーバーは，1996年7月に，アメリカン航空の親会社であるAMRコーポレーションの独立法人になった．これに次いで，10月に最初の公開売却に付され，それ以降，AMRコーポレーションの手を離れた．ガリレオ・インターナショナルは，公開取引される企業となり，2001年に，センダント・コーポレーションの子会社となった．ワールドスパンは，2003年7月に民間投資家に売却された．これらの変化によって，メジャー航空企業とGDSとの垂直的統合が緩和された．航空企業の所有による結びつきは低下したが，GDSの大きな役割は現在までに継続している．大半の旅行代理店がGDSを通して予約を行っており，とくに広範囲にインターネットを利用できない旅行代理店にとっての利用価値は大きく強力なサーチエンジンとしても利用されている[22]．2002年の米国国内の予約についてのGDSシェアを示すと図8-3のとおりである．

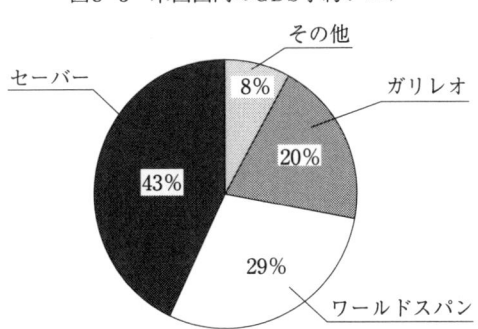

図8-3　米国国内のGDS予約シェア

- セーバー 43%
- その他 8%
- ガリレオ 20%
- ワールドスパン 29%

出所）U.S. General Accounting Office (2003), p. 13.

4. インターネットの普及とGDS利用の変化に伴う流通システムの変化

　90年半ば以降には，情報化の急速な進展とともに，航空券予約の流通システムに3つの大きな変化が生じるようになった．第1は，航空会社のウェッブサイトやオンライン旅行代理店サイトなどを含むインターネット・ベースでのアプリケーション利用の普及である．それらのインターネット利用には，GDSをバイパスするものと，GDSを経由するものとがある．GDSをバイパスするものは，予約手数料の支払いを不要とし，販売・流通コストの節減をもたらす．航空企業が自社のウェッブサイトを展開させる場合は，これに該当する．この場合，消費者は，航空会社に直接，座席の予約をインターネットで取りつける．電話媒体のコールセンターとは異なる電子的処理によって，人件費が節約され，全体の取り扱いコストの節約が可能となる．図8-4のように，予約に要するコストは，この方式では最小で，とくに近年，その低下が著しい．航空企業は，このことから，この方式での予約を促進する戦略を展開している．一部の企業は，ノースウエスト企業などにみられるように，電子商取引の利用と格差を設けるために，ペパーチケット利用に対して別料金を徴収している．また，マイレッジについて，アドバンテージボーナスを付加して，利用の促進を図っている．

　これに対し，GDSを経由するものには，インターネット・ベースでの旅行代理店を展開させるものが含まれる[23]．例えば，セーバーは，いわばオンライン旅行代理店ともいえるトラベロシティを設置している．この場合，航空企業は，セーバーにコミッションのみならず，トラベロシティに支払いを行う．他の旅行代理店と同様，消費者はそれに発券料を支払う．セーバーは，トラベロシティにインセンティブ支払いを行い，その支払いを親会社に留保される方式をとっている．このほか，GDS経由には，エクスペデアのような独立系のオンライン旅行代理店などの展開などが含まれる．GDSのバイパスと利用の対比をみると，2002年に全体のうち，GDSのバイパスの比率が37%，GDS利用の比

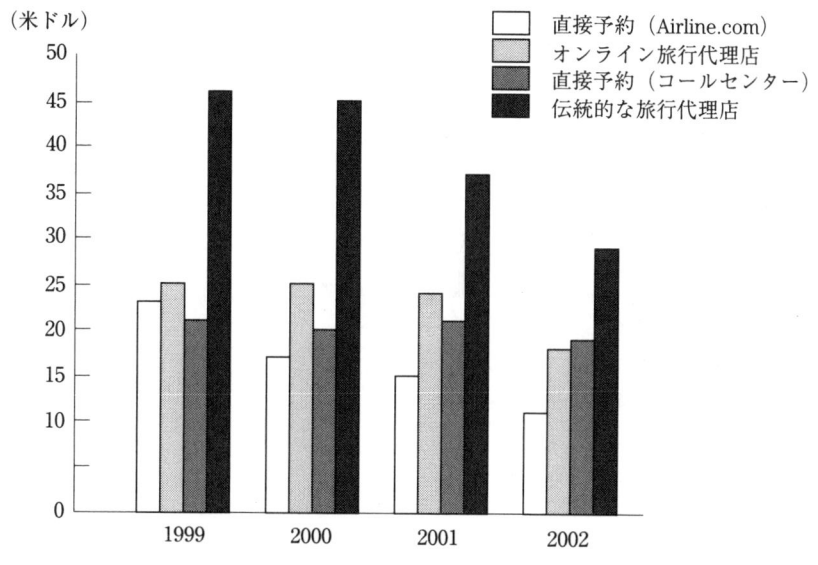

第8章 航空産業における流通チャネルの垂直的支配と不公正競争　213

図8-4　流通経路別の平均予約コスト

（米ドル）
凡例：
□ 直接予約（Airline.com）
▨ オンライン旅行代理店
▤ 直接予約（コールセンター）
■ 伝統的な旅行代理店

出所）U.S. General Accounting Office (2003), p. 20.

率が63％であり，依然，GDS利用の比率が高いこと，99年のそれぞれ29％，71％と対比すると，この間，バイパスの比率が8％増加していることがわかる[24]．なお，この段階で多様化し現在に至る予約経路の経過は，図8-5のように示される．全体としては，図8-4のように伝統的な旅行代理店経由が減少し，この分，インターネット利用が促進される経過が示される．

　第2の大きな変化は，航空会社が旅行代理店に支払う手数料の減少傾向に示される．航空会社は，流通コストを節減する目的から，すべての旅行代理店に支払うチケットごとの均一のコミッション支払いベースを98年までに取りやめ，それ以降，航空会社の多くが，旅行代理店と手数料を個別に交渉するシステムをとり，高いチケット販売実績がある代理店を選別したうえで，インセンティブ支払いを高めるようになっている．このことは，CRSルールによる，航空会社による旅行代理店に対する統制が部分的にきかなくなったことを意味す

図8-5 現行の航空券予約に関する流通関係

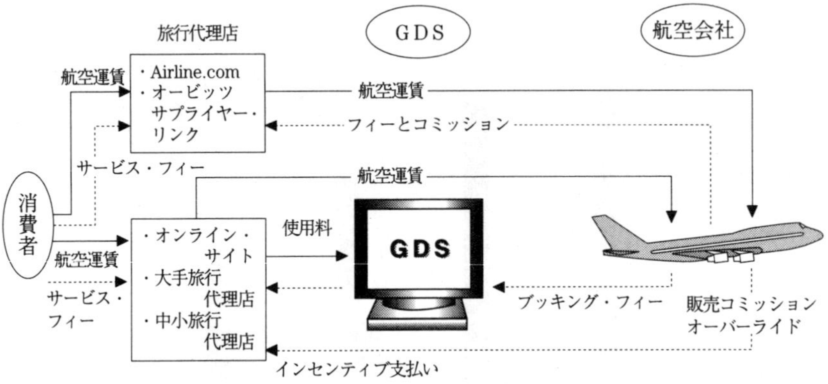

出所) U.S. General Accounting Office (2003), p. 27.

る．

　99年から2002年の間，航空会社から旅行代理店への年間支払額は，370百万ドルから159百万ドルと，57％減少した[25]．この支払額には，通常のコミッションのほかコミッションの上乗せが含まれている．こうして，メジャー航空企業は，流通コストを，平均で1999年の733百万ドルから2002年の544百万ドルへと，25.8％減少させ，予約単位ベースでは，43.6％減少させている[26]．コミッション以外のGDS料，間接費，広告料などを含む流通コストはこの間，大きな変化を示していない．航空会社のGDSへの依存関係は持続しており，GDS媒体での旅行代理店の活用とそれを通しての潜在的顧客の獲得の傾向は根強く続いている．GDSは，大手旅行代理店との交渉に応じる形で，手数料のインセンティブ支払いを著しく高め，全体の平均支払額を押し上げている．

　第3は，以上とも関連する大手の旅行代理店と中小旅行代理店との間での，販売額でみた格差の拡大傾向である．図8-6でみるように，95年から2001年の間，年間総額50百万ドル以上の販売額を計上する大手旅行代理店は，その数を増加させつつ，販売額を倍増させている．中小旅行代理店は，航空企業の手数料上乗せ，あるいは，GDSのインセンティブ支払いの利便性を受けることが

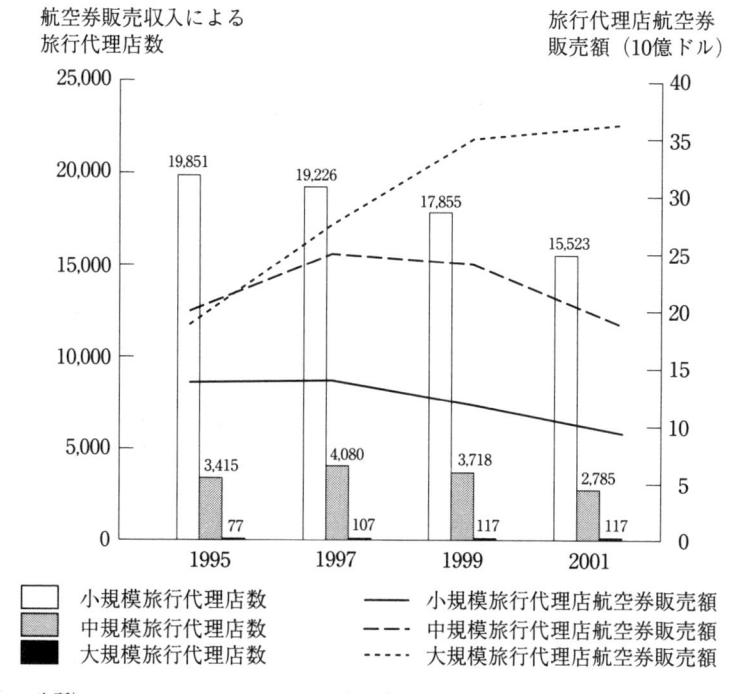

図8-6 旅行代理店の推移（年間収入額，販売量）

航空券販売収入による旅行代理店数 / 旅行代理店航空券販売額（10億ドル）

年	1995	1997	1999	2001
小規模旅行代理店数	19,851	19,226	17,855	15,523
中規模旅行代理店数	3,415	4,080	3,718	2,785
大規模旅行代理店数	77	107	117	117

□ 小規模旅行代理店数　　── 小規模旅行代理店航空券販売額
▨ 中規模旅行代理店数　　--- 中規模旅行代理店航空券販売額
■ 大規模旅行代理店数　　⋯⋯ 大規模旅行代理店航空券販売額

出所) U.S. General Accounting Office (2003), p. 29.

少ない．利用旅客層に，価格反応的なレジャー客が多いことも，大手企業より収入面で，不利な状況になっている．ビジネス客については，所属する企業と旅行代理店との取引慣行も大手旅行代理店の利用を有利にしている．

5．オービッツの事業展開とCRSルールの検討

　航空企業がインターネットを積極的に利用する方法には，以上で述べた各社が自らウェブサイトを立ち上げてそれを展開させる方法と，これのほかに，企業が共同連合して，ウェブサイトを立ち上げて展開させる方法とがある．後者は，GDSの経由を要するものと，GDSをバイパスするものとに分かれる．

企業の共同連合については，2001年に，米国の大手5社であるユナイテッド，アメリカン，デルタ，ノースウエスト，コンチネンタルがジョイント企業としてのオービッツ（Orbitq）を設立し，オービッツ，ウェブサイトを立ち上げた[27]．同社は，メジャー企業に対する運賃とスケジュールの情報提供のみならず，インターネットチケット予約販売を手がけるなど，旅行代理店と同様な役割を果たしている．参加企業間での協定に，宣伝不要の政策，排他主義，特恵国待遇（MFN）条項を含め，企業間の調整の目標に，① 新規参入企業のディスカウント運賃が顧客に明確に分からないようにする，② オービッツの航空企業オーナーは，公表運賃の秘密裏での切り下げを迅速に対応する，③ オービッツとその航空企業オーナーのみが，インターネットの「e運賃」のアクセスをもつようにする，ことを掲げている[28]．

基本的に，オービッツは，航空企業利用可能データのアクセス，予約手続きのために，ワールドスパンのGDSを経由利用する．航空企業は，チケットの予約につき，ワールドスパンに対してコミッションを支払っている．オービッツは，ワールドスパンから，ボリューム・ベースのリベートを受け取り，航空会社からは，均一の取引料を徴収する．取引料は，チャーターの特権会員資格をもつ航空会社とそれ以外とでは異なる．前者に対し，1チケットあたり10ドルを，後者には1チケットあたり，6ドルを課している[29]．特別会員には，これによって，伝統的な方法とオンライン旅行代理店による方法に比べて，かなり低いコストの負担の便宜が与えられている．コミッションに関しては，チャーターの特別会員資格をもつ航空会社は，オービッツと特別の調整交渉により，コミッションの一定割合についてのリベートの徴収を行っている．このリベートは，チャーター航空会社に，伝統的な方法によってなされた予約に比べ，1チケットあたりコミッションとして支払っている16ドルのうちで3ドルほどの節約をもたらしている[30]．オービッツの特別会員以外のメンバーは，割引がない満額のワールドスパンのコミッションを支払っている．

ここにおいて，これらの区分による料金の調整が，価格無差別と強制参加を内容とするCRSルール要件に抵触するかどうかの問題が生じる．これらのル

ールは，航空企業に対しGDSのコミッションを切り下げる交渉能力を制限している．これまでのところ，DOTは，オービッツをCRSとして定義していないために，航空企業に対して，オービッツと特別の調整交渉を行うことを許容している．現在までのところ，オービッツへとCRSルールの適用範囲の拡大を行っていない．

　さらに，最近，オービッツは，各参加企業の社内予約システムへとアクセスし，チケットの予約を可能にする「サプライヤー・リンク」と称される技術を発展させた．これは，GDSをバイパスし，コミッションの支払いを不要とするものである．このシステムは，企業内の予約システムへのアクセスと異なり，複数の航空企業に関する情報の検索と獲得を可能としており，GDSによって使用される技術と同様の機能を果たしている．2002年の実施以来，11のメジャー企業がこれの参加に調印し，実際に，アメリカウエスト，アメリカン，コンチネンタル，ノースウエストの4社がこの技術を使用し始めている．これらの企業は，オービッツ予約の70％以上をサプライヤー・リンクを経由して処理している[31]．

　その新たなサプライヤー・リンクの技術に照らして考えると，オービッツは，1984年のCRSルールの制定以来，はじめてのGDSに類似する機能を果たすシステム実体を展開させたといえる．見方によってはGDS市場への新規参入者として捉えることもできる．これは，米国国内航空需要の8割以上を取り扱うメジャー航空企業の5社によって所有されており，航空企業所有の予約システムとして機能している．その活動は，インターネット・ベースであるがゆえに，CRSルールの消費者保護規定の枠外での取り扱いを受けている．CRSルールに最も抵触する違反の1つに，5社間でのオービッツ協定における特恵国カルテル条項の取り決めがある．このカルテル条項によって，オービッツは独立の旅行代理店が利用できない所有航空企業のウェブだけの運賃にアクセスできるのである．懸念される問題の核心は，オービッツの特別メンバーが，他の航空企業に増して競争的優位を獲得できる可能性である．DOTは，オービッツが反競争的でなく航空サービスのバイアスのある参加を行っている証拠を示すも

のはないと主張し，延期しないと2004年に時効になるGDSについても，基本的には延長を提案している[32]．以上のシステムサービス分野を含め，GDSが，航空券予約の流通において市場支配力を強めているのかどうかが問題になる．GDSが航空企業に課すコミッションは，典型的なもので，1996年から2001年の間，約31％上昇しており，この間の上昇については，GDP価格指数で計測したインフレ率，9.4％の上昇よりはるかに高いものになっている[33]．GDSのコストに関しては，予約単位あたりのコンピュータコストが，予約の複雑化などから増加している．一方，GDSの旅行代理店へのインセンティブ支払額は，96年から2002年の期間，500％以上も増加している[34]．予約関連の全体のコスト把握ができないことから明確に判断しがたいが，少なくとも，これらの数値から，市場支配力は低下していないと判断される．

　この点に関し，アメリカンウェストのように，一部の航空企業は，この市場支配力の存在についての申し立てを行い，これに対しDOJ（司法省）が対応している．DOJは，対応のなかで以下の問題点をあげている[35]．インターネット流通の最近の成長のなかにあって，GDSの航空企業に対する市場支配力は継続していること，その支配力を減少させるために意図された既存の規制が，過去に成功したことと，将来，状態の改善に貢献する見込みの可能性を示す証拠を見出せないこと，殆どの航空企業がいずれのGDSからも撤退する能力がないために，既存の規制がGDSの市場力を減少させるのに効果的ではなかったことの問題点を指摘している．さらに，GDSに，すべての航空企業に対して，同一サービスについて同一価格を課すことを求めるCRSの価格規制は，航空企業がGDSを所有している期間において，差別価格などの排除に部分的に効果を発揮したが，GDSの料金を競争レベルの水準まで低下する結果をもたらさず，一部航空企業が，低いGDS料金を交渉する能力に支障を与えたとしている．政策的対応としては以下の点を示している[36]．この産業での競争促進を妨げてきた，GDSと旅行代理店との間の契約に関する条件と期間を制限するルールの廃止が必要である勧告を行っている．さらに，DOJは，DOTに対して，GDSが特定の航空企業に情報のバイアスを行うことを防止してきたルールと，その

システムでの航空情報の最新化の面で同等な取り扱いを求めるルールは保持すべきと勧告している．

6．課題と展望

　CRSルールは，本来，航空会社が所有するGDSの市場支配力を低下させるために導入された．GDSが航空企業から分離するにつれ，今度は，GDSによるすべての航空企業への市場支配力の行使が問題になってきた．とりわけ，GDSが航空会社ビジネスをめぐって互いに競争できない関係から，航空企業と消費者は，競争的な市場の水準より高い価格を課される事態になっている．一方，インターネットは市場の適応性を高めている．インターネットの利用が著しく増加し，その結果，各流通形態での航空会社のサービスの全体価格は低下している．オービッツの発展と展開，直接的な航空インターネット予約の拡大は，GDSに代わる一層低コストの代替物が出現してきたことを物語っている．航空会社とその関連企業は，流通コストを抑えるために，インターネット・イノベーションを展開させている．消費者に広範囲の運賃へのアクセスを与えるインターネット能力の向上は，消費者に大きな便益を与えている．

　競争政策の観点で，増大する大手旅行代理店の市場支配力のみならず，GDSの市場支配力の継続的可能性にも留意する必要がある．航空と関連をなすこの産業分野は，市場支配力の存在と行使の潜在性を恒久化させている．航空企業は，旅客取扱いの大きな割合を占める旅行代理店との連携を深め，高いイールドビジネス客を中心とする潜在旅客への最終的なアクセスを獲得するために，GDSへの依存を継続している．オービッツは一部の航空企業にとって，GDSの市場力を緩和させる技術的代替物を提供しているが，オービッツのメジャー航空企業との関係は，メジャー航空企業が他の航空企業に対しシステム利用での排他的行為を強め，航空企業間の競争関係を歪めるといった，オーナー航空企業の潜在性可能性について別の懸念を生起してきている．

　さらに，最近の顕著な傾向として，メジャー航空企業とGDSがともに，高い

運賃負担力をもつビジネス旅客の大きな部分にありつくために，大手の旅行代理店への依存支配を強め，この代理店がこの産業分野で大きな影響力を発揮していることを指摘できる．この影響力の発揮は，それらの旅行代理店がGDSからインセンティブ支払いの拡大を行い，航空企業からコミッションとオーバーライドの増加を獲得できる能力にかかっている．

航空チケット流通分野におけるイノベーション，とくにインターネットの成長は極めて著しい．これらのイノベーションは，CRSのルールといった規制のフレームワークのなかで生じており，これに関し，DOTは最近，CRSのルールの検討見直しを行った．そのうえで，2002年に改定案を発表している[37]．それによると，強制ルールの見直しをおこない，手数料についてGDSとの自由交渉による決定を認め，航空券のオンライン販売についてとくに規制は設けないなどの内容になっている．それらは，DOJの勧告にほぼ沿ったものとなっている．オービッツに対する反トラスト行為については，産業規模とケース・バイ・ケースで継続して検討することが求められる．今後とも，この産業の発展が競争と消費者にいかに影響を与えるかモニターし続けることが重要となろう．

旅行代理店は，今後とも，中間業者として顧客の要求と航空サービスの生産者の要求とをマッチングするうえで有効な役割を果たし続けるが，全体的に取引力が低下するであろう．ITと航空企業の効率化の促進によって，高付加価値サービスの提供と競争力の強化が必要とされる．また，自らのインターネットサイトを通したオンライン販売の強化が求められる．大手航空企業による選別が進行し，全体的な収入の低下と低収益の過程で，集約再編の経過を辿るものと思われる．

　　　（本章の内容は，拙著『米国航空政策の研究―規制政策と規制緩和の展開』（2006年3月刊行）10章に相当する．出版社，文眞堂の許可を得て転載した．）

1) U.S. Department of Transportation (1988), p. 9.
2) *Ibid.*, pp. 20-21. なお，各CRSベンダーの旅行代理店設置のシェアは，セーバー35.1％，アポロ26.4％，システムワン17.3％，データスワンの後継のデータⅡ8.3％，パース12.9％であった．
3) バイアスの呼称は，早い段階では，1983年のCABの意見書である「ルール制定提案の事前通知」(Advance Notice of Proposed Rule Making, ANPRM)に使用されている．
4) Morrison, S. A. and C. Winston (1995), p. 62.
5) Levine, M. E. (1987), p. 461.
6) U.S. Department of Transportation (1988), pp. 116-117.
7) 一つのベンダーのシステムが旅行代理店に占める比率をみると，1986年では，24,693のうち23,090で全体の93.5％で，圧倒的に高い．Ibid., p. 32.
8) U.S. General Accounting Office (2003), pp. 7-9.
9) U.S. General Accounting Office (1990), p. 5, Levine M. E. (1987), pp. 497-498.
10) 販売額でトップ10の旅行代理店での販売額に占めるビジネス客について収入の比率を1995年についてみると，平均87％と極めて高い．このうち，オーバーライドによる収入は全体の3分の1を占めると推定される．大手航空企業は，自らにとって高い収益をもたらす上得意客のビジネス客をひきつけるために，インセンティブ手数料によって旅行代理店に対する影響力を強めるようになっている．このことから，オーバーライドは，航空企業が自らターゲットにする旅客の予約を優先的に取りつけることに対する報酬といえる．U.S. General Accounting Office (1996c), pp. 15-18, p. 30.
11) GAOは，新規参入を制約する航空企業のマーケティング戦略要素として指摘している．U.S. General Accounting Office (1990), pp. 65-66.
12) サウスウエスト航空企業の副社長は，1990年代にノースウエスト企業がオーバーライドによって旅行代理店予約パターンに変更をもたらした影響は，サウスウエストがデトロイト―インデアナポリス間での市場からの撤退を決定した主要な要素であったと証言している．ミッドウエストエクスプレスはビジネス旅客市場に照準をあてたノースウエストによるオーバーライドによって，ミルウォーキー―デトロイト間の市場からの撤退を，アメリカンとユナイテッドのオーバーライドによって一部市場からの撤退を余儀なくされたと指摘している．U.S. General Accounting Office (1996), pp. 15-16.
13) *Ibid.*, p. 17.
14) *Ibid.*, p. 15.
15) Morrison, S. A. and C. Winston (1995), p. 66.
16) U.S. General Accounting Office (1999), p. 20, McQueen S. M. (1997), pp.

1158-1159.
17) U.S. Department of Justice (1985), pp. 2-14.
18) U.S. Department of Transportation (1988), pp. 15-16, U.S. Department of Justice (1985), p. 15.
19) U.S. Department of Transportation (1988), pp. 16-19.
20) U.S. General Accounting Office (2003), p. 11.
21) *Ibid.*, p. 12.
22) Doganis, R. (2001), p. 177.
23) *Ibid.*, pp. 178-179, U.S. General Accounting Office (2003), p. 18.
24) General Accounting Office (2003), p. 23.
25) *Ibid.*, p. 24.
26) *Ibid.*, p. 24.
27) *Ibid.*, p. 16.
28) Orbitz.com homepage. http://pressroom.orbitz.com/regulatory_participation.cfm, http://orbitzfact.com/issues/CRSrules/ump.html, Adkinson, W. F. (2003).
29) U.S. General Accounting Office (2003), p. 15.
30) *Ibid.*, p. 16.
31) *Ibid.*, pp. 16-17.
32) *Ibid.*, p. 17, Adkinson, W. F. (2003), pp. 12-13.
33) U.S. General Accounting Office (2003), p. 32.
34) *Ibid.*, p. 33.
35) *Ibid.*, p. 34.
36) *Ibid.*, p. 34. 一方，情報化の進展など最近の産業の変化が大方のCRSルールについてその必要性と効用を無効にしていることから，反競争的な対策は，ケース・バイ・ケースの反トラスト調査によって実施されるべきであると述べている．
37) *Ibid.*, p. 34.

参考文献

Adkinson, W. F. (2003), *Orbitz should still up Pop up on Antitrust Agencies Radar Screens*, The Progress Freedom Foundation, 7, March.

Button, K. J. (1991), *Airline Deregulation-International Experiences*, David Fulton Publishers.

Doganis, R. (2001), *The Airline Business in the Twenty-first Century*, Routledge. （塩見英治・木谷直俊・内田信行・遠藤伸明・戸崎肇訳（2003）『21世紀の航空ビジネス』中央経済社）

Gilroy, A. A. and L. G. Kruger (2003), *Broadband Internet Access : Background and Issues*, Congressional Research Services, September 10.

Hoyt, P. J. (2001), "Developing Antitrust Policy on the Internet : Lessons from the Airline Industry", *Transportation Law Journal*, Vol. 28. 315.

Levine, M. E. (1987), "Airline Competition in Deregulation Markets : Theory, Firms Strategy, and Public Policy", *Yale Journal on Regulation*, Volume 4, Number 2, Spring.

Lewis, I. and A. Talalayevsky (1997), "Travel Agents : Threatened Intermediaries?" *Transportation Journal*, Vol. 36, No. 3, Spring.

McQueen, S. M. (1997) , "The Summary Judgment Standard in Antitrust Conspiracy Cases and In Re Travel Agency Commission Antitrust Litigation", *Journal of Air Law and Commerce*. Vol. 62, No. 2.

Michael, T. (2002), *National Commission to Ensure Consumer Information and Choice in the Airline Industry*, June 12.

Morrison, S. A. and C. Winston (1995), *The Evolution of the Airline Industry*, The Brookings Institution.

Nordic Competition Authorities (2002), *Competitive Airlines*, 18 June.

US National Commission (2002), *National Commission to Ensure Consume Information and Choice in the Airline Industry*, Statement of Michael Thomas, June 12, 2002.

TRB (1999), *National Research Council, Entry and Competition in the U.S. Airline Industry–Issues and Opportunities*, National Academy Press, Washington, D. C., 1999.

U.S. Department of Justice (1985), *1985 Report of the Department of Justice, To Congress on the Airline Computer Reservation System Industry*, December 20.

U.S. Department of Justice (2003), *Justice Department Files Comments in Airline Computer Reservations Systems Rulemaking*, Monday June 9.

U.S. Department of Transportation (1988), *Study of Airline Computer Reservation Systems*, May.

U.S. Department of Transportation (2002), *Computer Reservation System (CRS) Regulations : Notice of Proposed Rulemaking*, November27.

U.S. General Accounting Office (1986) , *Airline Competition : Impact of Computerized Reservation Systems*, GAO / RCED–86–74, Washington, D. C. : U.S. General Accounting Office.

U.S. General Accounting Office (1990), *Airline Competition : Industry Operating* and Marketing Practices Limit Market Entry, GAO / RCED–90–147, Washington, D. C. : U.S. General Accounting Office.

U.S. General Accounting Office (1992), *Computer Reservation Systems : Action Needed to Better Monitor the CRS Industry and Eliminate CRS Biases*, GAO / RCED–92–130, Washington, D. C. : U.S. General Accounting Office.

U.S. General Accounting Office (1996), *Airline Deregulation : Barriers to Entry Continue to Limit Competition in Several Key Domestic Markets*, GAO / RCED–97– 4, Washington, D. C. : U.S. General Accounting Office.

U.S. General Accounting Office (1997), *Domestic Aviation : Barriers to Entry Continue to Limit Benefits of Airline Deregulation*, GAO / RCED–97–120, Washington, D. C. : U.S. General Accounting Office.

U.S. General Accounting Office (1999), *Domestic Aviation : Effects of Changes in How Airline Tickets are sold*, GAO / RCED–99–221, Washington, D. C. : U.S. General Accounting Office.

U.S. General Accounting Office. (2003), *Airline Ticketing : Impact of Changes in the Airline Ticket Distribution Industry*, GAO–03–749, Washington, D. C. : U.S. General Accounting Office.

Orbitz. com homepage, http://pressroom.orbitz.com/regulatory_participation.cfm

Orbitzfacts. com homepage, http://orbitzfact.com/issues/CRSrules/ump.html

第9章　サッカーファン・コミュニティと未来型コミュニティの形成条件
―― IT とのシナジー的連関性 ――

　市場経済システムの変容に伴い，信頼，善意，互酬など関係財や行為財と呼ばれてきたものを，「ソーシャルキャピタル」として捉え，それが経済行為に対して持つ補完的な機能に注目する研究が増えてきている．ソーシャルキャピタルへの注目は古くは，トクヴィルの「心の習慣」[1]やジェイン・ジェイコブス，そしてブルデューの「文化的資本」[2]にまでさかのぼるともいわれるが，このような非市場的な要素にたいして「資本」と呼ぶことは，当初の意図とは裏腹に，資本概念の濫用になりそれがもつ本質的な特性の理解を曇らせるものになる危険性がある．筆者はこの点をおそれ，ソーシャルキャピタルという呼称の代わりに「コミュニティ・リソース」と呼ぶことを提案してきた[3]．ソーシャルキャピタルは，コミュニティを形成したり活性化したりする資源となる一方で，逆にその形成がコミュニティによって促進されるという関係も指摘されており，コミュニティとの関連は必ずしも明確になっているとはいえない[4]．この小論では，ソーシャルキャピタルの形成とコミュニティの活性化に関する事例として，スポーツファン・コミュニティとくにサッカーファン・コミュニティを採り上げ，それが未来型コミュニティ[5]の形成に向かうための条件を考察することを目的とする．

1．スポーツ産業と公共財

　最近，阪神電鉄の株式取得を通じ人気球団阪神タイガースの経営権を握ろ

とする動きが表面化して，話題を呼んだ[6]．メディアの論調は，ファンの心情を無視する横暴で鄙劣な行為であるとする傾向が強いものであった．人気球団はファンすべてのものであるのに，一個人の意思の支配下に納めようというのは，社会的正義に反するというのである．さらに，スポーツは「公共財」であるという主張すら飛び出すに至っている．多くの人が愛し熱烈に支持するものは，売買されたり一部の人や集団に帰属するべきではないということであろう．

公共財の特質は，一般に(1)排除不可能性と(2)消費の「同時性」あるいは「非競合性」とされる．すなわち，お金を払わなくても消費できる（ただ乗りできる）性格と多数の人による同時的な消費が可能であるという性格を持つ財は，市場での取引になじまないのであって，一般的な経済財と区別される．

ところで公共財の概念ないし定義に照らしてみて，野球は本当に公共財的側面があるといえるのであろうか．また，サッカーも同様なのであろうか．手始めにプロ野球から考えてみることにする．

プロ野球は，スポーツ産業としてサービス産業の一種として成立している．その限りでは，一般サービス産業と何ら変わるところはない．映画や演劇，アミューズメント・パークやテーマ・パークにおけるサービスの提供と同様なものである．鑑賞や享受（いずれも消費である）は，空間を限ることによって消費の排除性を実現している．

ただし，野球には若干違った性格も指摘できる．それはメディアによる中継が実現して観戦が大規模になることにより，「私的領有」（球団の所有）と「生産の社会性」（ファンの大規模化）の矛盾が大きくなる点にある．スポーツ産業における公共性の問題の本質はここにある．それは公共財か否かの問題ではないのである．つまり，野球やサッカーなどは，通常の財やサービスとは違って情緒的・感覚的一体感のもとに「生産の社会性」が膨張する傾向がある．

2. ファンないしサポーター集団の特性
──阪神タイガースとFC東京──

スポーツは，一般にファンとしての属性的共通基盤のうえに，喜怒哀楽を共有できる傾向があるが，ゲームの種類や特性によってファン間の共有志向レベルは異なる．たとえば，個人競技の場合は，ファン間に相互交流が生まれることはあまりない．特定のプレーヤーと個人の間の関係は，むしろファン同士を対立させることすらあるだろう．

団体競技の場合は，個人競技に比べファンの間に共有ファクターが多くなり，ファンの間に連帯感が生まれる傾向が強い．しかし，この場合でも，団体が個別プレーヤーをどのようにオーガナイズしているかで，若干の相違がみられるように思われる．団体競技の中でも，プロ野球とサッカーを取り上げファンないしサポーター集団の特性を分析してみよう．

(1) 阪神タイガース

株式会社阪神タイガースは1935年12月に，株式会社大阪野球倶楽部として設立された．当初の資本金は20万円であった．現在（2005年5月現在）資本金は4,800万円である．株式は阪神電気鉄道㈱が100％所有（2005年5月現在）している．従業員はフロント90人（うち正社員は15人），チーム105人（監督，選手など）という構成である．

主な事業として掲げられているのは，①野球競技の興行　②野球技術の指導教授　③野球選手の育成　④球団の宣伝業務並びに標識を付した製造，販売，卸売りおよび委託販売　⑤放送権の販売並びに放送番組及び音楽・映像記録物の制作及び販売等である[7]．

年間チケットの価格は90,000-370,000円であり，購入者のほぼ8割が企業である．ホームスタジアムである甲子園球場の収容人数は53,000人であり，2004年度の1試合平均来場者数は51,328人ということである[8]．

次にファンに対してどのような接し方をしているであろうか．まず，ファン

クラブの概要から見てみよう[9]．阪神タイガース公式ファンクラブ（これには子ども版もある）は，株式会社阪神タイガースが運営する．会員資格は会費を納めれば1年間有効であり，継続も可能である．会員特典としては，たとえば2006年度（会費は3,500円）をみてみると次のようなものが用意されている．① 阪神タイガースのロゴ入りイエローメッシュジャージ（非売品）がもらえる（継続会員には別種類のシャツも選べる）　② オフィシャル・メンバーズカードがもらえる　③ 2006年に「阪神甲子園球場」で開催される阪神タイガース主催の公式戦オレンジシートチケットが抽選でプレゼントされる　④ 2006年に「阪神甲子園球場」で開催される阪神タイガース主催の公式戦・巨人戦を抽選販売　⑤ 2006年に開催される阪神タイガース主催の公式戦（巨人戦を除く）のうち約15試合を抽選販売　⑥ 2006年に「阪神甲子園球場」で開催されるオープン戦（巨人戦を除く）への入場料金割引優待．また，2006年に「阪神甲子園球場」で開催されるウエスタンリーグ公式戦への入場料金割引優待　⑦ その他，各種プレゼント

　以上から分かるように納めた会費と見合うだけの（場合によってはそれを上回る）グッズやチケットがプレゼントされることになっており，ファンはクラブ会員となることによって，球団から追加的なサービスを与えられる．ファンとして定着する魅力的な誘因にもなっているようだ．この公式ファンクラブは，出来たのが2003年であり，わずか2年間で13万人のファンを集めたという．阪神タイガースは，サービス産業ないしレジャー産業という位置づけを内外に明確にしつつ，現代の消費者のニーズを的確につかんでいるといえよう．

(2) FC東京（東京フットボールクラブ株式会社）

　東京フットボールクラブ株式会社，通称FC東京の創立は1998年10月1日である．本社は江東区．ホームグラウンドは味の素スタジアム（調布市／48,000人収容）．従業員49名．資本金7億6,400万円．株主は289社18団体（6自治体含む）である．2004年にはJリーグヤマザキナビスコカップで優勝した実績を持ち，主な選手に土肥洋一選手（日本代表／GK），加地亮（日本代表／DF），茂庭照幸（日本代表／DF）などがいる．

FC東京はプロ・スポーツ集団として，WEBページ[10]を活用して自らの理念を公開している．引用してみよう．

1　サッカーを通じて青少年の健全な心身の発達および都民の健康や喜びづくりに寄与し，スポーツ文化の振興ひいては地域社会の発展，国際交流・親善に貢献する．
2　将来的には，サッカー以外のスポーツを含め，競技スポーツとレクリエーションの両分野で地域社会に貢献できるような「生涯スポーツ」を視野に入れたクラブを指向し，これをＪリーグクラブの組織づくりをベースとし，その発展・拡大により実現していく．
3　都民のシンボルとなり，青少年に夢を与える首都東京に相応しいサッカーチームを育て，多くの都民のファンをつくり，都民の連帯感（地域社会への帰属意識）の醸成・地域社会の活性化に寄与する．
4　サッカークリニック・サッカースクール・各種イベントを中心に，学校や各地域におけるサッカー活動との連携・協力を図り，青少年をはじめ都民各層に対するサッカーの指導・普及活動に努める．

見られるように，地域社会との関連を重視している点が特徴的である．他のＪリーグのクラブと比較しても，FC東京のこのスタンスは際だつように見えるが，しかし，実はFC東京はＪリーグの基本理念をもっとも忠実に反映しているのだ．そこでＪリーグの地域社会への姿勢を確認しておくことにする．

WEBページで公開されているＪリーグの活動方針の中には，地域重視のスタンスが強調されている．それはＪリーグ百年構想にもさらに明瞭に展開されていくことになる．

Ｊリーグ百年構想とは，①地域に緑の広場やスポーツ施設を作ること，②スポーツクラブを作ること，③スポーツを通して世代を超えたふれあいの輪を広げることをその内容としているが[11]，その具体的な取り組みの中に，「ホームタウン」，「地域名＋愛称」，「地域に根ざしたスポーツクラブ」などの重点項目

が示されている．とくに，「ホームタウン」の位置づけが重要なものとなっているようだ．

Jリーグ規約第21条では，それぞれのホームタウン（チームの本拠地である特定の市町村）において，「地域社会と一体となったクラブづくり（社会貢献活動を含む）を行い，サッカーをはじめとするスポーツの普及および振興に努めなければならない」と定めているという．また，これはプロ野球における「保護地域」とは大きく異なるとされている．「保護地域」とは，プロ野球では，球団の野球上のすべての利益が独占的に保護されるエリアのことである．地域は，営業活動対象のみとされるのか，貢献対象ともされるのかという違いが明瞭に出ているわけである．これは理念レベルの問題で，現実は必ずしもこの通りではないであろう．しかし，単なる理念ないしポーズとして片付けるわけにはいかない．それは上述のように，FC東京の理念として具体的な活動の指針として機能しているからである．

たとえばFC東京が地元で展開する活動には，サッカークリニック，サッカースクール，派遣コーチなどがあるが，それらの活動の動員数は2004年度で40,000人を超えている（図9-1参照）．また，自治体との協働も多岐に及んでいる．そもそも株主の中に地元近隣の6自治体が含まれているが，近隣市役所のスポーツ振興課，教員委員会，社会教育課，市民参加推進室，産業振興室，福祉課等々と様々な連携・協働関係を形成しているという．

FC東京のファンないしサポーターへの対応も，地域やコミュニティを重視する方針を反映するものとなっている．ファンの集団は，未組織の集団（サポーターと呼ぶ）と組織された集団とからなり，後者も財政的な援助を行うものから会費制，無料のものと，階層構造をなしているところが注目される．上層部の財政支援は，チーム形成の支援ともなり，また，FC東京やファンのコミュニティ活動の財源の一部ともなっている点が特徴的だ．これらの中でコミュニティやコミュニティ・リソースとの関連で目を引くのは，「FC東京市民スポーツボランティア」と，「FC東京ペーニャ」であろう．それについては後ほど立ち戻るとして，まず「ビッグフレームス」から見てみる．

「ビッグフレームス」は，社会人，法人，団体，店舗を対象とする個人協賛のグループである．U-18，U-15の活動費，巡回教室などの活動費補助，キッズクラブ運営費補助，ＦＣ東京フラッグ制作費用補助などの，財政的な支援を行う．年会費は10,000円．キッズクラブは子どもたちのクラブで，入会金，年会費ともに無料となっている．

ファンクラブは，年会費3,000円の個人会員のクラブであり，会員証の他，チームグッズ購入券など若干の特典が与えられている．

「FC東京市民スポーツボランティア（略してスポボラといわれることもある）」は，2001年1月末から募集を開始し，約600名（2003年9月現在）が登録している．男女の比率はほぼ半々で，15歳から74歳まで，幅広い年齢の方が参加しているという．車椅子サポートや座席案内，そして試合後のスタジアム内のゴミ拾いなどの活動をしている．ファンは，単に集まって観戦・応援するだけでなく，積極的に貢献活動をするところにまで来ている．これはスポーツファンクラブの持つポテンシャルを感じさせるものでもある．

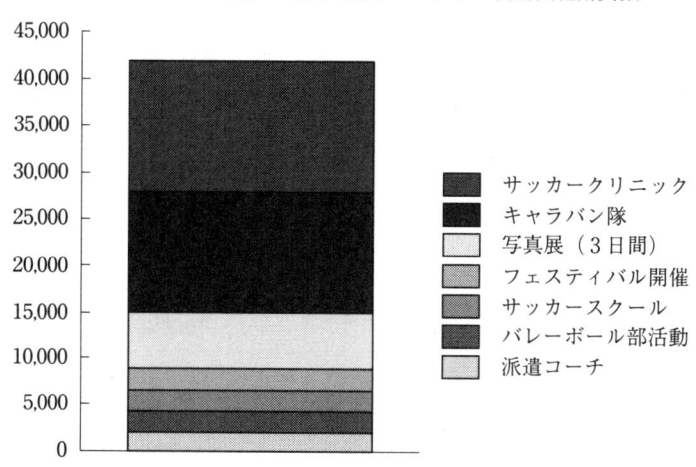

図9-1　FC東京の2004年度ホームタウン活動実施動員数

出所）久保田，福田，和泉［2005］．

さらに興味深いのは「FC東京ペーニャ」である．FC東京ペーニャは，FC東京のファンの「社交クラブ」的なものである．FCバルセロナのペーニャを手本として作られた．ペーニャとは，スペイン語で"集まり""サークル"という意味であり，スペインでは，非常にポピュラーな存在であるという．とくに，FCバルセロナでは海外も含め1,600以上ものペーニャがあるといわれている．FCバルセロナの例では，ペーニャのメンバーは酒場に集まり，そこでチームの話を語り合いながらお酒を飲むという．FC東京ペーニャもそういう社交の場を目指しているということである．この社交の場はコミュニティとして捉えることも可能であろう[12]．

以下に阪神タイガースとFC東京都を比較したものをまとめて示しておく．

表9-1　FC東京と阪神タイガースの比較1（会社概要）

	東京フットボールクラブ(株)	(株)阪神タイガース
設　立	1998年	1935年12月
資本金	7億6,400万円	4,800万円
株　主	289社18団体（6自治体含む）	阪神電気鉄道(株)　100%
従業員	社員49名	社員15名
主な事業	プロサッカーチーム「FC東京」の運営 サッカースクールおよびサッカーの普及活動 チームのオリジナルグッズの製作・販売	野球競技の興行 野球技術の指導享受 野球選手の育成 球団の宣伝業務並びに標識を付した製造，販売，卸売りおよび委託販売
2005年スローガン	攻めて取る．攻めて獲る．	NEVER NEVER NEVER SURRENDER

出所）　久保田・福田・和泉［2005］．

表9-2　FC東京と阪神タイガースの比較2（ファンクラブ）

	東京フットボールクラブ(株)	(株)阪神タイガース
呼　称	サポーター	ファン
ファンクラブ設立	1999年	2003年
会　費	3,000円	3,500円
参加人数	1,500人	13万人
男女比	5：5	6：4
年齢比	20-35歳代　80％	20-40歳代　70％
居住エリア	東京都　60％	関西　74％
キッズクラブ	10,000人	21,000人
キッズクラブ会費	無料	2,500円
年間チケット	22,800-80,000円	90,000-370,000円
ホーム年間試合数	17試合＋α	61試合
年間契約指定席	大半が個人	ほぼ8割が企業
入場料金	500-6,000円	500-3,500円
ホームスタジアム	味の素スタジアム	甲子園球場
スタジアム収容人数	48,000人	53,000人
1試合平均来場者数	27,000人	51,328人

出所）　同上．

表9-3 FC東京と阪神タイガースの比較3（地域・コミュニティ関連活動）

	東京フットボールクラブ(株)	(株)阪神タイガース
地域・コミュニティ活動 自治体との協働	サッカークリニック	OB野球教室
	キャラバン隊	トラッキーの幼稚園訪問
	サッカースクール	阪神タイガース資料館（入場無料）
	バレーボール部	「ファンと歩んだ70年 タイガース展（2005年大阪歴史博物館）
	フェスティバル開催	個人での車椅子寄付
	写真展（2004年六本木ヒルズ）	西宮市民への割引チケット販売
	自治体HPコンテンツ	ファンサービスデー（自治体協賛）
	自治体の資本参加	
	地域イベント参加	

出所）同上．

3．新たな関係性

　スポーツ観戦する人びととの間に，情緒的一体感が生まれるのは自然なことである．しかし，そこからファン・クラブやサポーターの集団が形成され自主的・持続的な活動が展開されるかどうかは，必ずしも自明なことではない．むしろ，ある種の条件や資源が存在していて初めて可能になる事態と考えられる．そのような観点を採用すると，このような集団は一種のコミュニティとして検討され得るものであり，したがって，それらの内部には人びとを結びつける新たな関係性が形成されている可能性がある．そしてこの新たな関係性への扉は何によって開かれるのか？　我々は民俗分類にいわゆる「ハレ」に着目したい．

(1) 非日常空間の威力

祭りなどいわゆる「ハレ（晴れ）」の空間は，既存のコードによって紡ぎ出される日常的な意味連鎖の空間[13]を相対化する機能を持つ．この点では，演劇や映画，コンサート，美術館，アミューズメントパーク，テーマパーク，スポーツ観戦も同様な機能を持つであろう．それらの非日常性が日常性に及ぼすインパクトの性質は，提供される空間の性質に関連する．たとえば一時的な熱狂と陶酔は，日常のストレスを解消し再び日常性への回帰を促すであろう．厚いホスピタリティの享受は，個人的なアイデンティティや自己実現の感覚を与えてくれる．

これらの非日常性は，かつては神聖性や宗教性と密接不可分なものとして存在したが，上述のように現代ではサービスの購入として得られるケースが多い．そしてサービスの消費過程で得られる効用の性質によって，消費活動の結果に相違が生まれると考えられる．

たとえばレストランやホテルで得る上述のホスピタリティは消費のプロセスと重なり，消費がすめば思い出以外になんの痕跡も残さないであろう．従って，かけがえのない存在実感は，消費の終了とともに思い出に移行し，消費のプロセスで出会った厚意や，善意は現実の世界ではもはや存在しないものに等しい．終わってみれば幻想であるということに気づくのである．このようなケースでは，多少なりとも何らかの社会的契機が形成されることになるだろう．消費によって得られた満足は，現実の存在状況の肯定的評価につながるにせよ，あるいは反対に否定的評価につながるにせよ，社会における現実的なあり方へのインパクトは残るからだ．だだし，個人的な消費過程としてのみあり得るという性格（消費の非同時性）にも関連して，新たな文脈を作り込む起動力は持っていない．消費の目的が，自己規定や自己実現の領域にとどまるからだといっても良い．また，貨幣的価値関係の支配する市場領域のロジックに従うものであるとも言えるだろう（貨幣のパワーに絶対的に依存）．

これに対し，サービスの消費過程が同時性を持っている場合には若干異なる結果がもたらされる場合がある．消費の「同時性」は「公共財」の性質の1つ

であり，排他的な消費活動とは性格の異なる消費活動を可能にする．ここで注目したいのは，消費の同時性が成立するにしても，積極（能動）的な同時性か，消極（受動）的な同時性かという違いがあるということである．

　消極（受動）的同時性とは，本来的には個別的消費過程（排除可能）であるものが供給側の都合で付与されるものといって良い．観劇や映画鑑賞は一人でも出来るし，劇場を貸し切り状態で鑑賞できるのであればもっとも贅沢な消費の態様であるとさえ言えるであろう．アミューズメントパークも同様の性格を持っている．人気のアトラクションや乗り物を楽しむのに，長蛇の列を作る状態は，供給側には喜ばしいことではあっても，サービスの消費者にとって決して快いものではない．

　また，美術館での美術鑑賞やコンサートホールでの音楽鑑賞も同様である．空間的・時間的な美的感覚に陶酔することによって心身が癒され，再び構造化された日常への復帰の原動力ともなるであろう．それは必ずしも既存の社会的コンテクストに影響を及ぼすようなものとはいえないケースが少なくない．

　これに対し人が集うこと，ともに消費することをむしろ歓迎し楽しむ場合がある．つまり，同時的消費を本来の消費過程の一部とする場合である．これを積極的同時性と呼ぼう．この場合，混雑さえも喜びの一部に転化する．集団的な消費が個別的な消費の効用を上回るのだ．このようなケースではサービスの消費は，生産的性格を持ちさえしている．それは，共有感覚や善意，信頼などを生み出すことがあるからである．いわゆる関係財を生産することになるとも言える．いったん生み出されたこれらの関係財は，既存の社会的文脈に新たなものを作り込む基盤となりうるものではないか．もちろん，この関係財は放置されれば減衰ないし消滅してゆくだろうし，利用のされ方次第では旧来の文脈を強化するだけにも終わりかねないものである．しかし，消費の同時性を積極的に求める共有マインドの存在が重要なのであって，これは市場のロジックから解放された領域を形成する力を本来的に有していると言える新たな文脈を形成するポテンシャルが高いといえるだろう．現実にはこのような関係性は，ファンないしサポーターの自発的コミュニティ形成という形で現れてきている．

ここにはいわゆる「ソーシャル・キャピタル」の蓄積が，コミュニティ形成をもたらしているという関係を見ることが出来よう．

4．コミュニケーション技術とのシナジー

しかし，このような感覚的・情緒的高揚感は大衆操作や扇動を可能にするものでもあった．大きな流動性が個人の深い省察を洗い流し過度の同調性が現出することにでもなれば，我々は過去の忌まわしい出来事[14]の再現を許すことにもなりかねない．それを防ぎ，新たな次元へとコミュニティの形成を押し上げる条件は何か？　かつての全体主義的社会状況とは違って，民主主義的な価値を人びとが共有し始めていることは大きな違いであろう．しかし，それだけでは不足である．民主主義は本来的にプロパガンダを必要とするものであり，その意味ではある種の誘導や説得を受け入れる素地があるとされている．マス・メディアによる大衆操作である．そして，スポーツが大衆操作の目的のために利用される可能性はあると見なければならない．

スポーツファン・コミュニティを近未来的コミュニティへ接近させるものは，「相互作用としてのコミュニケーション」[15]であろう．相互作用としてのコミュニケーション，つまり，双方向的コミュニケーションがこのような集団にきちんと定位されていて初めて，人びとの中に緩い結びつきのネットワークが形成され，近未来のコミュニティのプロトタイプになりうるのである．そして，このような機能を持つ双方向コミュニケーションは，インターネットなど新たな情報技術によって，人びとの間に浸透し始めているのだ．

コミュニケーションは，従来はその重要性は認識されていても，それを開始し，維持できないこともある．コミュニケーション過程に入ることを動機付け，促進し，維持するものについては，逆にコミュニケーション過程への障害について考えてみることによって，理解できる．たとえば，現実の場でのコミュニケーションの難しさ，気後れ，場合によっては恐れなどは何から来るであろうか．それらが解消されれば，コミュニケーションへの参加者は増える可能性が

ある．

　コミュニケーション過程への参画を阻むものは，時間的な不自由性，現実の力関係，差別，貧富の差，知識不足，さまざまな劣等感など，社会的コンテクストなどである．また，全体への忠誠を無言のうちに強要する雰囲気も，発言を抑制するコンテクストを作る．このようなコンテクストから自由な場を設定できれば，もっと容易にコミュニケーション過程への参加が得られる可能性が生まれる[16]．それが，サイバー空間での文字コミュニケーションである．このことをきっかけにコミュニケーション過程への参加が進むことが実際に確認されている（インターネット・セラピーの有効性）[17]．ITがコミュニケーション技術に進化する[18]ことにより，コミュニケーション・プロセスへの参加障壁が低くなり，一般に原初的コミュニティはより高次のコミュニティへと発展することが可能となる．

　サッカー・サポーターのコミュニティに代表されるスポーツファン・コミュニティが新たな社会的文脈への起動力を持つとすれば，ITを基盤とした双方向コミュニケーション・プロセスを組み込むことによってであろう．このことを別の角度から見れば，ITによるコミュニティ形成ないし再形成の可能性や，公共圏の生成の可能性は，サッカー・サポーターのコミュニティが生み出すコミュニティ・リソースにより現実的な基盤が与えられるということでもある．ここにコミュニケーション技術としてのITのポテンシャルとスポーツファン・コミュニティのポテンシャルがシナジーを生み出す根拠を見ることができる[19]．

1) 宮川［2004］3ページ．
2) Maleen Huysman and Volker Wulf［2004］p.2.
3) 福田［2004］を参照．
4) Maleen Huysman and Volker Wulf［2004］参照．
5) 「未来型」というのは，従来のコミュニティが「必然」によって形成されたのに対し，私たちの選択により自律的・自発的に形成されるものという含意をもつ．福田［2003］20-21ページ参照．
6) 2005年10月，元通産官僚の村上世彰氏が率いる投資ファンドが阪神電鉄株を買

第9章　サッカーファン・コミュニティと未来型コミュニティの形成条件　239

い増し，持ち株比率を38％として重要事項への拒否権を握った．
7) 株式会社阪神タイガースの会社概要については，筆者らが2005年5月3日に行った球団へのインタビュー調査による．
8) 阪神タイガース［2005］278-280ページ．
9) 阪神タイガース公式ファンクラブWEBページ http://www.hanshintigers.jp/fanclub/index.html
10) http://www.fctokyo.co.jp/home/index.phtml?cont=team_info/outline（2005年12月現在）
11) http://www.j-league.or.jp/aboutj/rinen/kousou.html を参照（2005年12月現在）
12) このほかFC東京では，年間チケットを購入した人をクラブメンバー（名称：「SOCIO」）として登録している．特典は，年間チケットを割引価格で入手できることである．これは我々が注目しているファン集団とは若干性格を異にするものといえよう．
13) このような空間が日常的な会話によって基盤が与えられることを明快に解析してみせるのが「社会的構築主義」である．たとえば，ピーター・バーガー／トーマス・ルックマン（山口節郎訳）［1977］を参照．また，マスメディアや体制的権力からの宣伝が人びとをコントロールする面もある．この点については，たとえばNoam Chomsky［1998］を参照のこと．
14) 1936年のベルリンオリンピックは，ヒットラーによってナショナリズムの高揚のために政治的に利用された話は有名である．
15) これは新たなコミュニケーションモデルの特徴の1つであるが，そのことに関してロジャース（安田寿明訳）［1992］のものが古典的な文献として知られている．
16) 一般に，他人と何かを共有したいという気持ちが大きければ大きいほど，コミュニケーションの起動力は大きくなるだろう．それは情緒的なケースであればもっとも効果的である．これはリアルな場でのコミュニケーション過程への参加を促すことになり，サイバー空間でのコミュニケーション促進効果よりはるかに強いであろう．この2つが組み合わされれば，さらに協力になることが予想される．
17) 田村［2003］参照．特に第2章，第5章を参照されたい．
18) 福田［2005］参照．
19) このようなサッカーファン・コミュニティのポテンシャルは，クラブのチーム形成・運営ポリシーに強く依存するだろう．貨幣的な要素を前面に出す選手強化やファンサービスが採用されれば，従来のサービス産業型スポーツ産業と変わらないものとなり，未来指向型コミュニティの形成条件は消滅する．最終的にはファンの支持が行方を決めることに変わりはなく，そのためにも，現実の社会的文脈を正確に読み取るクラブ側の能力やセンスが重要なファクターとなるだろう．

参考文献

Maleen Huysman and Volker Wulf [2004], Social Capital and Information Technology: Current Debates and Research, Marleen Huysman and Volker Wulf ed., *Social Capital and Information* Technology, The MIT Press.

Noam Chomsky [1998], Propaganda and Control of the Public Mind, Robert W. McChesney, Ellen Meiksins Wood, and John Bellamy Foster ed., *Capitalism and the Information Age–The Political Economy of the Global Communication Revolution*, Monthly Review Press, New York.

久保田淳・福田豊・和泉恵子［2005］「"場"を創るJクラブのネットワークポテンシャル～FC東京を事例として～」（電気通信大学地域貢献シンポシオン2005での発表）．

田村毅［2003］『インターネット・セラピーへの招待』新曜社．

阪神タイガース［2005］『2005Media Guide』．

ピーター・バーガー／トーマス・ルックマン（山口節郎訳）［1977］『現実の社会的構成―知識社会学論考―』新曜社．

福田豊［2003］「eコミュニティの可能性」Eジャパン協議会編『eコミュニティが変える日本の未来』NTT出版．

福田豊［2004］「非市場的関係領域の拡大と貨幣・資本概念の多様化」丸山真人・内田隆三編『＜資本＞から人間の経済へ』新世社．

福田豊［2005］「IT進化第4フェーズのソリューション特性」山口重克・福田豊・佐久間英俊編『ITによる流通変容の理論と実践』御茶の水書房．

宮川公男［2004］「ソーシャル・キャピタル論―歴史的背景，理論および政策的含意」宮川公男・大守隆［編］『ソーシャル・キャピタル』東洋経済新報社．

E．M．ロジャース（安田寿明訳）［1992］『コミュニケーションの科学』共立出版．

編著者紹介（執筆順）

辰馬　信男（たつま　のぶお）	研究員・中央大学商学部助教授
松尾　秀雄（まつお　ひでお）	客員研究員・名城大学経済学部教授
山口　重克（やまぐち　しげかつ）	客員研究員・東京大学名誉教授
高橋　和敬（たかはし　かずたか）	準研究員・中央大学大学院商学研究科博士課程後期課程
斯波　照雄（しば　てるお）	研究員・中央大学商学部教授
許　　俊（ほ　じゅん）	元準研究員・佐川急便サプライチェーン・ロジスティクス事業部主席研究員・中央大学商学部兼任講師
木立　真直（きだち　まなお）	研究員・中央大学商学部教授
堂野崎　衛（どうのさき　まもる）	準研究員・中央大学商学部兼任講師
塩見　英治（しおみ　えいじ）	研究員・中央大学経済学部教授
福田　豊（ふくだ　ゆたか）	客員研究員・電気通信大学電気通信学部教授

流通の理論・歴史・現状分析

中央大学企業研究所研究叢書　26

2006 年 8 月 10 日　初版第 1 刷発行

編著者　　木立　真直
　　　　　辰馬　信男
発行者　　中央大学出版部
代表者　　福田　孝志

発行所　〒192-0393 東京都八王子市東中野 742-1
　　　　電話 042(674)2351　FAX 042(674)2354
　　　　http://www2.chuo-u.ac.jp/up/

中央大学出版部

© 2006　　　　　　　　　　　　　　ニシキ印刷／三栄社製本

ISBN4-8057-3225-3